Kohlhammer

Die AutorInnen

Prof. Dr. Frank Niklas ist Entwicklungs- und Pädagogischer Psychologe und forscht zur Kompetenzentwicklung von Kindern im Familienkontext und zu (digitalen) Fördermaßnahmen. Er studierte, promovierte und habilitierte an der Julius-Maximilians-Universität in Würzburg und arbeitete von 2013 bis 2015 als Post-Doc an der University of Melbourne in Australien. Seit März 2019 ist er Professor für Pädagogische Psychologie und Familienforschung an der Ludwig-Maximilians-Universität in München.

Prof. Dr. Simone Lehrl ist Erziehungswissenschaftlerin mit dem Schwerpunkt frühkindliche Bildung und forscht zu Bildungsprozessen und Kompetenzentwicklungen von Kindern im familiären und instutionellen Kontext. Sie studierte und promovierte an der Otto-Friedrich-Universität in Bamberg. Seit Januar 2022 ist sie Professorin für Elementarbildung an der Pädagogischen Hochschule Weingarten.

Frank Niklas
Simone Lehrl

Die Familie als Lernumwelt

Definition, Konzeption und
Zusammenhänge mit der kindlichen
Kompetenzentwicklung

Verlag W. Kohlhammer

Dieses Werk einschließlich aller seiner Teile ist urheberrechtlich geschützt. Jede Verwendung außerhalb der engen Grenzen des Urheberrechts ist ohne Zustimmung des Verlags unzulässig und strafbar. Das gilt insbesondere für Vervielfältigungen, Übersetzungen, Mikroverfilmungen und für die Einspeicherung und Verarbeitung in elektronischen Systemen.

Pharmakologische Daten, d. h. u. a. Angaben von Medikamenten, ihren Dosierungen und Applikationen, verändern sich fortlaufend durch klinische Erfahrung, pharmakologische Forschung und Änderung von Produktionsverfahren. Verlag und Autoren haben große Sorgfalt darauf gelegt, dass alle in diesem Buch gemachten Angaben dem derzeitigen Wissensstand entsprechen. Da jedoch die Medizin als Wissenschaft ständig im Fluss ist, da menschliche Irrtümer und Druckfehler nie völlig auszuschließen sind, können Verlag und Autoren hierfür jedoch keine Gewähr und Haftung übernehmen. Jeder Benutzer ist daher dringend angehalten, die gemachten Angaben, insbesondere in Hinsicht auf Arzneimittelnamen, enthaltene Wirkstoffe, spezifische Anwendungsbereiche und Dosierungen anhand des Medikamentenbeipackzettels und der entsprechenden Fachinformationen zu überprüfen und in eigener Verantwortung im Bereich der Patientenversorgung zu handeln. Aufgrund der Auswahl häufig angewendeter Arzneimittel besteht kein Anspruch auf Vollständigkeit.

Die Wiedergabe von Warenbezeichnungen, Handelsnamen und sonstigen Kennzeichen in diesem Buch berechtigt nicht zu der Annahme, dass diese von jedermann frei benutzt werden dürfen. Vielmehr kann es sich auch dann um eingetragene Warenzeichen oder sonstige geschützte Kennzeichen handeln, wenn sie nicht eigens als solche gekennzeichnet sind.

Es konnten nicht alle Rechtsinhaber von Abbildungen ermittelt werden. Sollte dem Verlag gegenüber der Nachweis der Rechtsinhaberschaft geführt werden, wird das branchenübliche Honorar nachträglich gezahlt.

Dieses Werk enthält Hinweise/Links zu externen Websites Dritter, auf deren Inhalt der Verlag keinen Einfluss hat und die der Haftung der jeweiligen Seitenanbieter oder -betreiber unterliegen. Zum Zeitpunkt der Verlinkung wurden die externen Websites auf mögliche Rechtsverstöße überprüft und dabei keine Rechtsverletzung festgestellt. Ohne konkrete Hinweise auf eine solche Rechtsverletzung ist eine permanente inhaltliche Kontrolle der verlinkten Seiten nicht zumutbar. Sollten jedoch Rechtsverletzungen bekannt werden, werden die betroffenen externen Links soweit möglich unverzüglich entfernt.

1. Auflage 2025

Alle Rechte vorbehalten
© W. Kohlhammer GmbH, Stuttgart
Gesamtherstellung: W. Kohlhammer GmbH, Heßbrühlstr. 69, 70565 Stuttgart
produktsicherheit@kohlhammer.de

Print:
ISBN 978-3-17-033036-8

E-Book-Formate:
pdf: ISBN 978-3-17-033038-2
epub: ISBN 978-3-17-033039-9

Vorwort und Danksagung

Dieses Lehrbuch gibt eine Einführung und eine Übersicht zum Konzept der häuslichen Lernumwelt und zu ihrer Bedeutung für die kindliche Entwicklung. Die häusliche (oder auch familiäre) Lernumwelt – im Englischen als »Home Learning Environment« (HLE) bezeichnet – stellt den Kontext dar, in dem die allermeisten Kinder weltweit aufwachsen und in dem sie wesentliche Fähigkeiten und Kompetenzen erlernen. Aus diesem Grund ist es nicht verwunderlich, dass seit Jahrzehnten international (und zunehmend auch national) zu dieser Thematik geforscht wird. Erstaunlich ist hingegen, dass es bislang noch kein (deutschsprachiges) Fachbuch gab, das diese Erkenntnisse aufgreift und in einen Gesamtzusammenhang stellt. Diese Lücke wurde nun mit »Die Familie als Lernumwelt« geschlossen.

Das vorliegende Buch integriert nicht nur zentrale Theorien und Modelle zur Thematik aus den Bereichen der Psychologie, Erziehungswissenschaften und Soziologie, sondern greift auch Befunde sowohl der internationalen als auch der nationalen Forschung auf. Wie auch die Forschung zur HLE fokussiert das Buch dabei die frühe Kindheit bis ins Grundschulalter, ohne detailliert auf das Jugend- oder Erwachsenenalter einzugehen. Der Überblick ist aus unserer Sicht sehr umfassend und führt nicht nur in das Konstrukt der HLE ein, sondern beantwortet zentrale Fragen zur Definition, theoretischen Einbettung, Operationalisierung, dem Zusammenhang mit anderen familiären Faktoren und der kindlichen Kompetenzentwicklung, zur digitalen Lernumwelt und zu Grenzen der HLE.

Deshalb eignet sich dieses Buch sowohl für alle wissenschaftlich Tätigen und für die Hochschullehre als auch für alle interessierten Personen aus der Praxis in Kindertageseinrichtungen und Schulen oder auch für Eltern. Wir wünschen allen Leserinnen und Lesern eine spannende und gewinnbringende Lektüre, die sie in ihrer (praktischen) Arbeit und auch im Alltag inspiriert und letztlich dazu führt, dass das erworbene Wissen denen zugutekommt, die die Inhalte in erster Linie betreffen: allen Kindern.

Wir möchten uns an dieser Stelle auch noch herzlich und ausdrücklich bedanken – zunächst beim Kohlhammer Verlag und hierbei insbesondere bei unserer Lektorin Kathrin Kastl für die immer sehr gute und offene Kommunikation sowie die sehr hilfreiche Unterstützung! Auch möchten wir uns bei unseren Familien bedanken, die uns nicht nur immer wieder anschaulich gemacht haben, was wir hier in der Theorie verfasst haben, sondern uns auch das Schreiben (und die dafür nötigen Auszeiten) ermöglicht haben. Wir haben Euch lieb und sagen Danke!

München und Weinheim, im Januar 2025
Frank Niklas und Simone Lehrl

Inhalt

Vorwort und Danksagung 5

1 Die häusliche Lernumwelt – eine Begriffsbestimmung 11
    1.1   Einleitung 11
    1.2   Familie – was ist darunter zu verstehen? 11
    1.3   Historische Entwicklungslinien zur Lernumweltforschung und der Bedeutung der Familie 13
    1.4   Beschreibungs- und Definitionsversuche zur häuslichen Lernumwelt 14
    1.5   Häusliche Lernumwelt und Erziehungsstil – zwei verwandte und doch unterschiedliche Konstrukte 16
    1.6   Fazit 17

2 Theoretischer Bezugsrahmen und Konzeptionen 18
    2.1   Einleitung 18
    2.2   Theoretische Grundlagen 18
        2.2.1   Bronfenbrenners ökologische Theorie 19
        2.2.2   Der soziologische Ansatz von Bourdieu 21
        2.2.3   Vygotskis soziokulturelle Theorie 22
        2.2.4   Banduras sozial-kognitive Lerntheorie 26
    2.3   Theoretische Konzepte und Modelle 27
        2.3.1   Struktur-Prozess-Orientierungs-Modell 27
        2.3.2   Home-Literacy- und Home-Numeracy-Modelle ... 28
        2.3.3   Modelle zu formellen und informellen Lernaktivitäten in der Familie 30
        2.3.4   Integrierende Modelle 32
    2.4   Fazit 35

3 Operationalisierungen 36
    3.1   Einleitung 36
    3.2   Fragebögen 36
        3.2.1   Erfassung der schriftsprachlichen häuslichen Lernumwelt 37
        3.2.2   Erfassung der mathematischen häuslichen Lernumwelt 39
        3.2.3   Erfassung der generellen häuslichen Lernumwelt 40

		3.2.4 Fernseh- und Medienkonsum im Familienkontext....	40
	3.3	Erfassung der häuslichen Lernumwelt über Checklisten	41
		3.3.1 Englische Kinderbuch- und Kinderbuchautorenlisten	41
		3.3.2 Deutsche Kinderbuch-Checklisten	42
		3.3.3 Checklisten für Spiele mit mathematischem Inhalt ...	43
	3.4	Beobachtungsverfahren	43
	3.5	Weitere Formen der Datenerfassung	44
	3.6	Fazit	46
4	**Bedingungen häuslicher Lernumwelten**		**47**
	4.1	Einleitung	47
	4.2	Sozioökonomischer Status und Bildungshintergrund	47
		4.2.1 Einteilung in Klassen und Schichten	49
		4.2.2 Sozioökonomischer Status und häusliche Lernumwelt	50
	4.3	Migrationshintergrund	52
	4.4	Familienstruktur	53
		4.4.1 Geschwister	53
		4.4.2 Familienform	55
	4.5	Elterliche Orientierungen und Einstellungen	56
	4.6	Fazit	58
5	**Die häusliche Lernumwelt von der Geburt bis ins Grundschulalter**		**60**
	5.1	Einleitung	60
	5.2	Die häusliche Lernumwelt in den ersten Lebensjahren	60
		5.2.1 Das Konzept der Sensitivität	61
		5.2.2 Kognitive Aktivierung und gemeinsame Aktivitäten ..	63
	5.3	Die häusliche Lernumwelt im Kindergarten- und Vorschulalter	65
		5.3.1 Sprachliche Anregung und informelle Home Literacy Environment	65
		5.3.2 Schriftsprachliche Aktivitäten und formelle Home Literacy Environment	76
		5.3.3 Zusammenfassung zur informellen und formellen Home Literacy Environment	78
		5.3.4 Mathematische Aktivitäten – die Home Numeracy Environment	81
		5.3.5 Zusammenfassung zur informellen und formellen Home Numeracy Environment	87
		5.3.6 Die frühe Home Learning Environment und weitere Kompetenzbereiche	89
	5.4	Die häusliche Lernumwelt im Grundschulalter	91
		5.4.1 Auswirkungen schulischen elterlichen Engagements..	92
		5.4.2 Qualität der elterlichen Hausaufgabenunterstützung .	93

		5.4.3	Gemeinsame und interaktive Effekte der HLE und Kindergarten-/Schulqualität	94
	5.5		Fazit	96
6	**Die digitale häusliche Lernumwelt**			**98**
	6.1		Einleitung	98
	6.2		Verfügbarkeit und Nutzung von Medien bei Kindern und Jugendlichen	99
	6.3		Befunde zur Bedeutung der digitalen häuslichen Lernumwelt	100
	6.4		Digitale Lernapplikationen (Lernapps) für Kinder	103
	6.5		Fazit	105
7	**Interventionen im Kontext der häuslichen Lernumwelt**			**107**
	7.1		Einleitung	107
	7.2		Begriff, Ziele und Aufgaben von Familienbildung	108
	7.3		Befunde aus Familienbildungsprogrammen im Vorschulalter	109
		7.3.1	Home Instruction for Parents of Preschool Youngsters (HIPPY)	109
		7.3.2	Opstapje	110
		7.3.3	Chancenreich	111
		7.3.4	Dialogic Reading	111
		7.3.5	Learning4Kids	112
	7.4		Fazit	114
8	**Grenzen der häuslichen Lernumwelt**			**116**
	8.1		Einleitung	116
	8.2		Genetische Determination	116
	8.3		Der Einfluss anderer Lernumwelten und Kontexte	118
	8.4		Kindliche Motivation und Autonomie	119
	8.5		Die Bedeutung des Zeitpunkts von Fördermaßnahmen	122
	8.6		Fazit	123

Fazit und Ausblick **124**

Literatur **126**

Stichwortverzeichnis **151**

1 Die häusliche Lernumwelt – eine Begriffsbestimmung

1.1 Einleitung

Bei dem Terminus »häusliche Lernumwelt« handelt es sich keineswegs um ein einheitliches, klar abgrenzbares Konzept. Vielmehr subsumiert dieser Terminus eine breite Palette an Forschungsrichtungen und Forschungsbefunden, die auch unter den Begrifflichkeiten »familiale« oder »familiäre« Lernumwelt zu finden sind. Das folgende Kapitel hat daher zum Ziel, zu klären, was unter der häuslichen Lernumwelt eigentlich zu verstehen ist. Dazu wird zunächst auf den Begriff der Familie allgemein eingegangen. Anschließend werden die historischen Entwicklungslinien der Lernumweltforschung im Kontext der Familie nachvollzogen, um in einem dritten Schritt auf Definitionsansätze einzugehen, die eine Verortung des Begriffs »häusliche Lernumwelt« oder im englischen »Home Learning Environment« ermöglichen.

1.2 Familie – was ist darunter zu verstehen?

»Es ist müßig, darüber zu streiten, seit wann der bürgerliche Familienbegriff zum dominanten Modell von Familie in unserer Gesellschaft geworden ist.« (Erning, 1997, S. 47) Das Zitat macht deutlich, dass der Begriff Familie einem historischen Wandel unterliegt, der aber nicht eindeutig einzelnen Zeitabschnitten zugeordnet werden kann. Mitterauer (1989, S. 179) hält fest, dass schon immer »nebeneinander eine bunte Vielfalt von sehr unterschiedlichen Familientypen, in ihrer Verschiedenheit wohl differenzierter als in der Gegenwart« gab. Nichtsdestotrotz kann eine gewisse Dominanz von Familienformen im historischen Rückblick bis in die Gegenwart ausgemacht werden (Gestrich, 2013). In Folge des industriellen Fortschritts im 18. und 19. Jahrhundert fand im europäischen Raum ein Wandel des Familienlebens statt. Es entwickelte sich ein Idealtypus des familiären Zusammenlebens: die *bürgerliche Kernfamilie*, die durch eine starke emotionale und intime Ehe- und Eltern-Kind-Beziehung, eine klare geschlechts- und generationsspezifische Rollenaufteilung, eine starke Privatheit und Abgrenzung gegenüber Außeneinflüssen auf das Familienleben gekennzeichnet ist (Reyer, 2004). Demgegenüber steht die *klassische Arbeiterfamilie*, die sich dadurch auszeichnet, dass meist beide Elternteile (und die Kinder) einer Erwerbsarbeit nachgingen und starken finanziellen Repressionen ausgesetzt waren. Die bürgerliche Kernfamilie galt bis in die 70er Jahre der Bundesrepublik als Ideal des familiären Zusammenlebens (Peuckert, 2019). Seit dem Ende der 60er Jahre des 20. Jahrhunderts lassen sich aber auch eine Reihe familiärer Wandlungsprozesse feststellen, z. B. die zunehmende Zahl an nichtehelichen Lebensgemeinschaften, sinkende Geburtenzahlen, erhöhte Scheidungsquoten und eine erhöhte Beteiligung von Frauen am Erwerbsleben (Schneewind & Schmidt, o. J.). Solche Entwicklungen werfen die Frage auf, was unter Familie heute verstanden werden kann. Im Allgemeinen kann der Familienbegriff auf einer biologischen, rechtlichen, soziologischen und psychologischen Grundlage definiert werden (Jungbauer, 2022). Schneewind (2010, S. 35) schlägt einen umfassenden Familienbegriff vor, der den verschiedenen Bedingungen, unter denen Familien heute leben, gerecht wird:

> »Familien sind biologische, soziale oder rechtlich miteinander verbundene Einheiten von Personen, die – in welcher Zusammensetzung auch immer – mindestens zwei Generationen umfassen und bestimmte Zwecke verfolgen. Familien qualifizieren sich dabei als Produzenten gemeinsamer, u. a. auch gesellschaftlich relevanter Güter (wie z. B. die Entscheidung für Kinder und deren Pflege, Erziehung und Bildung) sowie als Produzenten privater Güter, die auf die Befriedigung individueller und gemeinschaftlicher Bedürfnisse (wie z. B. Geborgenheit und Intimität) abzielen. Als Einheiten, die mehrere Personen und mehrere Generationen umfassen, bestehen Familien in der zeitlichen Abfolge von jeweils zwei Generationen aus Paar-, Eltern-Kind- und gegebenenfalls Geschwister-Konstellationen, die sich aus leiblichen, Adoptiv-, Pflege- oder Stiefeltern (Parentalgeneration) sowie leiblichen, Adoptiv-, Pflege- oder Stiefkindern (Filialgeneration) zusammensetzen können.«

Im Kontext der häuslichen Lernumwelt, bietet es sich an, von einem psychologischen Konzept auszugehen. Hofer (2002, S. 6) bezeichnet dementsprechend die Familie als »[…] eine Gruppe von Personen, die durch

- nahe und dauerhafte Beziehungen miteinander verbunden sind, welche sich auf
- eine nachfolgende Generation hin orientieren und
- einen erzieherischen bzw. sozialisatorischen Kontext sowie
- einen Ort der informellen Bildung für die Entwicklung der nachkommenden Generation bereitstellen.«

Diese sehr breite Definition beinhaltet nicht nur den Aspekt der biologischen Generationenfolge, sondern umfasst auch die für die häusliche Lernumwelt relevanten Aspekte der informellen Bildungsprozesse, die sich im Kontext der Familie vollziehen. Beide Definitionen bilden daher die Grundlage für die weiteren Ausführungen zur häuslichen Lernumwelt.

1.3 Historische Entwicklungslinien zur Lernumweltforschung und der Bedeutung der Familie

Historisch betrachtet sind schon im beginnenden 17. Jh. Hinweise zu finden, dass der Familie eine besondere Bedeutung bei der Unterstützung der kindlichen Entwicklung beigemessen wurde (Minsel, 2007). Zu nennen sind hier zum Beispiel das Werk »Informatorium der Mutterschul« von 1633 (Comenius, 1962), das die Bedeutsamkeit des familialen Kontextes, insbesondere der Mutter, für die kindliche Entwicklung betont oder die Veröffentlichungen von Salzmann 1770 (Krebsbüchlein), Pestalozzi 1804 (Buch der Mütter) und Fröbel 1840 (Mutter und Koselieder), die deutlich machen, dass die Familie als wichtiger Kontext für die kindliche Entwicklung wahrgenommen wurde, der durch gezielte Maßnahmen verbessert werden kann, um Kinder bestmöglich zu fördern (Überblick bei Minsel, 2007).

Die empirische Auseinandersetzung mit der Bedeutung der Familie für die kognitive Entwicklung von Kindern wurde später maßgeblich durch die Arbeiten von Hunt (»Intelligence and Experience«, 1961) und Bloom (1964) beeinflusst. Mit der Definition von Umwelt liefert Bloom einen wichtigen Beitrag zum heutigen Begriff der häuslichen Lernumwelt. Unter Umwelt versteht Bloom (1964)

> »[...] die Bedingungen, Einflüsse (forces) und äußeren Reize, die auf Menschen einwirken. Dies können psychische, soziale, aber auch intellektuelle Einflüsse und Bedingungen sein. Nach unserer Auffassung reicht Umwelt von den unmittelbarsten sozialen Interaktionen bis zu den entferntesten kulturellen und institutionellen Einflüssen. Wir glauben, dass die Umwelt aus einem Netzwerk von Einflüssen und Faktoren besteht, die den Menschen umgeben. Wenn auch einige Menschen diesem Netzwerk widerstehen können, werden nur äußerst selten (in extremen Fällen) Individuen völlig ausweichen oder entkommen können. Umwelt ist eine formende und verstärkende Kraft, die auf Menschen einwirkt« (Bloom, 1964, S. 187).

Blooms Arbeiten sowie die seiner Schüler (z. B. Marjoribanks, 1974), regten dazu an, die Bedeutung der Familie nicht nur in sozialen Statusvariablen zu betrachten, sondern stattdessen eine differenzierte Erfassung häuslicher Lernumweltmerkmale vorzunehmen, bei der auch Aktivitäten und spezifische Interaktionen eine Rolle spielen sollten. Diese Ideen griff auch eine Forschergruppe um Betty Caldwell und Robert Bradley auf und entwickelte ein Instrument, das die häusliche Lernumwelt in den früheren Jahren abdeckt, die »Home Observation for Measurement of the Environment (HOME)« (Bradley & Caldwell, 1984) genannt (vgl. auch ▶ Kap. 3.4). Ziel war die Konstruktion eines reliablen, einfach einzusetzenden, auf Beobachtung basierenden Messinstruments zur Erfassung der Qualität und Quantität der sozialen, emotionalen und kognitiven Unterstützung innerhalb der häuslichen Lernumwelt (Elardo et al., 1975, S. 71).

Mit ihren Arbeiten etablierte sich auch der Begriff der »Home Learning Environment« und ermöglichte mit der Entwicklung dieses umfassenden Instruments eine breite Erforschung der häuslichen Lernumwelt.

1.4 Beschreibungs- und Definitionsversuche zur häuslichen Lernumwelt

Der Begriff der »häuslichen Lernumwelt« stellt eine Übersetzung des englischen Begriffs »Home Learning Environment« dar und hat neben der Arbeit von Wolf (1980; »Zuwendung und Anregung«) insbesondere durch Tietze et al. (1998; »Wie gut sind unsere Kindergärten?«) Einzug in die deutsche Forschungslandschaft gehalten. Mit der Verwendung dieser Begrifflichkeit ist auch eine Verortung in der angloamerikanischen, eher quantitativ ausgerichteten Forschungstradition verbunden. Dem gegenüber steht der eher in der qualitativen Sozialforschung verhaftete Begriff der Familie als »Bildungsort« (Büchner & Brake, 2006) oder »Bildungswelt« (Rauschenbach, 2009, S. 121). Einige Definitionsversuche versuchen den Terminus näher zu beschreiben, um festlegen zu können, was die häusliche Lernumwelt genau beinhaltet.

Eine sehr allgemeine Definition findet sich bei Bäumer et al. (2011, S. 91), welche die häusliche Lernumwelt als die Anstrengungen der Eltern bezeichnen, mit der sie die Entwicklung ihrer Kinder unterstützen. Als ähnlich weiten Rahmen definiert Bradley (2015, S. 382) die HLE als Quantität und Qualität der Anregung, Unterstützung und Struktur innerhalb der häuslichen Lernumwelt, wobei der Fokus auf das Kind als Rezipienten verschiedener Angebote gerichtet wird, die sich auf Objekte, Ereignisse und Interaktionen beziehen: »[…] the quantity and quality of stimulation, support, and structure available to a particular child in the child's home environment. The focus is on the child as recipient of inputs from objects, events, arrangements, and transactions.« Sehr allgemein umfasst die häusliche Lernumwelt damit sämtliche Aspekte, die das kindliche Lernen im häuslichen Kontext unterstützen. Eine weitere, ähnliche Definition findet sich bei Burgess (2011). Diese Definition bezieht sich zwar auf die »Home Literacy Environment« – also die schriftsprachliche Lernumwelt zu Hause, kann jedoch auch auf die gesamte häusliche Lernumwelt übertragen werden: »The HLE can be characterized by the variety of resources and opportunities provided to children as well as by the parental skills, abilities, dispositions, and resources that determine the provision of these opportunities for children« (Burgess, 2011, S. 413).

Niklas (2015, S.107) definiert die häusliche Lernumwelt als diejenigen Aspekte, »die dem Kind im Rahmen der Familie die Möglichkeiten bieten und es darin unterstützen, spezifische Vorläuferfertigkeiten und zusätzliche Fähigkeiten im Bereich Schriftsprache und Mathematik zu erwerben und zu üben und damit auch weiterführende schriftsprachliche und mathematische Kompetenzen zu entwickeln.« Damit wird erneut eine allgemeine Definition gegeben, die jedoch den Bezug der häuslichen Lernumwelt zu spezifischen mathematischen und schriftsprachlichen Kompetenzen fokussiert. Dementsprechend kann die häusliche Lernumwelt weiter differenziert werden, in die weiter oben schon erwähnte »Home Literacy Environment«, welche diejenigen Aspekte umfasst, die in besonderem Maße auf die sprachlich-/schriftsprachliche Förderung im häuslichen Umfeld zielen, und die »Home Numeracy Environment«, welche Aktivitäten und Anregungen umfasst, die die frühe numerische/mathematische Entwicklung unterstützen sollte (für weitere und genauere Ausführungen dazu ▶ Kap. 3 und 4).

> **Home Literacy Environment**
>
> Die Home Literacy Environment umfasst alle Aspekte und Facetten der häuslichen Lernumwelt, die sich auf die Sprache und Schriftsprache sowie die kindliche Kompetenzentwicklung in diesem Bereich beziehen. Hierzu gehören beispielsweise die Anzahl an Büchern im Haushalt, die Häufigkeit des Vorlesens und Lesens oder auch die Einstellung zum Lesen und damit Objekte, Tätigkeiten und Verhaltensweisen, die potentiell die (schrift-)sprachliche Kompetenzentwicklung unterstützen können.
>
> **Home Numeracy Environment**
>
> Die Home Numeracy Environment (HNE, neuerdings auch manchmal Home Mathematics Environment, ▶ Kap. 2.3.2) umfasst alle Aspekte und Facetten der häuslichen Lernumwelt, die sich auf Zahlen, Rechnen und allgemein Mathematik sowie die kindliche Kompetenzentwicklung in diesem Bereich beziehen. Hierzu gehören beispielsweise Mathematik im Alltag (z. B. Zählen von Treppenstufen, Rechnen beim Einkaufen), das Spielen von Spielen mit mathematischem Inhalt oder auch die Einstellung zum Rechnen. Damit umfasst sie Objekte, Tätigkeiten und Verhaltensweisen, die potentiell die mathematische Kompetenzentwicklung unterstützen können.

Insgesamt wird deutlich, dass die Definitionen einen breiten Spielraum dafür lassen, was genau unter der häuslichen Lernumwelt zu verstehen ist. Grundsätzlich können sämtliche Aktivitäten dazu gehören, die Kinder im häuslichen Kontext durchführen, wie z. B. singen, malen, lesen, Brettspiele spielen, aber auch sämtliche Materialien, die ihnen zur Verfügung gestellt werden, wie Spielsachen, Musikinstrumente und Medien. Eine Herausforderung der Forschung zur häuslichen Lernumwelt ist es daher, genau jene Aktivitäten zu bestimmen, die sich als tatsächlich förderlich für die kindliche Entwicklung erweisen, sprich »stimulierend« sind. Hierzu werden sowohl theoretische als auch konzeptionelle Überlegungen herangezogen, welche in den folgenden Kapiteln 2 und 3 vorgestellt werden. In diesem Zusammenhang wird aber auch deutlich, dass nicht nur die Häufigkeit einer Aktivität stimulierend sein kann, z. B. die Häufigkeit des gemeinsamen Vorlesens, sondern auch dessen Qualität entscheidend ist, z. B. wie lese ich vor (Lehrl, 2018).

1.5 Häusliche Lernumwelt und Erziehungsstil – zwei verwandte und doch unterschiedliche Konstrukte

Ein zwar verwandtes, da ebenfalls im häuslichen Kontext angesiedeltes, aber anders zu verortendes Konstrukt stellt das Erziehungsverhalten in der Familie dar. Anders als bei der häuslichen Lernumwelt, bei der die Versorgung des Kindes mit entwicklungsförderlichen Aktivitäten und Ressourcen im Vordergrund steht, geht es bei der Beschreibung des Erziehungsverhaltens von Eltern um den allgemeinen Umgang mit dem Kind zur Veränderung von kindlichen Verhaltensweisen. Als Erziehungsstile werden »interindividuell variable, aber intraindividuell vergleichsweise stabile Tendenzen von Eltern bezeichnet, bestimmte Erziehungspraktiken zu manifestieren« (Krohne & Hock, 1994, S. 54).

> **Erziehungsstil**
>
> Erziehungsstile stehen für eine spezifische Art der Erziehungspraxis, mittels derer Eltern das Verhalten ihrer Kinder entsprechend der intendierten Vorstellung zu verändern versuchen. Es gibt verschiedene Klassifizierungen von Erziehungsstilen, wobei häufig unterschieden wird, inwieweit jeweils eine Lenkung des Kindes und die emotionale Zugewandtheit vorliegen (gering/hoch).

Nach der Klassifizierung von Baumrind (1996) können vier Typen elterlichen Erziehungsverhaltens unterschieden werden, die hinsichtlich ihres Grades an Lenkung und emotionaler Zugewandtheit variieren: autoritär (Lenkung hoch, emotionale Zugewandtheit gering), autoritativ (Lenkung hoch, emotionale Zugewandtheit hoch), permissiv (Lenkung gering, emotionale Zugewandtheit hoch) und vernachlässigend (Lenkung gering, emotionale Zugewandtheit gering). Die Befunde zahlreicher Forschungsarbeiten belegen, dass der autoritative Erziehungsstil mit Blick auf die psychosoziale Entwicklung von Kindern überlegen ist: Autoritativ erzogene Kinder weisen eine höhere Sozialkompetenz und einen höheren Selbstwert auf, sind leistungsorientierter, zeigen seltener Problemverhalten und sind beliebter bei Gleichaltrigen (Baumrind, 1991; Schwarz & Silbereisen, 1996; Steinberg, 2001; Steinberg et al., 1995).

Gegenüber dem elterlichen Erziehungsstil handelt es sich bei der häuslichen Lernumwelt jedoch um ein spezifischeres Konstrukt, welches das kindliche Lernen im Kontext der Familie fokussiert und nicht primär allgemeine Verhaltensänderungen bei einem Kind fokussiert.

1.6 Fazit

Schon seit Jahrhunderten beschäftigen sich Gelehrte mit der Bedeutung der Familie für die kindliche Entwicklung. Eine zentrale Rolle nehmen hierbei die Verhaltensweisen und Praktiken des häuslichen Umfeldes ein. Zusammenfassend kann festgehalten werden, dass sich der Begriff der häuslichen Lernumwelt (im Englischen »Home Learning Environment«) auf die Funktion der Familie richtet, ihr Kind intellektuell zu unterstützen und zu stimulieren. Damit untersucht die HLE eher die Bildungsfunktion der Familie. Eine einheitliche Definition zur HLE besteht nicht. In Abgrenzung dazu bezieht sich die der HLE-Forschung nahestehende Erziehungsstilforschung auf die Funktion der Familie, allgemeinere Verhaltensänderungen beim Kind hervorzurufen, was eher der Erziehungsfunktion der Familie zugeordnet werden kann.

2 Theoretischer Bezugsrahmen und Konzeptionen

2.1 Einleitung

Wie im Rahmen des vorhergehenden Kapitels deutlich wurde, handelt es sich bei der häuslichen Lernumwelt um keine einheitliche Konzeption, der eine eindeutige Definition zugrunde liegt. Eine vergleichbare Heterogenität zeigt sich auch bei der theoretischen Fundierung, denn Forschungsarbeiten, die sich mit der häuslichen Lernumwelt auseinandersetzen, nehmen teilweise Bezug auf sehr unterschiedliche theoretische Ansätze. Ähnlich verhält es sich mit Konzeptualisierungen und Modellen zur häuslichen Lernumwelt, die je nach Forschungsinteresse verschiedene Aspekte fokussieren, beinhalten oder auch bewusst ignorieren und nicht der häuslichen Lernumwelt zurechnen.

Im folgenden Kapitel sollen daher zunächst die zentralen Theorien erklärt werden, die häufig als theoretische Grundlage für die Erforschung der häuslichen Lernumwelt herangezogen werden. Daran anschließend werden aktuelle englisch- und deutschsprachige Konzepte und Modelle der häuslichen Lernumwelt vorgestellt.

2.2 Theoretische Grundlagen

Die im Folgenden behandelten Theorien von Bronfenbrenner, Bourdieu, Vygotski und Bandura sind nicht als grundsätzliche Theorien zur häuslichen Lernumwelt zu verstehen. Vielmehr handelt es sich um allgemeine Theorien der menschlichen Entwicklung, des menschlichen Lernens bzw. zur Erklärung sozialer Ungleichheiten und der Entwicklung in sozialen Kontexten. Sie finden bei verschiedenen Thematiken Anwendung wie beispielsweise als Erklärungsansätze für Lernen aus soziologischer Sicht oder aus Sicht der Entwicklungspsychologie. Diese vier Theorien eignen sich aber dahingehend als sehr guter theoretischer Bezugsrahmen für die häuslichen Lernumwelt, da sie ebenfalls soziale Kontexte fokussieren, die Entwicklung und Lernen ermöglichen. Sie können damit auch als Erklärung herangezogen werden, warum Lernen im Rahmen der häuslichen Lernumwelt funktioniert und warum diese eine so wichtige Rolle einnimmt.

2.2.1 Bronfenbrenners ökologische Theorie

Die ökologische Theorie von Bronfenbrenner (z. B. 1979) unterscheidet auf verschiedenen Ebenen mehrere Einflussfaktoren für die kindliche Entwicklung und nimmt »eine ineinander geschachtelte Anordnung konzentrischer, ineinander gebetteter Strukturen« (Bronfenbrenner, 1990, S. 76) an. Diese Strukturen interagieren miteinander und wirken gemeinsam auf das Individuum ein, das in dessen Mitte lokalisiert ist (▶ Abb. 2.1).

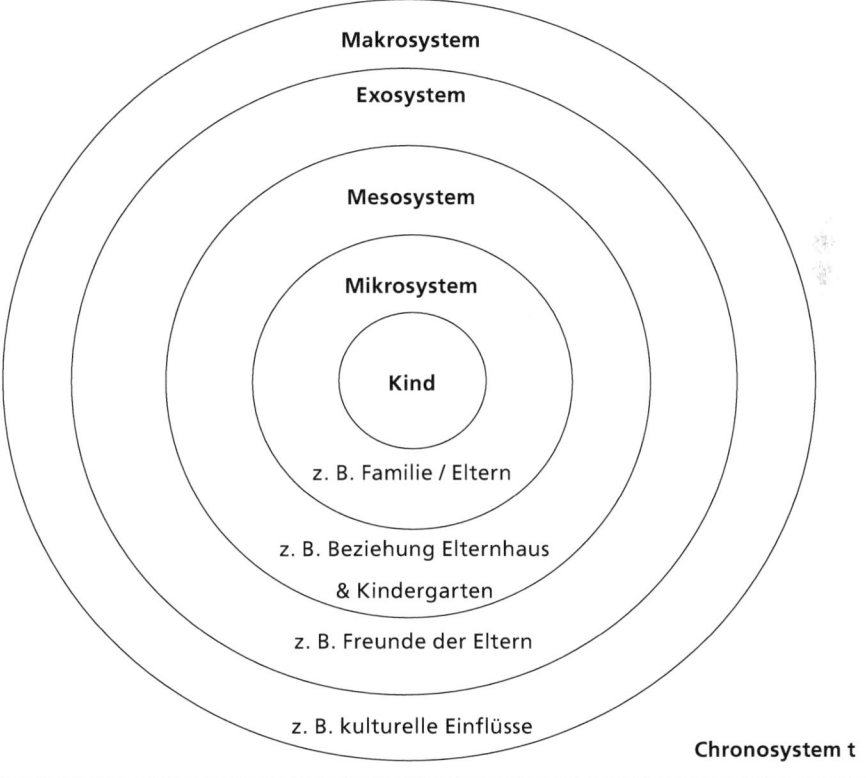

Abb. 2.1: Modell zu Bronfenbrenners ökologischer Theorie mit dem Kind im Zentrum der verschiedenen Systemebenen

Das Mikrosystem stellt dabei die zentrale Bezugsgröße des sich entwickelnden Kindes dar. Es umfasst

> »[...] ein Muster von Tätigkeiten und Aktivitäten, Rollen und zwischenmenschlichen Beziehungen, das die in Entwicklung begriffene Person in einem gegebenen Lebensbereich mit seinen eigentümlichen physischen und materiellen Merkmalen erlebt. Ein Lebensbereich ist ein Ort, an dem Menschen leicht direkte Interaktion mit anderen aufnehmen können, Tätigkeit (oder Aktivität), Rolle und zwischenmenschliche Beziehung sind die Elemente (oder Bausteine) des Mikrosystems« (Bronfenbrenner 1981, S. 38).

Zum Mikrosystem gehören somit die engsten Vertrauten des Kindes, mit denen es täglich interagiert. In erster Linie handelt es sich dabei um die Eltern und Geschwister. Es könnte sich daneben aber auch um andere im Haushalt lebende Personen wie die Großeltern oder um sehr enge Freunde des Kindes handeln. Allerdings zählen auch Institutionen wie Krippe, Kindertagesstätte oder Schule zu den eigenen Mikrosystemen.

Die verschiedenen Lebensbereiche bzw. Mikrosysteme stehen meist nicht unverbunden nebeneinander, sondern interagieren, indem z. B. Eltern mit pädagogischen Fachkräften der Kita hinsichtlich der Förderung ihres Kindes kooperieren. Bronfenbrenner bezeichnet diese Wechselbeziehung zwischen den einzelnen Mikrosystemen als Mesosystem. »Ein Mesosystem ist somit ein System von mehreren Mikrosystemen« (Bronfenbrenner 1981, S. 41). In den äußeren Schichten, die als Makro- bzw. Exosysteme bezeichnet werden, finden sich neben gesellschaftlichen Aspekten wie beispielsweise medialen und kulturellen Einflüssen auch die erweiterte Familie oder die Nachbarschaft, die meist nicht unmittelbar auf das Kind einwirken, aber z. B. über den Kontakt mit den Eltern des Kindes indirekt Einfluss nehmen können (vgl. Lohaus & Vierhaus, 2015).

In ökologischen Modellen wird angenommen, dass distale Faktoren, die weiter vom Individuum entfernt sind, eine weniger wichtige Rolle einnehmen als proximale und damit näher positionierte Faktoren. Vielmehr wird davon ausgegangen, dass der Einfluss der distalen Faktoren durch proximale Faktoren vermittelt wird. Somit schlagen sich die distalen Faktoren in den proximalen nieder, welche dann wiederum unmittelbar Einfluss auf die kindliche Entwicklung nehmen. Diese Annahme trifft nicht nur auf die Beziehung der verschiedenen Ebenen untereinander zu, sondern auch auf die Beziehungen innerhalb des Mikrosystems Familie.

> **Distale und proximale Faktoren**
>
> Distale und proximale Faktoren in der ökologischen Theorie unterscheiden sich durch ihre Nähe zu einer Person und damit auch in ihrer Bedeutung für sie. Während distale Faktoren eine größere Distanz aufweisen und somit meist nur indirekt auf die Person einwirken sind proximale Faktoren sehr nahe an der Person und nehmen häufig direkt und unmittelbar Einfluss auf die Person und ihre Entwicklung.

Auch innerhalb des Mikrosystems Familie lassen sich distale Hintergrundmerkmale (wie beispielsweise der sozioökonomische Status, SÖS) von proximalen Prozessmerkmalen (wie beispielsweise den unmittelbaren Eltern-Kind-Interaktionen) abgrenzen. Bronfenbrenner hat sein Modell im sogenannten Process-Person-Context-Time-Modell (PPCT-Modell) weiterentwickelt (Bronfenbrenner & Morris, 2006), welches davon ausgeht, dass die proximalen Prozesse die »Motoren der Entwicklung« darstellen.

> **Process-Person-Context-Time-Modell (PPCT-Modell)**
>
> Das PPCT-Modell greift die ökologische Theorie auf und erweitert diese um den Kontext Zeit und Entwicklung, was sich in sogenanten Prozessmerkmalen widerspiegelt.

Diesen proximalen Prozessmerkmalen lässt sich die häusliche Lernumwelt zuordnen, da es sich bei ihr im Schwerpunkt um tagtägliche Interaktionen zwischen Haushalts-/Familienmitgliedern und dem Kind handelt, die die kindliche Kompetenzentwicklung unterstützen (Niklas, 2015; Lehrl, 2018).

2.2.2 Der soziologische Ansatz von Bourdieu

Ein weiterer wichtiger Bezugsrahmen im Kontext der HLE geht auf den soziologischen Ansatz von Bourdieu (z. B. 1983) zurück. Er unterscheidet drei verschiedene Arten von Kapital, die einem Menschen in unterschiedlichem Ausmaß zur Verfügung stehen und von ihm genutzt werden können:

1. ökonomisches Kapital, welches unmittelbar und direkt in Geld umwandelbar ist, z. B. Besitztümer wie Wohnungseigentum,
2. soziales Kapital, bestehend aus sozialen Netzwerken, Beziehungen und Verpflichtungen, die eingegangen wurden,
3. kulturelles Kapital, worunter alle Kulturgüter sowie die kulturellen Ressourcen einer Familie verstanden werden.

Das kulturelle Kapital lässt sich wiederum nach Bourdieu (1983) noch einmal in drei unterschiedliche Bereiche untergliedern:

1. inkorporiertes Kapital als dauerhafte Dispositionen, wie kulturelle Fähig-, und Fertigkeiten sowie Kenntnisse und Wissensformen, die über Zeitinvestitionen angeeignet wurden;
2. objektiviertes Kapital in Form von kulturellen Gütern wie Büchern, Lexika, Instrumenten oder Maschinen. Eng verbunden mit dieser Form des kulturellen Kapitals ist dabei die Fähigkeit, diese Güter auch effektiv anwenden und nutzen zu können;
3. institutionalisiertes Kapital in Form von schulischen oder akademischen Titeln, die wiederum für bereits erworbene und erlernte Fähigkeiten und Kenntnisse stehen.

Im Kontext der Forschung zur häuslichen Lernumwelt ist insbesondere das objektivierte Kapital hervorzuheben, das einen wichtigen Aspekt der häuslichen Lernumwelt darstellt (vgl. z. B. McElvany et al., 2009; Niklas et al., 2013).

> **Kulturelles Kapital**
>
> Kulturelles Kapital bezeichnet nach Bourdieu verschiedene Formen von Kapitel, das sich auf Kulturgüter, kulturelle Ressourcen, aber auch kulturelle Fähigkeiten bezieht, welche von einer Person bereits dauerhaft erworben wurden. Damit umfasst es also sowohl Güter wie Bücher oder Instrumente als auch akademische Titel und kulturelle Fähigkeiten, die eine Person sich über Zeitinvestition angeeignet hat und die ihr nun zur Nutzung zur Verfügung stehen.

Neuere Arbeiten, die die Ideen Bourdieus und Colemans rezipieren, trennen Aspekte der kulturellen Ressourcen (oder bei Baumert & Schümer, 2002 »kulturelle Besitztümer«) von Merkmalen der kulturellen Praxis (z. B. McElvany et. al, 2009).

> **Kulturelle Praxis**
>
> Unter kultureller Praxis können proximale und prozessuale Merkmale einer Familie verstanden werden, die die Häufigkeit und auch die Qualität von kulturellen Aktivitäten umschreiben. Hierzu können beispielsweise (Vor-)Leseaktivitäten oder das Spielen von Würfel- und Rechenspielen in der Familie gezählt werden.

Damit tragen sie dem Umstand Rechnung, dass es kulturelle Ressourcen in der Familie gibt, die sich in eher strukturelle Merkmale, wie z. B. Buchbesitz, und in prozessuale Merkmale, wie die Häufigkeit gemeinsamer kultureller Aktivitäten untergliedern lassen (z. B. Lesen und Vorlesen, Geschichten erzählen, Wort-, Würfel- oder Zahlenspiele spielen, Büchereibesuche oder auch die Kommunikation über Gelesenes oder im Kontext von Zahlen; vgl. Niklas et al., 2013; Niklas & Schneider, 2012; Retelsdorf & Möller, 2008). Eine zentrale Annahme ist dabei, dass Effekte der sozialen Herkunft auf die Kompetenzentwicklung durch diese Ressourcen vermittelt werden (McElvany et al., 2009).

2.2.3 Vygotskis soziokulturelle Theorie

Vygotskis soziokulturelle Theorie (z. B. 1978) erachtet gelungene interpersonelle Interaktionen als zentrale Voraussetzung für die kindliche Denkentwicklung. Kindliche Kognitionen werden hierbei v. a. dann gefördert, wenn Individuen mit Wissensvorsprung (z. B. Eltern) gemeinsame Aktivitäten mit Individuen mit geringerem Wissen (z. B. Kindern) so organisieren, dass Letztere davon profitieren und Lernen initiiert wird. Diese Art der Organisation von gemeinsamen Aktivitäten wird in den Konzepten »Guided Participation (gelenkte Partizipation)« (Rogoff, 1998), »Scaffolding« (Wood et al., 1976) und »Sustained Shared Thinking« (Siraj-Blatchford et al., 2003) deutlich.

Guided Participation

Guided Participation erweitert die Gedanken Vygotskis und stellt eine symmetrische Interaktion in den Mittelpunkt (Rogoff, 1986). Dieser Interaktion liegt eine Intersubjektivität zugrunde, die einen gemeinsamen Fokus und ein gemeinsames Ziel der beiden am Interaktionsprozess beteiligten Akteure umfasst (Rogoff, 1990). Im Mittelpunkt steht dabei die Teilhabe des Kindes an einer kulturellen Praxis, die durch die Lenkung eines kompetenten Anderen unterstützt wird. Beide Akteure sind jedoch an dieser Lenkung beteiligt und beide gestalten auch diesen Prozess.

Scaffolding

Scaffolding (engl. »Gerüst«) bezeichnet allgemein die Unterstützung von Lernenden bei der Bewältigung von (Entwicklungs-)Aufgaben. Diese Unterstützung liegt idealerweise eine Ebene über derjenigen, auf der sich der Lernende aktuell befindet. Nach Wood und Middleton (1975) verfügen Kinder über einen »Sensibilitätsbereich«, der als Grad der »Bereitschaft« für verschiedene Inputs definiert ist und im Wesentlichen den Unterschied zwischen den beobachteten und den potenziellen Fähigkeiten der Kinder darstellt. Wood et al. (1976) beschreiben sechs Schritte, die idealerweise im Prozess des Scaffolding vorkommen: Wecken von Interesse, Vereinfachung der Aufgaben, Aufrechterhaltung der Richtung, Markierung kritischer Merkmale, Frustrationskontrolle und Demonstration. Die Unterstützung ist nur vorübergehend: Mit steigender Kompetenz der Lernenden wird das »Gerüst« sukzessive reduziert und entfällt schließlich.

Sustained Shared Thinking

Sustained Shared Thinking bezeichnet eine pädagogische Interaktion, bei der zwei oder mehr Personen auf intellektuelle Weise »zusammenarbeiten«, um ein Problem zu lösen, ein Konzept zu klären, Aktivitäten zu bewerten oder eine Erzählung zu erweitern. Dies kann auch zwischen Peers erreicht werden (Siraj-Blatchford et al., 2003).

Eltern fungieren als Unterstützer der kindlichen Lernprozesse, indem gemeinsame Gespräche, Spiele, Interaktionen optimalerweise so gestaltet werden, dass Kinder eine leicht über ihrem Kompetenzniveau angesiedelte Unterstützung erfahren, die ihnen eine Erweiterung ihres Wissens, ihrer Fähig- und Fertigkeiten ermöglicht.

Im Rahmen der soziokulturellen Theorie spielen zudem die folgenden Konzepte eine wichtige Rolle für das kindliche Lernen:

- Intersubjektivität, also das wechselseitige Verstehen und Interagieren in der Kommunikation zwischen Menschen. Kinder können nur dann etwas von anderen lernen, wenn die Aufmerksamkeit gemeinsam auf den gleichen Lerninhalt

gerichtet wird. Dabei wird eine geteilte Aufmerksamkeit hergestellt. Wichtig, insbesondere in den ersten Lebensjahren, ist in diesem Zusammenhang auch das soziale Referenzieren, bei dem versucht wird, die Aufmerksamkeit des Gegenübers durch entsprechende Gesten auf einen bestimmten Gegenstand oder eine bestimmte Situation zu lenken.
- Soziale Unterstützung, also der unterstützende Rahmen, den Erwachsene ihren Kindern während der Interaktion zur Verfügung stellen. Bildlich gesprochen bieten Eltern dabei ihren Kindern das Gerüst während des Hausbaus. Die eigentliche Lernleistung wird zwar vom Kind vollbracht, aber dazu benötigt es die Unterstützung der Eltern, die beispielsweise Hinweise zur Bewältigung der Aufgabe geben. Bei solchen Aufgaben kann es sich sowohl um motorische Leistungen wie das Fahrradfahren lernen als auch um kognitive Leistungen wie das korrekte Abzählen einer Menge handeln.
- Zone nächster Entwicklung (Zone of proximal development): Dieses Konzept umschreibt den Bereich einer Aufgabenanforderung, der zwischen der Schwierigkeit liegt, die das Kind gerade noch ohne Unterstützung vs. mit optimaler sozialer Unterstützung erfolgreich bewältigen kann. Verdeutlicht wird dies in Abbildung 2.2.

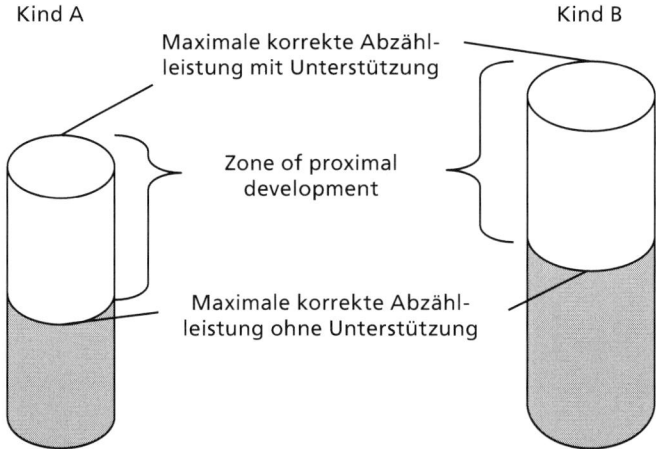

Abb. 2.2: Modell zu Vygotskis »Zone of proximal development« am Beispiel der Abzählleistungen von zwei Kindern

Die Abbildung verdeutlicht die »Zone of proximal development« für die Abzählleistungen zweier Kinder A und B. Während Kind A beispielsweise Bauklötze bis zu einer Menge von 10 korrekt und ohne Unterstützung abzählen kann, gelingt es dem gleichen Kind mit Hilfe eines Erwachsenen, der die Bausteine gemeinsam mit ihm abzählt, diesen Vorgang bis zum 15. Baustein korrekt auszuführen. Dieser Unterschied zwischen der maximalen Leistung ohne Unterstützung und der maximalen Leistung mit optimaler Unterstützung bezeichnet Vygotski als »Zone der nächsten Entwicklung«. Wenn in diesem Bereich geübt und gelernt wird, lassen sich die größten Wissenszuwächse erreichen. Die »Zone der nächsten Entwicklung« ist dabei nicht stabil und unveränderlich, sondern variiert zwischen verschiedenen Kindern auf unterschiedlichem Entwicklungsstand (z. B. Kind A und Kind B in ▶ Abb. 2.2) und verändert sich auch für ein einzelnes Kind, wenn dieses neue Kompetenzen erwirbt.

> **Zone der nächsten Entwicklung**
>
> Die Zone der nächsten Entwicklung stellt nach Vygotski in einer beliebigen Fähigkeit oder in einem beliebigen Wissensbereich denjenigen Leistungsbereich dar, in dem Aufgaben gerade eben nicht mehr allein bewältigt werden können, die aber mit geringer Unterstützung durch eine Person mit größerer Fähigkeit und/oder Wissen bewältigbar werden. Zentral ist hierbei die Annahme, dass in dieser Zone der größte Zuwachs an Wissen und/oder Fähigkeiten möglich ist.

Eine weitere Annahme Vygotskis besteht darin, dass Denken einem inneren Sprechen entspricht und dass Kinder die Fähigkeit zur Selbstregulation und zum Problemlösen durch Internalisierung von Sprache entwickeln (vgl. Ormrod, 2006). Dieser Vorgang läuft in drei Phasen ab:

1. Anleitung von außerhalb (z. B. ein Elternteil sagt, was und wie das Kind etwas machen soll),
2. Selbstgespräche/laute Anweisungen des Kindes (z. B. das Kind begleitet das eigene Handeln sprachlich und »erzählt«, was es in diesem Augenblick macht),
3. Sprache und Denken verinnerlicht (z. B. das Kind begleitet das eigene Handeln zwar sprachlich, allerdings nur in Gedanken).

Aus dieser Sichtweise folgt, dass Entwicklung und Lernen kontinuierliche Veränderungen mit quantitativer Wissenszunahme darstellen. Die soziale Umwelt des Kindes ist für diese Veränderungen essentiell. Entsprechend der hier vorgestellten Theorie sollten die eigentlichen Lerninhalte auch kulturspezifisch geprägt sein, obwohl die generellen Lernprozesse kulturübergreifend sind. So werden Kinder in Deutschland, Südafrika und Japan beispielsweise auf ähnliche Art und Weise von ihren Eltern beim Erwerb der Zählzahlen unterstützt werden, aber sie werden die Zählzahlen in unterschiedlichen Sprachen beigebracht bekommen und es werden wahrscheinlich unterschiedliche, kulturspezifische Dinge gezählt. Damit wird nach Vygotski (1978) das Kind auch als Produkt der es umgebenden Kultur angesehen.

Da in Vygotskis Theorie die Interaktion zwischen Eltern und Kindern sehr stark im Vordergrund steht und kindliches Lernen insbesondere durch Eltern beeinflusst wird, bietet sich diese Theorie sehr gut als Grundlage zur Erklärung der Bedeutung der häuslichen Lernumwelt an.

2.2.4 Banduras sozial-kognitive Lerntheorie

Eine letzte hier noch aufzuführende allgemeine Lerntheorie ist die sozial-kognitive Lerntheorie (teils auch als »soziales Lernen«, »Beobachtungslernen« oder »Modelllernen« bezeichnet) nach Bandura (z. B. 1979).

> **Modelllernen**
>
> Modelllernen, teils auch als Beobachtungslernen oder sozial-kognitives Lernen bezeichnet, ist eine Lernform, bei der eine Person, die beobachtet, von einem symbolischen, imaginativen oder real auftretenden Modell Verhaltensweisen oder Kompetenzen übernimmt und lernt. Das Modelllernen läuft dabei über verschiedene Teilprozesse und unter Berücksichtigung von Aufmerksamkeits-, Gedächtnis-, Verhaltens- und Motivationsprozessen ab, die gemeinsam zum Lernen beitragen.

Ähnlich wie bei Vygotsky interagieren im Rahmen dieser Theorie die Umwelt, die beteiligten Personen und ihr jeweiliges Verhalten miteinander. Ihren Ausgangspunkt hatten erste Studien zum sozialen Lernen in Arbeiten zum Beobachtungslernen (vgl. Schermer, 2006). Beim Beobachtungslernen erlernt der oder die Lernende in einer Aneignungs- gefolgt von einer Ausführungsphase ein an einem Vorbild, oder auch Modell genannt, beobachtetes Verhalten. Modelle können dabei entweder symbolisch (z. B. im Film), imaginativ (also in der eigenen Vorstellung) oder auch real auftreten.

Beobachtungslernen läuft unter Beteiligung von Aufmerksamkeit, Gedächtnis, motorischer Reproduktion und Motivation auf Seiten des Lerners ab. Während letztere Prozesse mit der Handlungsausführung zusammenhängen, sind Aufmerksamkeits- und Gedächtnisprozesse für die innere Repräsentation des Verhaltens und somit der Aneignung verantwortlich. Alle vier Prozesse tragen gemeinsam zum Erlernen neuer Verhaltensweisen und Kompetenzen bei.

Im Rahmen der häuslichen Lernumwelt bedeutet dies, dass das Kind zunächst aufmerksam die Handlungen der Eltern beobachten wird. Für das Lernen ist hierbei von Vorteil, dass Eltern aus Kindersicht, wichtige, mächtige und attraktive Modelle darstellen, denen Kinder auch gerne nacheifern. Durch die häufigen, regelmäßigen und damit auch wiederholten Interaktionen gelingt es selbst jungen Kindern, das modellierte Verhalten nach und nach besser im Gedächtnis zu repräsentieren. Die beiden letzten Lernschritte können in der häuslichen Lernumwelt ebenfalls gut unterstützt werden. So ermöglicht der Familienrahmen Kindern das Ausprobieren der beobachteten Handlungen und Eltern können ihre Kinder dabei unterstützen und sie motivieren. Unter Motivation im Kontext der sozial-kognitiven Lerntheorie werden in erster Linie die Konsequenzen auf das gezeigte Verhalten verstanden. So wird insbesondere jenes beobachtete Verhalten zukünftig häufiger gezeigt, das z. B. durch ein Lob belohnt wurde.

Modelllernen tritt im Alltag meist ungeplant und ohne gezielte Lehr- oder Lernabsicht seitens der Beobachter oder Modelle auf (Schermer, 2006). Auch dies ist ein typischer Aspekt, der auf das Lernen in der häuslichen Lernumwelt zutrifft. Zwar gehört zur häuslichen Lernumwelt auch formales Lehren und Lernen nach Instruktion der Eltern (▶ Kap. 2.3.3), aber in weiten Teilen findet Lernen nebenher (inzidentell) bei alltäglichen Interaktionen zwischen Eltern und Kindern statt. Es lässt sich also festhalten, dass sich auch das soziale Lernen sehr gut als Erklärungskonzept des Einflusses der häuslichen Lernumwelt auf die kindliche Kompetenzentwicklung eignet.

2.3 Theoretische Konzepte und Modelle

Neben diesen generellen Lerntheorien und Ansätzen wurden in den letzten Jahren auch spezifische Konzepte und Modelle zur häuslichen Lernumwelt entwickelt. Diese beziehen sich teilweise auf die in Kapitel 2.2 vorgestellten Theorien, gehen dabei aber wesentlich detaillierter auf das kindliche Lernen im Kontext der häuslichen Lernumwelt ein.

2.3.1 Struktur-Prozess-Orientierungs-Modell

Das »Struktur-Prozess-Orientierungs-Modell« kann als Rahmenmodell für die häusliche Lernumwelt herangezogen werden und orientiert sich an Modellen zu den Lernumwelten Kindergarten und Grundschule (vgl. Lehrl, 2013, 2018).

> **Struktur-Prozess-Orientierungs-Modell**
>
> Im Struktur-Prozess-Orientierungs-Modell der häuslichen Lernumwelt werden Strukturen und Orientierungen von Prozessen in der häuslichen Lernumwelt unterschieden. Bei den Strukturmerkmalen handelt es sich um distale Aspekte wie die elterliche Bildung oder die elterlichen Berufe. Bei den Orientierungsmerkmalen geht es um Überzeugungen, Vorstellungen und Einstellungen z.B. zum kindlichen Lernen oder zur kindlichen Entwicklung. Demgegenüber umfassen proximale Prozessmerkmale die direkten Eltern-Kind-Interaktionen (vgl. ▶ Kap. 2.2.1 und ▶ Abb. 2.3).

Die häusliche Lernumwelt wird hierbei als mehrdimensionales Konstrukt verstanden, das sowohl strukturelle Hintergrundmerkmale, d.h. relativ stabile, überdauernde Merkmale der Familie wie zum Beispiel den Bildungsstand oder die Familienstruktur, als auch Orientierungen, also z.B. Bildungsziele für das Kind oder auch generelle Einstellungen bezüglich Bildung, sowie letztlich Prozessmerkmale und damit die direkten Eltern-Kind-Interaktionen umfasst (▶ Abb. 2.3). In der Modellannahme stehen Struktur-, Orientierungs- und Prozessmerkmale miteinander in

Beziehung und hierbei wirken Strukturen und Orientierungen auf die Prozessmerkmale ein. Letztere werden im Modell noch einmal unterteilt in generelle Prozesse (z. B. sozio-emotionale Unterstützung) und bereichsspezifische Prozesse, die sich unmittelbar auf (vor-)schulische Kompetenzen wie Lesen oder Rechnen beziehen (Lehrl, 2013). Zentrale Annahme in diesem Modell ist, dass Struktur- und Orientierungsmerkmale der Familie eine grundlegende Rolle für die Herausbildung von familienspezifischen Prozessen spielen und diese dann direkt die kindliche Kompetenzentwicklung beeinflussen. Forschungsbefunde zeigen z. B., dass Eltern mit höherem Bildungsniveau häufiger bildungsrelevante Aktivitäten (z. B. vorlesen) mit ihren Kindern durchführen als Eltern mit geringerem Bildungsniveau (Lehrl, 2013).

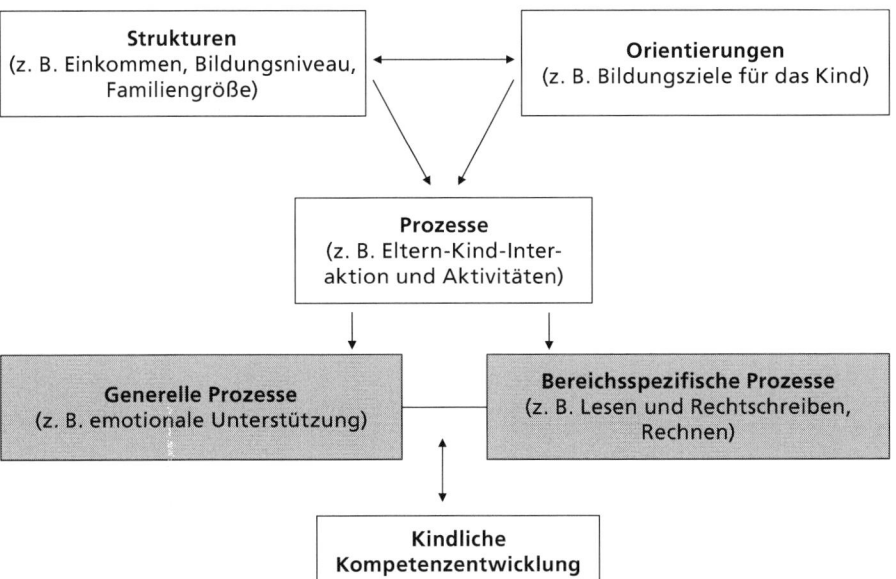

Abb. 2.3: Struktur-Prozess-Orientierungs-Modell der häuslichen Lernumwelt nach Lehrl (2018, S. 19)

2.3.2 Home-Literacy- und Home-Numeracy-Modelle

Neben der Unterscheidung nach Struktur- und nach Prozessmerkmalen erscheint auch eine Unterscheidung nach inhaltlichen Aspekten sinnvoll, da sich die Entwicklung verschiedener kindlicher Kompetenzbereiche häufig domänenspezifisch darstellt (vgl. Wellman & Gelman, 1998). So können Kinder schon frühzeitig spezifische Stärken und Schwächen im sprachlichen oder numerischen Bereich entwickeln, auch wenn insbesondere bei jüngeren Kindern die Zusammenhänge zwischen Leistungen in beiden Bereichen noch relativ eng verknüpft sind und sich größere Unterschiede oft erst im Laufe des Grundschulalters herausbilden (vgl. z. B. Niklas & Schneider, 2017). Dementsprechend hat sich auch im englischen

2.3 Theoretische Konzepte und Modelle

Sprachraum mittlerweile die Unterteilung der häuslichen Lernumwelt in eine sogenannte Home Literacy Environment, die sich auf den schriftsprachlichen Bereich bezieht, und eine auf den mathematischen Bereich bezogene sogenannte Home Numeracy Environment herauskristallisiert (Überblick bei Lehrl, 2018, siehe auch ▶ Kap. 1.4). Diese Unterteilung ist mittlerweile weithin akzeptiert und findet auch in vielen deutschsprachigen Arbeiten zur häuslichen Lernumwelt Anwendung (z. B. Anders et al., 2012; Lehrl, 2013, 2018; Lehrl et al., 2012; Lehrl et al., 2013; Niklas & Schneider, 2013, 2014).

Bei der Unterscheidung zwischen der Home Literacy Environment und der Home Numeracy Environment werden folglich auch unterschiedliche Aspekte der häuslichen Lernumwelt fokussiert. So handelt es sich bei der Home Literacy Environment v. a. um Objekte, Einstellungen und Interaktionen in der Familie, die mit Schriftsprache in Verbindung gebracht werden, wie beispielsweise die Anzahl an Büchern im Haushalt, die Häufigkeit und Qualität des Vorlesens oder auch die elterliche Einstellung zum Lesen. Demgegenüber besteht die Home Numeracy Environment z. B. aus der Häufigkeit, mit der Würfel- oder Zählspiele gespielt werden, inwieweit die Eltern Mathematik und Rechnen als wichtige und relevante Fähigkeiten erachten oder den mathematischen Kompetenzerwerb im Alltag und in den Interaktionen mit ihren Kindern unterstützen (vgl. auch Niklas, 2015).

Es zeigen sich abhängig von der Operationalisierung der Home Literacy und Numeracy Environment (vgl. ▶ Kap. 3) sehr unterschiedliche Zusammenhänge zwischen beiden Skalen. So finden sich zwischen Maßen der Home Literacy Environment und Maßen der Home Numeracy Environment teils nur sehr geringe, zumeist aber moderate oder sogar sehr große Zusammenhänge (vgl. z. B. Anders et al., 2012; Lehrl, 2013, 2018; Niklas et al., 2016a; Niklas, Nguyen et al., 2016; Skwarchuk et al., 2014; Wirth et al., 2023). Aufgrund dieser hohen Überlappung beider Konstrukte und abhängig von den untersuchten Kompetenzen arbeiten deshalb manche Studien mit einem einzelnen globalen Konstrukt der häuslichen Lernumwelt, das dann beide Aspekte berücksichtigt (z. B. Melhuish et al., 2008; Niklas et al., 2016b; Niklas & Schneider, 2017; Schmiedeler et al., 2014; Wirth et al., 2023). Zudem sollte berücksichtigt werden, dass das Konzept der Home Numeracy Environment in den letzten Jahren vermehrt als zu begrenzt angesehen wurde und explizit auf das Konzept der Home Mathematics Environment erweitert wurde (siehe Hornburg et al., 2021).

> **Home Mathematics Environment**
>
> Bei der Home Mathematics Environment handelt es sich um eine Erweiterung des klassischen Konzepts der Home Numeracy Environment (vgl. ▶ Kap. 1.4). Hierbei wird der Fokus explizit nicht mehr nur auf Zahlen und Arithmetik gelegt. Stattdessen wird ein umfassender mathematischer Begriff als Grundlage herangezogen, der beispielsweise auch Geometrie, Muster und Reihen berücksichtigt. Daneben beinhaltet der Begriff auch einen erweiterten Blick auf die mathematische häusliche Lernumwelt, der über Interaktionen im Zahlenkontext hinausgeht.

Bei der Home Mathematics Environment werden somit nicht mehr nur die Unterstützung numerischer Fähigkeiten von Kindern fokussiert, sondern daneben z. B. auch räumliches Denken, geometrisches Wissen sowie Muster und Reihenfolgen. Außerdem wird hinterfragt, ob der Schwerpunkt der Home Mathematics Environment allein auf Eltern-Kind-Interaktionen mit Zahlenbezug liegen sollte (vgl. auch ▶ Kap. 3).

2.3.3 Modelle zu formellen und informellen Lernaktivitäten in der Familie

Eine weitere Unterteilung der häuslichen Lernumwelt basiert auf Arbeiten der Forschergruppen um Monique Sénéchal und Jo-Anne LeFevre (Sénéchal & LeFevre, 2002, 2014; Skwarchuk et al., 2014). Zunächst bezogen sie sich dabei auf den Schriftspracherwerb und das sogenannte Home Literacy Model (Sénéchal & LeFevre, 2002). Später erweiterten sie ihren Ansatz auch auf den numerischen bzw. mathematischen Bereich und postulierten ein Home Numeracy Model (LeFevre et al., 2009; 2010; Skwarchuk et al., 2014).

> **Home Literacy Model/Home Numeracy Model**
>
> Das Home Literacy Model und das darauf aufbauende Home Numeracy Model bezeichnen jeweils ein empirisch überprüftes Modell zu den Zusammenhängen bestimmter Lernaktivitäten im Familienkontext mit kindlichen Lernergebnissen. Hierbei wird zwischen formellen und informellen Lernaktivitäten unterschieden (s. u.), wobei formelle Aktivitäten eher symbolische numerische Kompetenzen bzw. schriftsprachliche Kompetenzen fördern können, während informelle Aktivitäten mit nicht-symbolischen bzw. sprachlichen Kompetenzen assoziiert sind.

In ihren Studien unterscheiden die Wissenschaftlerinnen dabei zwischen formellen und informellen Lernaktivitäten, die im Familienkontext stattfinden.

> **Formelle/informelle Lernaktivitäten**
>
> Während sich formelle Lernaktivitäten auf gezieltes Lehren und Lernen und damit auf das »Beibringen« von neuem Wissen beziehen, handelt es sich bei informellen Lernaktivitäten um Tätigkeiten, bei denen das Lernen inzidentell und damit »nebenbei« im Kontext von zumeist spielerischen oder alltäglichen Aktivitäten von Kindern zusammen mit ihren Eltern vonstattengeht.

So wird Kindern durchaus neues Wissen vermittelt, indem ihnen vorgelesen wird oder indem Eltern mit ihnen Würfelspiele spielen. Bei solchen Aktivitäten steht allerdings das Lernen nicht im Vordergrund, sondern Lernen findet inzidentell und damit eher »nebenbei und zufällig« statt. Die informelle Dimension umfasst z. B. im

Bereich der Home Literacy die Erfahrungen mit Büchern allgemein sowie das gemeinsame Lesen bzw. Betrachten eines Bilderbuchs. Im Kontext der Home Numeracy stehen z. B. die Häufigkeit, mit der Spiele mit numerischen Inhalten gespielt werden oder inwieweit das Kind im Alltag (z. B. beim Kochen) Dinge abzählt oder abwiegt. Als informell wird diese Dimension auch deshalb bezeichnet, weil sie sich nicht direkt auf die geschriebene Sprache oder formelle mathematische Berechnungen als solche bezieht, sondern auf den Inhalt der geschriebenen Sprache bzw. auf ein numerisches Grundverständnis (vgl. Skwarchuk et al., 2014).

Demgegenüber führen Eltern aber auch Aktivitäten aus, bei denen das kindliche Lernen im Vordergrund steht. Diese formelle Dimension der häuslichen Lernumwelt beinhaltet folglich den Fokus auf die Schriftsprache und die formelle Mathematik, z. B. indem das Alphabet bzw. gezielt Buchstaben oder Zahlen durch die Eltern unterrichtet werden oder mit den Kindern geübt wird, ihren eigenen Namen zu schreiben oder Berechnungen anzustellen.

Relevant wird diese Unterscheidung auch dadurch, dass formelle und informelle Lernaktivitäten unterschiedliche kindliche Kompetenzen beeinflussen. Dargestellt wird dies im Home Numeracy und Home Literacy Model, das Skwarchuk und Kolleginnen (2014, S. 76; ▶ Abb. 2.4) aufgrund der Befunde ihrer Studie aufgestellt haben. Auf der linken Seite finden sich zunächst elterliche Einstellungen zu den Bereichen Mathematik und Schriftsprache sowie allgemeinere schulische Erwartungen an ihre Kinder. Diese wirken sich dann auf verschiedene Aspekte der häuslichen Lernumwelt sowie verschiedene Leistungen der Kinder aus.

> **Einstellungen**
>
> Einstellungen können in eine kognitive, eine emotionale und eine verhaltensorientierte Komponente unterschieden werden. Damit wird für einen Einstellungsgegenstand bewertet, ob dieser als gut bzw. richtig erachtet wird, ob dieser als positiv bzw. angenehm erlebt wird und ob man diesen damit eher aufsucht oder vermeidet.

Die häusliche Lernumwelt wird in diesem Modell einerseits unterteilt in die Bereiche »Numeracy« und »Literacy« und andererseits in die Bereiche informelle Lernaktivitäten und formelle Lernaktivitäten, wobei letztere ein weiteres Mal je nach Inhalt nochmals unterteilt werden in einfachere und komplexere Aktivitäten.

Die formelle häusliche Lernumwelt, die sich auf komplexere Lernaktivitäten bezieht, sagt dem Modell nach das symbolische Zahlenwissen und die Wortlesefähigkeit der Kinder vorher, während die informelle häusliche Lernumwelt als Prädiktor für den Wortschatz und nicht-symbolisches Rechnen (hier gemessen über eine bestimmte Anzahl an Tieren, die in eine Scheune geführt oder wieder daraus hervorgeholt werden) fungiert. Einschränkend ist zu diesem Modell anzumerken, dass die Autorinnen Aktivitäten wie beispielsweise gemeinsames Reimen, oder das Spielen von Spielen mit numerischem Inhalt in ihrem Modell der formellen Lernumwelt zuordnen, während andere Autoren (z. B. Niklas & Schneider, 2014) diese Aspekte eher der informellen Lernumwelt zuordnen. Grundsätzlich ist die genaue Zuordnung und Operationalisierung verschiedener Aspekte der häuslichen Lernumwelt nach wie vor ungeklärt (vgl. ▶ Kap. 3).

Mathematik

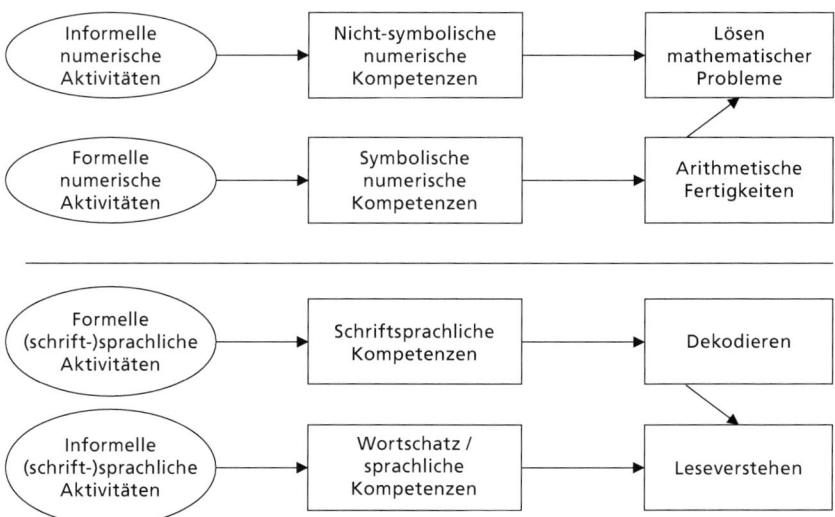

Sprache/Schriftsprache

Abb. 2.4: Annahmen des Home Numeracy und Home Literacy Model in Anlehnung an Sénéchal & LeFevre (2002) und Skwarchuk et al. (2014), formalisierte Darstellung nach Lehrl (2018)

2.3.4 Integrierende Modelle

Schließlich existieren neben den hier aufgeführten Modellen auch komplexere Modelle zur häuslichen Lernumwelt, die die verschiedenen Modellansätze miteinander kombinieren. So geht Niklas (2015) in seinem Modell zur Wirkung der häuslichen Lernumwelt von einem komplexen Struktur-Prozess-Modell aus, das die häusliche Lernumwelt in die Home Literacy und Home Numeracy Environment unterteilt und zusätzlich unter beiden Konstrukten formelle und informelle Lernaktivitäten aufführt (▶ Abb. 2.5). Dieses Modell basiert dabei auf früheren Konzeptualisierungen, die im Rahmen der PISA-Studie (Watermann & Baumert, 2006) und von McElvany und Kollegen (2009) vorgeschlagen wurden. Allerdings bezogen sich diese Modelle nur auf den schriftsprachlichen Bereich und nahmen Kinder und Jugendliche in der Sekundarstufe bzw. beim Übergang in die Sekundarstufe in den Fokus. Das Modell von Niklas (2015) erweitert somit diese Modelle um den Bereich Mathematik und bezieht sich demgegenüber auf das Kindergartenalter und den Übergang vom Kindergarten in die Grundschule.

Zunächst sind auf der linken Seite der Abbildung strukturelle Herkunftsmerkmale einer Familie aufgeführt (vgl. auch ▶ Kap. 4). Hierbei ist der zentrale Aspekt

2.3 Theoretische Konzepte und Modelle

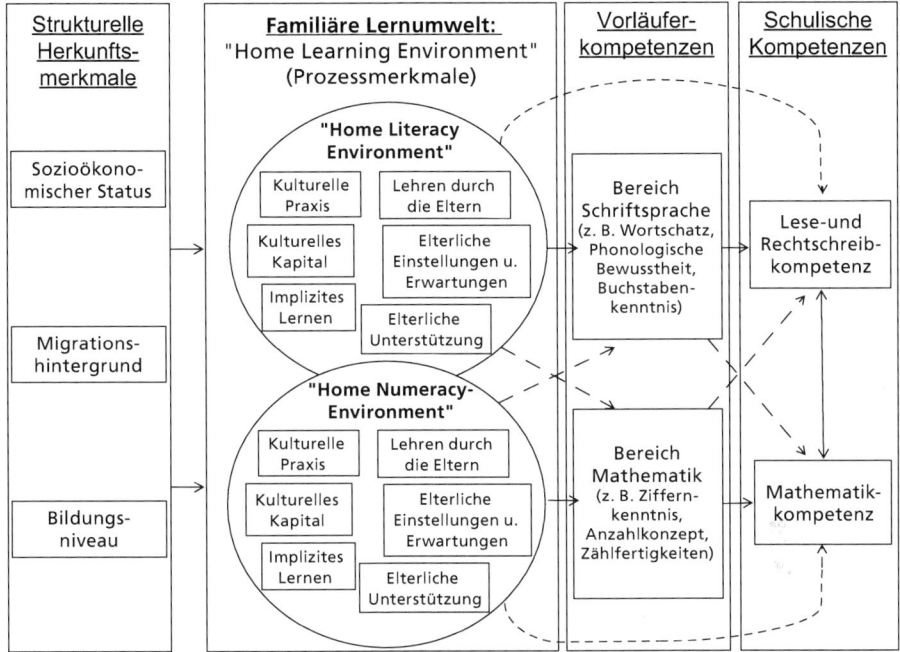

Abb. 2.5: Modell der häuslichen Lernumwelt im Zusammenhang mit strukturellen Hintergrundvariablen, Vorläuferkompetenzen und schulischen Kompetenzen nach Niklas (2015, S. 109).

der sozioökonomische Status (SÖS, ▶ Kap. 4.2) der Familie, der die soziale Herkunft eines Kindes widerspiegelt (Baumert & Maaz, 2006). Dieser kann auf unterschiedliche Art und Weise operationalisiert werden, wobei Eltern in einer sozialen Hierarchie hinsichtlich ihres (Berufs-)Prestiges, ihrer finanziellen Mittel oder ihres Einflusses eingeordnet werden.

Darüber hinaus stellt der Migrationsstatus einer Familie eine weitere wichtige familiäre Hintergrundvariable dar. Ein Migrationshintergrund wird dabei meist entweder über das Geburtsland der Eltern und des Kindes oder über die Familiensprache erfasst (auch ▶ Kap. 4.3).

Auf der rechten Seite der Abbildung wird zwischen Vorläuferkompetenzen und schulischen Kompetenzen unterschieden.

Vorläuferfertigkeiten und schulische Kompetenzen sind dabei keine qualitativ unterschiedlichen Konzepte. Stattdessen verbessern und erweitern Kinder in der gesamten Vorschul- und Schulzeit ihre fachspezifischen Kompetenzen zumeist kontinuierlich (z. B. Claessens et al., 2009; Krajewski & Schneider, 2009; Niklas & Schneider, 2017). Im Modell wird angenommen, dass die Vorläuferfertigkeiten im Wesentlichen zwar spezifisch wirken, aber schriftsprachliche Vorläuferfertigkeiten in gewissem Umfang auch spätere mathematische Leistungen vorhersagen (z. B. Krajewski et al., 2007), genauso wie mathematische Vorläuferfertigkeiten auch für Schriftsprachleistungen in der Schule bedeutsam sind (z. B. Claessens et al., 2009; Duncan et al., 2007).

> **Vorläuferkompetenzen**
>
> Vorläuferkompetenzen (oder auch Vorläuferfertigkeiten) sind kindliche Kompetenzen im Kindesalter, die die späteren schulischen Leistungen und Kompetenzen gut vorhersagen können. Man unterscheidet zwischen unspezifischen Vorläuferkompetenzen, die für verschiedene Kompetenzbereiche eine große Rolle spielen, wie z. B. Intelligenz und Arbeitsgedächtnis, und spezifischen Vorläuferkompetenzen, die sehr stark eine bestimmte schulische Kompetenz vorhersagen können, wie z. B. der Wortschatz die Lesekompetenz oder ein frühes Zahlen- und Anzahlkonzept die spätere Mathematikkompetenz.

Zentraler Aspekt des Modells ist die häusliche Lernumwelt (Home Learning Environment, HLE), worunter in Abgrenzung zu den Status- und Strukturmerkmalen einer Familie spezifische Prozessmerkmale verstanden werden (vgl. Pekrun, 2002). Im Modell von Niklas (2015) wird dabei einerseits domänenspezifisch unterteilt in eine Home Literacy Environment und eine Home Numeracy Environment (▶ Kap. 2.3.2) und andererseits innerhalb dieser Unterteilung auch zwischen formellem und informellem Lernen in der Familie unterschieden (▶ Kap. 2.3.3). Allerdings wird auch berücksichtigt, dass zwischen Home *Literacy* bzw. *Numeracy* Environment ein großer Zusammenhang besteht und dass beide Bereiche nicht nur spezifisch entweder schriftsprachliche oder mathematische Fertigkeiten vorhersagen, sondern jeweils auch in begrenzterem Umfang die jeweils anderen Kompetenzen (z. B. Anders et al., 2012).

Unter der Home Literacy bzw. Numeracy Environment sind jeweils die gleichen Aspekte aufgeführt. Diese haben jedoch bei beiden Konzepten einen unterschiedlichen Fokus. So beziehen sich beispielsweise das kulturelle Kapital und die kulturelle Praxis im schriftsprachlichen Kontext auf die Anzahl an Büchern und Kinderbüchern im Haushalt bzw. die Lese- und Vorlesehäufigkeit in der Familie (z. B. McElvany et al., 2009; Niklas et al., 2013), während im mathematischen Kontext darunter beispielsweise der kindliche Besitz von Uhren, Taschenrechnern und Kalendern bzw. die Häufigkeit, mit der Spiele mit Zahlenkontext gespielt werden, verstanden wird (z. B. LeFevre et al., 2009; Niklas & Schneider, 2012). Gleiches gilt auch für die anderen aufgeführten Prozessmerkmale, die sich entweder auf den schriftsprachlichen oder aber auf den mathematischen Bereich beziehen. Beispielsweise konnten Ehmke und Siegle (2008) zeigen, dass die elterliche Wertschätzung von Mathematik die mathematischen Kompetenzen ihrer Kinder vorhersagte, während nach Bingham (2007) die mütterliche Einstellung zum Lesen die Vorlesesituation und die schriftsprachlichen Kompetenzen der Kinder vorhersagte. Darüber hinaus berücksichtigt das Modell die Unterscheidung in formelle und informelle Lernaktivitäten (▶ Kap. 2.3.3). Insgesamt vereint das Modell von Niklas (2015) damit die verschiedenen Modelle zur häuslichen Lernumwelt.

2.4 Fazit

Dieses Kapitel bietet einen umfassenden Überblick über die theoretische Verortung und über verschiedene Konzeptualisierungsmöglichkeiten der häuslichen Lernumwelt. Hierbei kann aus Sicht der ökologischen Theorie von Bronfenbrenner (1979) angenommen werden, dass distale Faktoren vermittelt über proximale Faktoren auf die kindliche Entwicklung Einfluss nehmen. In diesem Zusammenhang ist davon auszugehen, dass distalere Familienfaktoren wie der SÖS, die Familienstruktur oder ein Migrationshintergrund vermittelt über die unmittelbaren Interaktionen in der Familie, die der häuslichen Lernumwelt zugeschrieben werden, die kindliche Kompetenzentwicklung beeinflussen.

Nach Bourdieus soziologischem Ansatz (1983) sammeln Menschen im Laufe ihres Lebens verschiedene Formen von Kapital an, wobei im Kontext der häuslichen Lernumwelt insbesondere das kulturelle Kapital und die damit eng verbundene kulturelle Praxis innerhalb einer Familie eine große Rolle spielt. Vygotskis soziokulturelle Theorie (1978) zeigt die Bedeutung der sozialen Umwelt für die kindliche Entwicklung. Nach dieser Theorie lernen Kinder insbesondere dann, wenn sie von erfahreneren Personen, im Falle der häuslichen Lernumwelt zumeist den Eltern, angeleitet werden und ihnen neues Wissen am besten in der Zone der proximalen Entwicklung beigebracht wird. Letztlich weist auch Banduras sozial-kognitive Lerntheorie (1979) einen Bezug zur häuslichen Lernumwelt insofern auf, als die Familie einen zentralen Kontext für das Modelllernen darstellt, innerhalb dessen viele Verhaltensweisen, aber auch Einstellungen über bestimmte Aufmerksamkeits-, Behaltens-, Nachbildungs- und Motivationsprozesse erlernt werden können.

Neben diesen eher klassischen und allgemeinen Theorien zum kindlichen Lernen und der kindlichen Entwicklung wurden in den letzten Jahren auch spezifische Modelle zur häuslichen Lernumwelt entwickelt. In diesem Zusammenhang haben sich die Unterscheidungen in Struktur- und Prozessmerkmale (vgl. Lehrl, 2013), in eine Home Literacy und eine Home Numeracy Environment sowie in eine formelle und informelle Lernumwelt (vgl. Sénéchal & LeFevre, 2002) durchgesetzt. Integrierende Modelle (vgl. Niklas, 2015; Lehrl, 2018) kombinieren diese verschiedenen Ansätze und stellen den Gesamtzusammenhang zwischen den verschiedenen Konstrukten her.

3 Operationalisierungen

3.1 Einleitung

Nachdem zunächst in Kapitel 1 der Begriff der häuslichen Lernumwelt diskutiert und eingegrenzt wurde und in Kapitel 2 die theoretische Grundlage und entsprechende Modelle zu diesem Konzept vorgestellt wurden, beschäftigt sich dieses Kapitel mit der Operationalisierung der häuslichen Lernumwelt, d. h. der Frage, wie man die Qualität der häuslichen Lernumwelt in verschiedenen Familien möglichst objektiv, verlässlich und zutreffend messen kann. Wie in den bisherigen Ausführungen bereits deutlich geworden ist, verwenden verschiedene Autoren in ihren Arbeiten zur häuslichen Lernumwelt unterschiedliche Begriffe und Definitionen und beziehen sich auf unterschiedliche Modelle. Daraus folgt, dass es nicht nur eine Art und Weise gibt, mit der die häusliche Lernumwelt in Studien erfasst werden kann und wird. Stattdessen wurden im Laufe der Jahre unterschiedliche Ansätze verfolgt und verschiedene Messinstrumente zur Erfassung der Qualität der häuslichen Lernumwelt entwickelt.

Im folgenden Kapitel sollen deshalb zunächst die gängigsten Formen der Operationalisierung vorgestellt werden. Darüber hinaus werden aber auch mit Beobachtungsverfahren, Tagebuchaufzeichnungen und Mobile Sensing seltener eingesetzte Verfahren diskutiert, die aufwändiger in ihrer Anwendung sind, aber gegenüber Fragebögen gewisse Vorteile aufweisen.

3.2 Fragebögen

Die gängigste Form zur Erfassung der Qualität der häuslichen Lernumwelt (Home Learning Environment, HLE) ist die Verwendung von Fragebögen. Die häufige Verwendung von Fragebogen liegt insbesondere darin begründet, dass es sich um eine sehr ökonomische Form der Datenerfassung handelt. Gegenüber beispielsweise Beobachtungsverfahren sind Fragebögen, die bei der Erfassung der HLE zumeist von Eltern ausgefüllt werden sollen, eine Erhebungsmöglichkeit, die ohne allzu große Kosten und Aufwand auf Seiten der Untersucher eingesetzt werden können.

Gleichzeitig bringt die erfragte Selbsteinschätzung der Qualität der HLE durch die Eltern einige Nachteile mit sich. So ist zu befürchten, dass viele Eltern sich und die Interaktionen in ihrer Familie möglichst positiv darstellen wollen, und somit sozial erwünschte Antworten geben. Auch wenn Studien darauf hinweisen, dass die Erfassung der HLE durch Fragebögen zumeist reliable Ergebnisse liefert und es hohe Zusammenhänge mit anderen Arten der Erfassung wie beispielsweise Checklisten und Tagebucheinträgen gibt (Burgess, 2002), muss diese Einschränkung bei der Verwendung von HLE-Fragebögen immer bedacht werden.

> **Soziale Erwünschtheit**
>
> Unter sozial erwünschtem Antwortverhalten wird die Tendenz verstanden, bei Befragungen nicht die richtige Antwort zu geben, sondern diese leichter oder stärker zu verfälschen, und zwar in diejenige Richtung oder Tendenz, die als gesellschaftlich und sozial besser und erwünschter angesehen wird. Diese Verfälschung der eigenen Antwort kann dabei sehr bewusst oder auch unbewusst geschehen. Im Kontext der HLE könnte beispielsweise eine häufigere und längere Vorlesezeit berichtet werden als diese wirklich im Familienkontext vorhanden ist, da Vorlesen und Lesen in der Gesellschaft ein hoher Wert beigemessen wird.

Trotz dieses Nachteils verwenden die meisten Forscher zum Thema häusliche Lernumwelt Fragebögen. Insbesondere bei größeren Stichproben ist die Verwendung von Fragebögen aus organisatorischen und finanziellen Gründen meist die einzige Möglichkeit, die Qualität der HLE zu erfassen (z. B. LeFevre et al., 2009; Melhuish et al., 2008; Niklas, Nguyen et al., 2016; Niklas & Schneider, 2013). Es existiert jedoch nicht ein einzelner, allgemein anerkannter Fragebogen zur Erfassung der HLE. Vielmehr entwickelten verschiedene Forschergruppen passend für ihre jeweiligen Studien und Forschungsfragen eigene Fragebögen. Folglich existiert auch eine Vielzahl an unterschiedlichen Fragebogenvarianten, mit der unterschiedliche Aspekte der HLE in den Familien erfragt werden können. Im Folgenden werden getrennt für die schriftsprachliche und die mathematische sowie daran anschließend für die generelle häusliche Lernumwelt unterschiedliche Fragebögen knapp vorgestellt und wichtige Aspekte diskutiert.

3.2.1 Erfassung der schriftsprachlichen häuslichen Lernumwelt

Zentraler Aspekt der schriftsprachlichen häuslichen Lernumwelt – zumindest bis ins frühe Grundschulalter hinein – ist die Häufigkeit des Vorlesens im Familienkontext (vgl. Bus et al., 1995; Scarborough & Dobrich, 1994; Niklas, Nguyen et al., 2016). Dieser Fokus ist u. a. darin begründet, dass schon vor Jahrzehnten belegt wurde, dass Vorlesen die Entwicklung schriftsprachlicher Kompetenzen von Kindern unterstützt. Jedoch konnten verschiedene Forscher auch belegen, dass nicht allein die Häufigkeit des Vorlesens relevant ist, sondern darüber hinaus auch der Zeitpunkt des ersten Vorlesens (DeBaryshe, 1993; Niklas et al., 2016c; Niklas,

Cohrssen, Tayler, & Schneider, 2016), die Qualität des Vorlesens (Cohrssen et al., 2016) oder auch die Qualität des Kinderbuches (Kucirkova et al., 2012) eine Rolle spielen.

Insbesondere der Qualität des Vorlesens wurde besondere Aufmerksamkeit geschenkt. So erwies sich in verschiedenen Studien das sogenannte »Dialogische Vorlesen« als besonders förderlich für Kinder (z. B. Lever & Sénéchal, 2011; vgl. Cohrssen et al., 2016; Mol et al., 2008).

> **Dialogisches Vorlesen**
>
> Unter dialogischem Vorlesen versteht man eine besondere Art das Vorlesens, bei dem die Vorlesenden nicht nur einfach den Text und Inhalt eines Buches wiedergeben und die Zuhörer passiv bleiben. Stattdessen werden die Zuhörer aktiv am Vorleseprozess beteiligt, indem ihnen beispielsweise Fragen zum Text, Inhalt und darüber hinausgestellt werden sowie intensiv auf Einwürfe, Antworten und Fragen der Zuhörer eingegangen wird oder auch Buchinhalte mit dem Alltag und dem Wissen der Zuhörenden im Gespräch verknüpft werden.

Hierbei wird Kindern nicht nur der eigentliche Vorlesetext wiedergegeben, sondern darüber hinaus eine intensive Interaktion mit ihnen angestrebt. So werden einem Kind beispielsweise »W-Fragen« gestellt, die Antworten und Einwürfe des Kindes wiederholt und erweitert und man erzählt über den Text hinaus. In Fragebögen lässt sich relativ einfach erfassen, inwieweit dialogisches Vorlesen tatsächlich im Kontext der häuslichen Lernumwelt ein- und umgesetzt wird.

Neben dem Vorlesen werden aber auch häufig weitere sprachliche und schriftsprachliche Interaktionen zwischen Eltern und Kindern erfasst (Niklas et al., 2016a). Hierbei kann es sich beispielsweise um die Häufigkeit handeln, mit der Kindern Geschichten erzählt, mit ihnen Bibliotheken besucht oder Wort- und Reimspiele gespielt werden. Ebenfalls ein zentraler Aspekt, der meist auch in den großen Bildungsstudien erfasst wird (z. B. Park, 2008), ist die Anzahl an Büchern und Kinderbüchern im Haushalt. Dieser Aspekt der schriftsprachlichen häuslichen Lernumwelt lässt sich dem kulturellen Kapital im Haushalt zuordnen (▶ Kap. 2.2.2) und übt einen großen Einfluss auf die kindliche Lesekompetenz aus (McElvany et al., 2009). Andererseits sehen manche Autoren den Buchbesitz auch als Indikator für den sozioökonomischen Status einer Familie an (▶ Kap. 4.2) und rechnen diesen deshalb nicht unmittelbar der häuslichen Lernumwelt zu (z. B. Bos et al., 2012).

Daneben sind aber auch das Modellverhalten und die Einstellung der Eltern zum Lesen und der Bedeutung von Schriftsprache von Interesse (vgl. z. B. Bingham, 2007). So hängt beispielsweise die elterliche Einstellung zum Vorlesen sehr eng mit der Häufigkeit von schriftsprachlichen Eltern-Kind-Interaktionen zusammen und die Home Literacy Environment kann als Mediator zwischen diesen Einstellungen und den kindlichen Leistungen angesehen werden (Niklas, Mues et al., 2025; Niklas, Wirth et al., 2020; auch ▶ Kap. 4.5).

> **Mediation**
>
> Unter Mediation versteht man in der Statistik die Vermittlung eines Effekts zwischen zwei Variablen über eine dritte Variable, wobei eine kausale/zeitliche Verknüpfung zwischen den Variablen angenommen wird. Eine vollständige Mediation tritt dann auf, wenn ein zuvor signifikanter Pfad zwischen einem Prädiktor und einer abhängigen Variable unter Berücksichtigung der Mediatorvariable nicht mehr signifikant wird. Reduziert sich die Höhe des Pfadkoeffizienten nachdem die Mediatorvariable ins Vorhersagemodell integriert wurde, dieser bleibt aber signifikant, so spricht man von einer partiellen Mediation.

Gerade bei älteren Kindern und Jugendlichen, bei denen nicht mehr unbedingt die unmittelbare Interaktion zwischen Eltern und Kind im Vordergrund steht, stellen Elternverhalten und -einstellung wichtige Aspekte der häuslichen Lernumwelt dar (z. B. Strommen & Mates, 2004). Dennoch gibt es auch Hinweise, dass selbst in der Sekundarstufe noch die Lesemotivation und das Leseinteresse durch Vorlesen erhöht werden können (Albright & Arail, 2005), weswegen es – je nach Studienfokus – relevant sein kann, diesen Aspekt auch bei älteren Stichproben zu erheben.

3.2.2 Erfassung der mathematischen häuslichen Lernumwelt

Gegenüber der schriftsprachlichen häuslichen Lernumwelt wurde die mathematische häusliche Lernumwelt lange Zeit vernachlässigt und erst in den letzten Jahren stärker in den Fokus der Forschung genommen (z. B. Anders et al., 2012; Kleemans et al., 2012; LeFevre et al., 2009, 2010; Niklas & Schneider, 2012, 2014). So spielt hier beispielsweise die Häufigkeiten von Aktivitäten in der Familie mit numerischen Inhalten wie das Spielen von Würfel-, Zähl- oder Rechenspielen eine Rolle (Niklas & Schneider, 2014). Daneben gibt es aber auch eine Reihe an tagtäglichen Interaktionen in der Familie, die sich auf numerische Inhalte beziehen (z. B. LeFevre et al., 2009; Niklas et al., 2016a). So kann beispielsweise erfasst werden, wie häufig

- im Alltag gezählt und abgezählt wird (z. B. Treppenstufen oder beim Tisch decken);
- Kinder beim Kochen helfen, abzuzählen, abzuwiegen oder abzumessen;
- Kinder beim Einkaufen und Bezahlen beteiligt werden;
- Kindern von ihren Eltern Zahlensymbole oder Rechnen beigebracht werden;
- Kindern Bücher mit numerischem Kontext vorgelesen werden;
- mit Kindern über Maßeinheiten wie z. B. Geschwindigkeit, Temperatur oder Gewicht gesprochen wird;
- mit Kindern Kalender, Uhren oder Taschenrechner betrachtet oder genutzt werden.

Daneben kann auch erfasst werden, inwieweit Kinder die zuletzt genannten mathematischen Dinge in ihrem Zimmer zur Verfügung haben (Taschenrechner, Kalender, Uhr, Armbanduhr).

Aber genauso wie im schriftsprachlichen Bereich sind auch die elterlichen Einstellungen zur Mathematik und deren Wertschätzung für die kindlichen Kompetenzen von Bedeutung (Ehmke & Siegle, 2008; LeFevre et al., 2009, 2010). Neben der Bedeutung, die Eltern der Mathematik beimessen, können aber auch die jeweiligen elterlichen mathematischen Fähigkeiten eine Rolle für die kindlichen Kompetenzen spielen.

3.2.3 Erfassung der generellen häuslichen Lernumwelt

Wie bereits in Kapitel 2.3 ausgeführt, finden sich – je nach Operationalisierung der häuslichen Lernumwelt – teils sehr hohe Zusammenhänge zwischen der schriftsprachlichen und mathematischen häuslichen Lernumwelt, sodass verschiedene Forscher in manchen Arbeiten nicht zwischen beiden Aspekten unterscheiden, sondern eine generelle häusliche Lernumwelt annehmen (z. B. Melhuish et al., 2008; Schmiedeler et al., 2014, Wirth et al., 2023). Diese besteht dann zumeist aus einer Zusammenstellung von Aspekten sowohl der schriftsprachlichen als auch der mathematischen häuslichen Lernumwelt (▶ Kap. 3.2.1 und ▶ Kap. 3.2.2). Darüber hinaus werden darunter aber auch eher generellere Aktivitäten im Familienkontext erfasst wie beispielsweise die Häufigkeit, mit der Gedächtnisspiele wie Memory gespielt werden (z. B. Niklas et al.2016b, 2018).

3.2.4 Fernseh- und Medienkonsum im Familienkontext

Neben den spezifischeren und allgemeineren Aspekten der häuslichen Lernumwelt, die gerade beschrieben wurden, kann auch der Fernsehkonsum und in den letzten Jahren verstärkt die Nutzung weiterer elektronischer Medien wie Tablet Computer, Laptop und Smartphone oder auch elektronischer Kinderbücher und Lernstifte über Fragebögen erfasst werden. Allerdings herrscht Uneinigkeit darüber, ob Mediennutzung und -konsum unmittelbar zur häuslichen Lernumwelt gerechnet werden sollte, oder als separater Aspekt zu sehen ist. So wurde in einzelnen Arbeiten ein niedriger Fernsehkonsum als Indikator für eine höhere Qualität der familiären Lernumwelt angesehen (z. B. Niklas & Schneider, 2013), während andere Studien den Fernsehkonsum explizit als eigenes und unabhängiges Konstrukt berücksichtigten (z. B. Schmiedeler et al., 2014; Valcárcel Jiménez, Wirth et al., 2024).

Neben der Frage nach der reinen Nutzungshäufigkeit durch das Kind kann es auch von Interesse sein, danach zu fragen, ob es feste Nutzungszeiten für das jeweilige Medium gibt und welchen Stellenwert es in der Familie genießt. So spielt aufgrund der Vorbildfunktion der Eltern (vgl. ▶ Kap. 2) auch das Nutzungsverhalten der Eltern oder von älteren Geschwistern eine Rolle. Darüber hinaus kann es einen Unterschied machen, ob Kinder die Medien allein nutzen oder dabei Unterstützung und Rückmeldung durch erfahrenere Andere erhalten. Neuere Arbeiten untersuchen teils auch explizit eine analoge vs. eine digitale häusliche Lernumwelt

(▶ Kap. 6), wobei letztere Eltern-Kind-Interaktionen wie z.B. das Vorlesen unter Verwendung digitaler Medien erfasst (z.B. Lehrl et al., 2021).

3.3 Erfassung der häuslichen Lernumwelt über Checklisten

Neben den klassischen Fragebögen wurden in den letzten Jahren auch Checklisten entwickelt und eingesetzt, mittels derer spezifische Kenntnisse der Eltern abgeprüft werden. Dabei sollen Eltern aus einer Liste mit beispielsweise Kinderbüchern oder Spielen mit mathematischem Inhalt diejenigen ankreuzen, die ihr Kind kennt. Da die jeweiligen Listen auch erfundene Titel beinhalten und die Eltern auf diesen Umstand hingewiesen werden, sollte sich bei diesem Vorgehen das sozial erwünschte Antwortverhalten deutlich reduzieren (vgl. z.B. Grolig et al., 2017). Tatsächlich werden bei diesen Listen kaum fehlerhafte Titel ausgewählt und somit relativ akkurate Rückmeldungen darüber abgegeben, welche Inhalte in der Familie (zumindest dem Namen nach) bekannt sind.

3.3.1 Englische Kinderbuch- und Kinderbuchautorenlisten

Eine der ersten Arbeitsgruppen, die Checklisten einsetzten, in diesem Fall im Kontext der Home Literacy Environment, war die Arbeitsgruppe von Monique Sénéchal. In einer vielbeachteten Arbeit von Sénéchal und Kollegen (1996) wurden zwei verschiedene Checklisten verwendet: eine für englische Kinderbücher und eine für die Autoren englischer Kinderbücher. Für die Kinderbuchliste wurden mehrere Angestellte in Bibliotheken befragt, Buchläden aufgesucht, die sich auf Kinderliteratur spezialisiert hatten, in einer Pilotstudie Eltern zu den Lieblingsbüchern ihrer Kinder befragt und Bestsellerlisten konsultiert. Aus den über 100 resultierenden Buchtiteln wurden in einem nächsten Schritt diejenigen entfernt, zu denen Filme oder Fernsehserien existierten. Danach wurden diejenigen ausgewählt, die häufiger genannt worden und in der örtlichen Bücherei ausleihbar oder günstig zu kaufen waren. In einem abschließenden Schritt wurden neue Buchtitel erfunden, die nie erschienen sind, aber durchaus Titel von Kinderbüchern sein könnten, und somit wurde die Checkliste vervollständigt. Für die Kinderbuchautoren-Checkliste wurden die gleichen Bücher herangezogen und alle Bücher ausgeschlossen, bei denen der Autor nicht klar ersichtlich war. Auch hier wurden wiederum Namen von Kinderbuchautoren hinzuerfunden, wobei auf die Namen von wissenschaftlich tätigen Entwicklungspsychologen zurückgegriffen wurde.

In den dazu durchgeführten Studien (z.B. Sénéchal & LeFevre, 2002) erwiesen sich diese Checklisten als sehr gute Prädiktoren für die sprachlichen Fähigkeiten von Kindern, die darüber hinaus schnell und einfach einsetzbar sind, weniger stark von sozialer Erwünschtheit betroffen und auch reliabel sind.

3.3.2 Deutsche Kinderbuch-Checklisten

Die Arbeitsgruppe um Sascha Schroeder und Lorenz Grolig hatte die Idee, mit Checklisten das Lesevolumen in der Familie objektiv und ökonomisch zu erfassen, aufgegriffen und in den vergangenen Jahren für den deutschen Sprachraum zwei Varianten eines Titelrekognitionstests entwickelt (Grolig et al., 2017; Schroeder et al., 2014). Hierbei erfasst der Titelrekognitionstest für das Vorschulalter (TRT-VS) das Lesevolumen entweder über die direkte Befragung der Kinder am Computer, an denen ihnen Titel von verschiedenen existierenden und ausgedachten Kinderbüchern genannt werden, oder über Elternbefragung mittels einer Checkliste zum Ankreuzen.

> **Titelrekognitionstest**
>
> Titelrekognitionstests sind Checklistenverfahren, bei denen die Befragten eine Liste mit verschiedenen Titeln von z. B. weit verbreiteten Büchern oder Spielen vorgelegt bekommen und hierbei diejenigen Titel wiedererkennen und ankreuzen sollen, die ihnen selbst bekannt sind. Dadurch, dass zusätzlich auch sogenannte »Fake-Titel« von nicht vorhandenen Werken in der Checkliste enthalten sind und dies den Befragten mitgeteilt wird, gelingt es, sozial erwünschtes Antwortverhalten deutlich zu verringern.

Für die Titelauswahl wurden sowohl Verkaufs- und Ausleihstatistiken bei Buchhandlungen und Bibliotheken ausgewertet als auch beliebte Buchserien von Kindergartenkindern ermittelt. In einem zweiten Schritt wurde die Titelauswahl mit Buchhändlerinnen und -händlern, Erzieherinnen und einer Kinderbuch-Expertin der Stiftung Lesen diskutiert und entsprechend angepasst.

Demgegenüber fokussiert der Kinder-Titelrekognitionstest (K-TRT; Schroeder et al., 2014) auf Kinder und Jugendliche der Grundschule und Sekundarstufe. Einzelne Titel sind dieselben wie beim TRT-VS, während aber auch gezielt Bücher für diese älteren Kindergruppen berücksichtigt wurden. Die Titelauswahl erfolgte über Informationen aus großen Medienstudien, Ausleihstatistiken von Büchereien und den Verkaufsstatistiken von Online-Buchhandlungen. Auch hier wurden erneut Kinderbuch-Experten, Buchhändler und Lehrkräfte konsultiert und der K-TRT auf deren Rückmeldung hin revidiert und optimiert. Beide Verfahren sind frei verfügbar und können von Interessierten ohne weitere Kosten genutzt werden (Grolig et al., 2017; Schroeder et al., 2014). Zuletzt wurde diese Reihe auch noch durch einen Autorenrekognitionstest für 13 bis 80 Jahre erweitert, mit dem also auch Erwachsene hinsichtlich ihres Lesevolumens untersucht werden können (Grolig et al., 2020).

3.3.3 Checklisten für Spiele mit mathematischem Inhalt

Lange Zeit lagen Checklisten nur für den schriftsprachlichen Bereich vor und zur Erfassung der mathematischen häuslichen Lernumwelt waren keine entsprechenden Instrumente verfügbar. Dies änderte sich, als Skwarchuk und Kolleginnen (2014) für eine Studie ein Messinstrument für »Number game exposure« entwickelten. Diese Checkliste wurde zusammengestellt aus zehn tatsächlich erhältlichen Spielen für 3- bis 6-Jährige, bei denen Kinder zählen, rechnen oder Zahlen erinnern mussten, zehn weiteren Spielen ohne numerischen Kontext und fünf erfundenen Spielen, die aber durchaus als Kinderspiele existieren könnten.

Der Gesamtwert für die Probanden ergibt sich, wie auch im Bereich Literacy, aus der Anzahl richtig ausgewählter, mathematischer Spiele und davon abgezogen die Anzahl an ausgewählten erfundenen Spielen. Diese Variable, die von Skwarchuk und Kolleginnen (2014) als Indikator für die informelle numerische Lernumwelt im Familienkontext herangezogen wurde, konnte nicht-symbolische Rechenfähigkeiten von Kindern vorhersagen. Hierbei mussten Kinder keine klassischen Rechenaufgaben mit Zahlsymbolen durchführen, sondern anhand von Objekten zählen und rechnen (▶ Kap. 2.3.3).

Für den deutschen Sprachraum wurde aktuell ebenfalls eine Checkliste für Spiele mit mathematischem Inhalt entwickelt (Niklas et al., 2023). Ähnlich wie bei den schriftsprachlichen Checklisten wurden in einer Pilotstudie zunächst geeignete Spiele identifiziert und dann zusammen mit erfundenen Spieletiteln in eine A- und B-Version des TRT-Mathe-K aufgeteilt. In zwei empirischen Studien erwies sich dieses Messinstrument ebenfalls als prädiktiv für Maße der mathematischen Kompetenzentwicklung (Niklas et al., 2023; Wirth et al., 2023). Wie die schriftsprachlichen Checklisten ist es frei verfügbar und kann in wissenschaftlichen Studien verwendet werden.

3.4 Beobachtungsverfahren

Wie eingangs des Kapitels erwähnt, finden Beobachtungsverfahren zur Erfassung der Qualität der häuslichen Lernumwelt in Deutschland eher selten Verwendung. Gleichzeitig handelt es sich bei dem wohl bekanntesten und meistgenutzten englischsprachigen Verfahren zur Erfassung der HLE um eine Mischung aus Beobachtungs- und Befragungsverfahren (vgl. Niklas, Nguyen et al., 2016). Das Verfahren »Home Observation for Measurement of the Environment (HOME)« wird zu Hause bei den Befragten durchgeführt und dauert etwa eine Stunde. Es existieren verschiedene Versionen der HOME, die nach dem Alter der Kinder gestaffelt sind, und jeweils mehrere Subskalen wie beispielsweise Sprachstimulation, physische Umgebung oder Lernstimulation enthalten (vgl. Linver et al. 2004; Totsika & Sylva 2004, auch ▶ Kap. 1.3).

> **Home Observation for Measurement of the Environment (HOME)**
>
> HOME ist ein Instrumentarium, das die häusliche Lernumwelt möglichst reliabel und valide erfassen soll und einfach anwendbar ist. Es beinhaltet sowohl Beobachtungen im Haushalt und von Eltern-Kind-Interaktionen als auch Befragungen und bietet Informationen über die Qualität und Quantität der sozialen, emotionalen und kognitiven Unterstützung von (jungen) Kindern im Familienkontext. Es handelt sich um eines der ersten Messinstrumente für die Qualität der HLE und findet international weite Verbreitung in Studien.

Ganz allgemein lässt sich über Beobachtungen die Qualität der Interaktion zwischen Erziehenden und Kindern gut überprüfen. Mögliche Beobachtungsgegenstände könnten hierbei beispielsweise die Qualität des Vorlesens (vgl. dialogisches Vorlesen), die Qualität der Unterstützung der Kinder während des Spielens von Spielen mit mathematischem Inhalt oder auch die Qualität des formellen Lehrens im Familienkontext sein. Sinnvoll ist dabei allerdings ein standardisiertes Vorgehen und die Verwendung eines entsprechendes Kodiersystems wie dies beispielsweise bei der Familieneinschätzskala der Fall ist (Kuger et al., 2005; Lehrl, 2018). Eine adaptierte Version dieser Skala, mittels der die Eltern-Kind-Interaktionen während einer Vorlesesituation und während eines Würfelspiels evaluiert wurden, wurde im Projekt »Learning4Kids« (Niklas, Annac & Wirth, 2020; Niklas et al., 2022) gemeinsam mit Checklisten und Fragebogenverfahren zur Erfassung der schriftsprachlichen und der mathematischen häuslichen Lernumwelt eingesetzt. Hierbei korrelierten die Verfahren zumeist signifikant und hoch miteinander (Wirth et al., 2023). Allerdings erwiesen sich die Korrelationen zwischen den gleichen Erhebungsmethoden (z. B. schriftsprachlicher Fragebogen mit mathematischem Fragebogen oder schriftsprachliche Beobachtung und mathematische Beobachtung) als höher gegenüber den Korrelationen zwischen den gleichen Inhaltsbereichen (z. B. schriftsprachlicher Fragebogen und schriftsprachliche Beobachtung oder mathematischer Fragebogen und mathematische Beobachtung). Insgesamt deuten die Datenanalysen darauf hin, dass ein globaler Faktor der häuslichen Lernumwelt – unabhängig vom Fokus auf Schriftsprache oder Mathematik – am besten mit den Daten vereinbar war. Dieser globale Faktor war dann auch ein guter Prädiktor für vorschulische Leistungen der Kindergartenkinder im Bereich Schriftsprache und Mathematik, wobei insbesondere die Checklisten zur Varianzaufklärung beitrugen (Wirth et al., 2023).

3.5 Weitere Formen der Datenerfassung

Neben den gängigsten Formen der Erfassung der häuslichen Lernumwelt über Fragebögen, Checklisten und Beobachtungen existieren noch weitere, bislang seltener eingesetzte Formen der Operationalisierungen. Ein paar davon sollen hier im Folgenden kurz skizziert werden.

So kann über Tagebuchaufzeichnungen versucht werden, möglichst genau spezifische Verhaltensweisen innerhalb der Familie zu erfassen (z. B. Fernsehverhalten bei Ennemoser et al., 2003). Ein Vorteil dieser Erhebungsmethode ist, dass die Befragten nicht subjektiv bestimmte Häufigkeiten einschätzen oder sich an vergangene Ereignisse erinnern müssen, was mit der Gefahr einer fehlerhaften Erinnerung und Antwort einhergeht. Stattdessen wird aktuelles Verhalten relativ genau, objektiv und zeitnah dokumentiert. Dieses Verfahren bietet sich somit relativ gut an, wenn man spezielle, umgrenzte Verhaltensweisen wie beispielsweise den Fernsehkonsum oder die genaue Vorlesezeit erfassen möchte. Allerdings ist dieses Verfahren gleichzeitig auch relativ aufwändig und die Qualität der Daten hängt davon ab, ob die Befragten auch zuverlässig die Tagebücher ausfüllen.

In jüngster Zeit können hierbei auch neue Medien (z. B. Smartphones) eingesetzt werden, die eine Dokumentation deutlich erleichtern und die Versuchspersonen regelmäßig an die Eintragungen erinnern. Bei der sogenannten »Experience Sample Method« werden die Befragten regelmäßig (teilweise mehrmals täglich) gebeten, spezifische Fragen zu beantworten, was einer ökologischen Momentaufnahme entspricht. Dieses Verfahren könnte somit auch für Elternbefragungen im Kontext der häuslichen Lernumwelt zum Einsatz kommen.

Ein weiterer moderner Ansatz ist es, diejenigen Daten zu nutzen, die elektronische Geräte während deren Nutzung nebenbei erfassen (Birtwistle et al., 2022). Beim sogenannten »Mobile Sensing« werden Verhaltensdaten automatisch und unauffällig durch z. B. Smartphones oder Tablets erfasst.

Mobile Sensing

Mobile Sensing nutzt die vorhandenen Sensoren von mobilen digitalen Geräten wie Smartphones, Smart Watches oder Tablets und speichert die erhobenen Daten entweder auf dem Gerät, wo sie später ausgelesen werden können, oder sendet sie an einen Server, von wo aus sie weiterverarbeitet werden können. Hierbei lassen sich ganze Textnachrichten und Gespräche aber auch Bewegungsprofile oder Nutzungszeiten erfassen.

Diese Technologie kann genutzt werden, um reine Nutzungszeiten verschiedener Anwendungen auf den Endgeräten oder GPS-Daten zu erfassen, aber auch zur Aufzeichnung ganzer Textnachrichten oder von Gesprächen. Somit könnte beispielsweise über Mobile Sensing die Nutzung von digitalen Lernanwendungen in der häuslichen Lernumwelt erfasst werden (Birtwistle et al., 2022).

3.6 Fazit

Dieses Kapitel zeigt unterschiedliche Möglichkeiten auf, wie man die häusliche Lernumwelt operationalisieren und damit die Qualität der Förderung eines Kindes im Familienkontext messbar machen kann. Da die unterschiedlichen Verfahren jeweils gewisse Vor- und Nachteile beispielsweise in Hinsicht auf die soziale Erwünschtheit oder die ökonomische Anwendung aufweisen, obliegt es dem Anwender, die für seine Zwecke am besten passende Operationalisierung der häuslichen Lernumwelt zu wählen. Entscheidende Kriterien sind hierbei u. a. der Studienfokus (z. B.: Soll die häusliche Lernumwelt nur knapp als Kontrollvariable erfasst werden oder steht diese im Untersuchungsfokus und sollte deshalb möglichst umfangreich und genau gemessen werden?), die zu untersuchenden Kompetenzbereiche (z. B.: Benötigt man Aussagen zur Home Literacy Environment, zur Home Numeracy Environment und/oder zur generellen Home Learning Environment?), der Fokus auf bestimmte Interaktionen innerhalb der Familie (z. B.: Soll die formelle oder informelle häusliche Lernumwelt erfasst werden?) und auch die Stichprobengröße (Je größer die untersuchte Stichprobe, desto eher können aus ökonomischen Gründen nur Fragebögen eingesetzt werden). Falls möglichst exakte und nicht durch sozial erwünschte Antworten gebenenfalls verfälschte Antworten benötigt werden, sollte auf Checklisten und eventuell auch auf Beobachtungs-, Tagebuch- oder Mobile Sensing-Verfahren zurückgegriffen werden. Grundsätzlich ist dabei zu empfehlen, die häusliche Lernumwelt auf möglichst vielfältige Art und Weise mit verlässlichen Testinstrumenten zu erfassen.

4 Bedingungen häuslicher Lernumwelten

4.1 Einleitung

Die vorhergehenden Kapitel dienten der Beschreibung, theoretischen Verortung und Operationalisierung der häuslichen Lernumwelt. Bevor im nachfolgenden Kapitel 5 die häusliche Lernumwelt und ihr Zusammenhang mit kindlichen Kompetenzen im zeitlichen Verlauf von der Geburt bis ins Grundschulalter betrachtet wird, soll in diesem Kapitel entsprechend dem Prozess-Struktur-Modell näher darauf eingegangen werden, welche Bedeutung den Strukturen und Orientierungen bei der Realisierung anregender Prozesse in der häuslichen Lernumwelt zukommt. Obwohl diese Strukturen in der Familie verankert sind oder sehr eng mit der Familie zusammenhängen, werden sie nicht zur häuslichen Lernumwelt im engeren Sinne hinzugerechnet. Stattdessen können Sie im Sinne von Bronfenbrenners ökologischer Theorie (vgl. auch ▶ Kap. 2.2.1) eher als distale familiäre Hintergrundvariablen gegenüber der proximalen häuslichen Lernumwelt angesehen werden. Sie werden auch häufig als Strukturmerkmale bezeichnet.

Im folgenden Kapitel soll eine Auswahl an wichtigen familiären Hintergrundvariablen kurz vorgestellt werden. Dabei werden der sozioökonomische Status einer Familie, die Rolle des Migrationshintergrunds, strukturelle Merkmale einer Familie sowie elterliche Orientierungen und Einstellungen diskutiert.

4.2 Sozioökonomischer Status und Bildungshintergrund

Spätestens seit dem PISA-Schock im Jahr 2000 ist der Unterschied in Schülerleistungen aufgrund des sozialen familiären Hintergrunds verstärkt in den Fokus gerückt (vgl. Klieme et al., 2010). Auch in der Internationalen Grundschul-Lese-Untersuchung (IGLU-Studie, z. B. Bos et al., 2007) und bei der Trends in International Mathematics and Science Study (TIMMS, z. B. Schwippert et al., 2020; Schwippert et al., 2024) zeigte sich diese große Heterogenität international in den meisten der teilnehmenden Länder. Und auch in den letzten aktuellen Erhebungen der großen internationalen Bildungsstudien PISA (Lewalter et al., 2023) und IGLU (McElvany et al, 2023) finden sich erneut große mit der Familie assoziierte Leistungsunterschiede und ein durchschnittlich eher schlechtes Abschneiden deutscher Schülerinnen und Schüler.

> **Programme for International Student Assessment (PISA)**
>
> Die PISA-Studie ist eine internationale Schulleistungsstudie zu den Kompetenzen von 15-Jährigen. Sie wird von der Organisation für wirtschaftliche Zusammenarbeit und Entwicklung (OECD) gefördert und ermöglicht einen Vergleich der Kompetenzen Jugendlicher aus verschiedenen Nationen weltweit. Sie gilt dabei als die größte international vergleichende Studie. Die Studie wurde erstmalig im Jahr 2000 durchgeführt und wird alle drei Jahre wiederholt, die aktuell letzten verfügbaren Daten stammen pandemiebedingt aus der Untersuchung im Jahr 2022. Zu jedem Untersuchungszeitpunkt wird ein bestimmter Schwerpunkt gesetzt. So stand 2000 z. B. die Lesekompetenz im Mittelpunkt, 2003 mathematische Kompetenzen und 2006 naturwissenschaftliche Kompetenzen. Bei PISA-E handelt es sich um einen nationalen Ergänzungstest, der einen Vergleich zwischen den einzelnen Bundesländern ermöglicht. Vom PISA-Schock spricht man, da im Jahr 2000 mit der erstmaligen Veröffentlichung der PISA-Ergebnisse offenbar wurde, dass deutsche Jugendliche im internationalen Vergleich allenfalls mittelmäßige Kompetenzen in den Bereichen Lesen und Mathematik aufweisen (vgl. Klieme et al., 2009; Lewalter et al. 2023).

> **Internationale Grundschul-Lese-Untersuchung (IGLU; englisch: Progress in International Reading Literacy Study (PIRLS))**
>
> IGLU ist eine international vergleichende Studie mit dem Schwerpunkt Lesekompetenz im Grundschulalter. Die Studie startete 2001 und findet im Abstand von fünf Jahren statt. Ähnlich wie bei PISA ermöglicht der Ergänzungstest, IGLU-E, den Leistungsvergleich zwischen den Bundesländern (vgl. McElvany et al., 2023).

> **Trends in International Mathematics and Science Study (TIMSS)**
>
> TIMSS fokussiert auf die mathematischen und naturwissenschaftlichen Kompetenzen von Schülerinnen und Schülern am Ende der Grundschulzeit. TIMSS startete 2007 und wird alle vier Jahre durchgeführt. An TIMSS 2011 haben weltweit 50 Staaten sowie sieben Regionen teilgenommen. Die letzten Erhebungsdaten, die für Deutschland wieder starke Zusammenhänge mit dem familiären Hintergrund aufwiesen, stammen aus dem Jahr 2023 (Schwippert et al., 2024).

Der sozioökonomische Status (SÖS) einer Familie ist ein zentraler Aspekt der strukturellen Herkunftsmerkmale, der die soziale Herkunft eines Kindes widerspiegelt. Hierbei werden die Eltern in einer sozialen Hierarchie in Bezug auf die finanziellen Mittel, ihr Prestige und/oder ihrer Macht bzw. ihres Einflusses in der Gesellschaft eingeordnet (vgl. Baumert & Maaz, 2006). Üblicherweise schließt man vom Haushaltseinkommen einer Familie, der elterlichen Bildung oder dem Prestige der ausgeübten Berufe auf die Stellung in der sozialen Hierarchie.

Der SÖS erklärte in der PISA-Studie etwa 10 bis 20 % der Schülerleistungen (OECD, 2010, 2016). Während in Bulgarien und Ungarn dieser Zusammenhang sogar noch enger ausfiel, wurden nur in drei Ländern der EU weniger als 10 % der Schülerleistungen durch den SÖS vorhergesagt: In Estland, Finnland und Norwegen. Damit wird die Bedeutung des sozialen Status für den Bildungskontext sehr deutlich. Leider gehört auch Deutschland seit Beginn der PISA-Studie zu den Ländern, in denen der SÖS besonders stark mit der Leistung der Schülerinnen und Schüler assoziiert ist und daran hat sich auch bis heute nichts grundlegend verändert (siehe z. B. Lewalter et al. 2023; OECD, 2019). Im Folgenden werden zunächst gängige Einteilungen und Klassifikationen des sozialen Status einer Familie vorgestellt, bevor der Zusammenhang mit der häuslichen Lernumwelt diskutiert wird.

4.2.1 Einteilung in Klassen und Schichten

Das Konzept sozialer Klassen findet sich schon bei Karl Marx im 19. Jahrhundert, während das Konzept der sozialen Schicht etwas jünger ist und erst in den 30er Jahren des 20. Jahrhunderts erwähnt wird (Burzan, 2007; Geißler, 2002). Der Grundgedanke dieser Einteilungen besteht darin, dass sich die Bevölkerung in verschiedene Gruppierungen untergliedern lässt, die sich in jeweils ähnlichen Klassen- bzw. Schichtlagen befinden. Diese Einteilungen ergeben sich aus der Stellung zu den Produktionsmitteln, durch ähnliche Besitz- oder Einkommensverhältnisse, durch ähnliche Berufe oder ähnliche Qualifikationen. Daneben spielt aber auch eine Rolle, dass Menschen aus gleichen Klassen oder Schichten meist unter ähnlichen Bedingungen leben und gleiche Erfahrungen machen, was Einfluss nimmt auf das Denken, die Mentalität, Werte, Interessen und Verhaltensweisen. Dies führt letztlich dazu, dass Menschen aus verschiedenen Klassen oder Schichten mit einer größeren oder kleinen Wahrscheinlichkeit bestimmten Lebenschancen und -risiken ausgesetzt sind (Geißler, 2002).

Zwei sehr gängige und international häufig verwendete Einteilungen des SÖS sind die sogenannten EGP-Klassen, die nach den Verfassern Erikson, Goldthorpe und Portocarero (vgl. Erikson & Goldthorpe, 1992) benannt sind, sowie der Internationale Sozioökonomische Index des beruflichen Status (ISEI, vgl. Ganzeboom & Treiman, 2003). Bei den EGP-Klassen handelt es sich um ein kategoriales Differenzierungsschema, das »die soziale Klassenlage von Personen, Haushalten oder Familien theoretisch als Resultat der jeweiligen *Marktlage* und *Arbeitssituation* der Beschäftigten betrachtet« (Brauns et al., 2000, S. 10). Unterschieden wird zunächst nach Arbeitgebern bzw. Produktionsmittelbesitzern, Selbständigen und Arbeitnehmern, die ihre Arbeitskraft verkaufen. Diese Klassen werden dann noch weiter unterteilt, z. B. nach Art des Dienst- oder Arbeitsverhältnisses, der Weisungsbefugnis und ähnlicher Kriterien (vgl. Brauns et al., 2000).

Demgegenüber nimmt der ISEI keine Klassifizierung vor, sondern stuft Berufe auf einer eindimensionalen Skala ein, »welche die Stellung der Berufsinhaber in der sozialen Hierarchie ausdrückt« (Schimpl-Neimanns, 2004, S.156). Dabei wird der Beruf als das vermittelnde Element zwischen einerseits der Bildung der Erwerbstätigen und andererseits deren Einkommen angesehen. Dies Skala wurde so konstruiert, dass der direkte Zusammenhang zwischen Bildung und Einkommen zugunsten des indirekten Zusammenhangs beider Variablen über den Beruf minimiert wurde. Der ISEI fand unter anderem auch in PISA bei den internationalen Vergleichen als Standardindikator für die sozioökonomische Stellung der Eltern Verwendung (vgl. Schimpl-Neimanns, 2004).

4.2.2 Sozioökonomischer Status und häusliche Lernumwelt

In verschiedenen internationalen Arbeiten wurde der Zusammenhang des SÖS mit der häuslichen Lernumwelt eindrucksvoll belegt (z. B. Aikens & Barbarin, 2008; Lehrl, 2018, Niklas & Schneider, 2013, 2017; Schmiedeler et al. 2014; Wirth et al., 2023). Hierbei zeigte sich, dass der Einfluss des SÖS auf kindliche Leistungen und kindliches Verhalten über die HLE mediiert wird. Eltern, die eine geringere Bildung aufwiesen, Berufe mit geringerem Prestige ausübten und/oder weniger Haushaltseinkommen hatten, boten ihren Kindern im Durchschnitt eine qualitativ geringer ausgeprägte häusliche Lernumwelt. Dies wiederum spiegelte sich bei den Kindern dann in schlechteren schriftsprachlichen und mathematischen Leistungen, aber auch in auffälligeren Verhaltensmaßen wider (vgl. auch Bradley & Corwyn, 2002).

Allerdings gibt es Hinweise darauf, dass es durchaus eine Rolle für die Zusammenhänge spielen kann, welcher Aspekt des SÖS in einer Studie berücksichtigt wird (also z. B. nur Bildung, nur Einkommen oder nur der ausgeübte Beruf), weshalb es in der Forschung wünschenswert wäre, den SÖS möglichst vielseitig und umfassend zu erfassen (Braveman et al., 2005; Mues et al., 2021). Außerdem ist es keineswegs so, dass die häusliche Lernumwelt die durch die soziale Herkunft bedingten Unterschiede vollständig aufklären kann. So können neben der HLE auch Unterschiede in der Ernährung, dem Zugang zum Gesundheitssystem, den Wohnbedingungen, der ökonomischen Sicherheit sowie der unterschiedlichen Häufigkeit an Umzügen, familiärer Gewalt und Substanzmissbrauch für die unterschiedliche Entwicklung von Kindern in Familien mit niedrigem vs. hohem SÖS verantwortlich sein (z. B. Evans et al., 2013; Pungello et al., 2010).

Neben dem individuellen SÖS einer Familie kann auch der durchschnittliche SÖS in einem größeren Gebiet wie beispielsweise der Nachbarschaft, eines Landkreises oder eines Stadtteils erfasst werden (z. B. Hannscott, 2016; Hildenbrand et al., 2015). Außerdem ist es möglich, den durchschnittlichen SÖS der Familien zu bestimmen, deren Kinder die gleiche Kindergartengruppe oder Schulklasse besuchen, um sogenannte Kompositionseffekte zu untersuchen (z. B. Niklas & Tayler, 2018).

> **Kompositionseffekte**
>
> Laut Maaz et al. (2009, S. 30) sind Kompositionseffekte auf Gruppenebene »dann zu konstatieren, wenn die leistungsmäßige, soziale, kulturelle und lernbiografische Zusammensetzung der Schülerschaft Gestalt und Qualität der Unterrichts- und Interaktionsprozesse, und dadurch vermittelt die Leistungsentwicklung, beeinflusst«. Solche Kompositionseffekte begründen sich darin, dass je nachdem, welche individuellen Eigenschaften Kinder einer Gruppe aufweisen, diese Gruppen bestimmte gruppenspezifische Charakteristika ausbilden, die sie von anderen Gruppen unterscheiden und von denen dann eine spezifische Wirkung wiederum zurück auf das Individuum gehen kann (Nikolov & Dumont, 2020).

Kompositionseffekte führen nach Baumert et al. (2006) zu sogenannten »differenziellen Lern- und Entwicklungsmilieus«, d. h. Kinder erhalten durch die Zusammensetzung der Schülerschaft unabhängig von ihren individuellen Lernvoraussetzungen unterschiedliche Lern- und Entwicklungschancen. Es konnte schon vielfach belegt werden, dass Schülerinnen und Schüler eine bessere Leistungsentwicklung aufweisen, wenn sie von leistungsstarken und sozial privilegierten Schülern umgeben sind, als entsprechende Alterskameraden, die in einem weniger privilegierterem Umfeld lernen (z. B. Niklas et al., 2011; Niklas & Tayler, 2018; im Überblick siehe Dumont et al., 2013). Hierbei wird beispielsweise das durchschnittliche Haushaltseinkommen, das durchschnittliche Bildungsniveau oder auch die Arbeitslosenquote als Maß herangezogen. Auch wenn je nach untersuchter Variable neben dem durchschnittlichen SÖS die durchschnittliche kognitive Leistungsfähigkeit in einer Gruppe oder auch der Anteil an Personen mit Migrationshintergrund in der Gruppe, kindliche Leistungen besser vorhersagen kann, zeigen Studien, dass auch der durchschnittliche SÖS eine relevante Vorhersagekraft aufweist (z. B. Hildenbrand et al., 2015; Niklas et al., 2011). Allerdings weisen die Befunde zu Kompositionseffekten auch darauf hin, dass weniger diejenigen Kinder mit individuell guten Voraussetzungen wie z. B. einer hoch ausgeprägten Intelligenz als vielmehr diejenigen mit schlechteren Voraussetzungen von diesen Effekten beeinflusst sind (Niklas et al., 2011; Niklas & Tayler, 2018).

Es ist somit klar ersichtlich, dass die individuellen Facetten und auch aggregierte Maße des SÖS eng mit der Entwicklung von Kindern und dabei auch der kognitiven Entwicklung zusammenhängen. Gleichzeitig muss betont werden, dass ein niedriger SÖS der Familie zwar häufig, aber nicht zwangsläufig eine negative und ein hoher SÖS nicht zwangsläufig eine positive Entwicklung eines Kindes zur Folge hat. Hierbei sei der Satz »What parents do is more important than who parents are« von Sylva et al. (2004, S. 1) erwähnt, der deutlich macht, dass, wie im Struktur-Prozess-Orientierungs-Modell angenommen, die Prozesse die entscheidende Determinante für die kindliche Entwicklung darstellen.

4.3 Migrationshintergrund

Das statistische Bundesamt (2018) definiert den Migrationshintergrund einer Person wie folgt: »Eine Person hat einen Migrationshintergrund, wenn sie selbst oder mindestens ein Elternteil nicht mit deutscher Staatsangehörigkeit geboren wurde. Im Einzelnen umfasst diese Definition zugewanderte und nicht zugewanderte Ausländerinnen und Ausländer, zugewanderte und nicht zugewanderte Eingebürgerte, (Spät-) Aussiedlerinnen und (Spät-) Aussiedler sowie die als Deutsche geborenen Nachkommen dieser Gruppen. Die Vertriebenen des Zweiten Weltkrieges haben (gemäß Bundesvertriebenengesetz) einen gesonderten Status; sie und ihre Nachkommen zählen daher nicht zur Bevölkerung mit Migrationshintergrund.«

Entsprechend werden in Deutschland laut Maehler et al. (2016, S. 264) vorwiegend folgende Indikatoren zur Operationalisierung des Migrationshintergrunds verwendet: »a) Geburtsort der Zielperson und ihrer Eltern bzw. Großeltern (vorwiegend nur zwischen ›Inland‹ und ›Ausland‹ differenziert); b) Staatsangehörigkeit der Zielperson und ihrer Eltern bzw. Großeltern (vorwiegend nur in ›deutsche‹ vs. ›ausländische‹ Nationalität differenziert […]); c) Sprachhintergrund, bzw. Sprachgebrauch (z. B. Muttersprache, Erstsprache, Familiensprache, Mehrsprachigkeit); d) spezifisches Geburtsland (eigenes bzw. Herkunftsland der Vorfahren).« Damit wird ein Migrationshintergrund also darüber gemessen, ob die untersuchte Person selbst oder die Eltern – oder sogar die Großeltern – im Laufe ihres Lebens in das Aufenthaltsland eingereist sind oder es kann auch nach der Familiensprache gefragt werden, wobei von einem Migrationshintergrund ausgegangen wird, wenn mindestens eine andere Sprache als die gängige Sprache des Aufenthaltslandes gesprochen wird.

Laut dem Bundesamt für Migration und Flüchtlinge (2022) wiesen im Jahr 2021 27,3 % aller in Deutschland in Privathaushalten lebenden Menschen einen Migrationshintergrund auf. Bei den jüngeren Bevölkerungsgruppen war dieser Anteil nochmal größer mit 30,8 % aller 15- bis 20-Jährigen und mit 39,1 % aller 0- bis 5-Jährigen. Diese Zahlen sowie auch der Trend, das zukünftig prozentual eher noch mehr Menschen mit Migrationshintergrund in Deutschland leben und aufwachsen werden, verdeutlichen, dass es sich um eine sehr bedeutsame Bevölkerungsgruppe handelt.

Tatsächlich zeigt sich in fast allen Ländern der EU, dass Kinder mit Migrationshintergrund signifikant schlechter gegenüber Kindern ohne Migrationshintergrund in schulischen Leistungen abschneiden (OECD, 2010, 2016, 2019). Dabei sind nicht nur sprachliche und schriftsprachliche Fähigkeiten betroffen, sondern Kinder und Jugendliche mit Migrationshintergrund schneiden auch schlechter in Naturwissenschaften und Mathematik ab (z. B. Bonsen et al., 2008). Die ersten Unterschiede finden sich allerdings bereits im Kindergarten. In einer Studie von Niklas und Kollegen (2012) waren Kindergartenkinder ohne Migrationshintergrund Kindern, bei denen mindestens ein Elternteil im Ausland geboren war, zu allen drei Messzeitpunkten im Zählen, ersten Rechnen, der Reimfähigkeit und dem Wortschatz überlegen. Diese Unterschiede zeigten sich dann auch Ende der ersten Klasse im Lesen und Rechtschreiben. Ähnlich zeigten Dubowy et al. (2008), dass schon zu

Beginn der Kindergartenzeit, im Alter von 3 Jahren beträchtliche Unterschiede zwischen Kindern mit und ohne Migrationshintergrund in den Bereichen frühes numerisches Wissen, Wortschatz und nonverbalen Fähigkeiten bestehen. Bei Kindern mit Migrationshintergrund sind insbesondere vorschulische sprachliche Fähigkeiten wie der Wortschatz in der Landessprache geringer ausgeprägt, wobei sich diese Nachteile nicht unbedingt in den späteren formalen Schulleistungen zeigen müssen (vgl. Valcárcel Jiménez, Yumus et al., 2024).

Allerdings ist der Migrationshintergrund an sich auch nicht die ursächliche Variable, was sich beispielsweise daran zeigt, dass in manchen Ländern wie beispielsweise Australien ein Migrationshintergrund mit signifikant besseren durchschnittlichen Leistungen einhergeht (OECD, 2010). Vielmehr ist es so, dass in vielen Ländern ein Migrationshintergrund mit einem niedrigeren SÖS und einer qualitativ geringer ausgeprägten häuslichen Lernumwelt zusammenhängt (Esser, 2006; Lehrl, 2018; Niklas & Schneider, 2010).

So zeigten Niklas und Kollegen (2015) auch, dass in Deutschland bei Familien mit Kindern im Vorschulalter die Häufigkeit von förderlichen Vorleseaktivitäten eng mit dem Migrationshintergrund der Familien verbunden ist, während dies in Australien nicht der Fall war. Wie beim sozioökonomischen Status kommt es beim Migrationshintergrund also weniger darauf an, mit welchem familiären Hintergrund ein Kind startet, sondern darauf, inwieweit es den Eltern gelingt, eine qualitativ hochwertige häusliche Lernumwelt für ihr Kind zu kreieren. Lehrl (2018; und auch Kluczniok et al., 2013) konnte z. B. zeigen, dass der Migrationshintergrund auch nicht für alle Dimensionen der HLE gleichermaßen bedeutsam ist.

4.4 Familienstruktur

Die Struktur einer Familie (nicht zu verwechseln mit dem eher konzeptionellen Begriff der Strukturmerkmale im Modell der häuslichen Lernumwelt, wobei die Familienstruktur ein Teil von eben diesen ist) beschreibt deren Aufbau und damit die Frage, ob Kinder Geschwister haben oder Einzelkinder sind, ob sie Erst- oder Zweitgeborene sind, wie groß der Abstand zwischen den Geschwistern ist, ob sie in einer Kernfamilie mit leiblicher Mutter und leiblichem Vater oder bei einem alleinerziehenden Elternteil oder einer Stiefeltern- oder Regenbogenfamilie groß werden.

4.4.1 Geschwister

Bezogen auf den Einfluss der Geschwister können die theoretischen Überlegungen des Konfluenzmodells von Zajonc und Markus (1975) und die Ressourcenverdünnungshypothese (z. B. Steelman et al., 2002) betrachtet werden.

> **Konfluenzmodell**
>
> Das Konfluenzmodell von Zajonc und Markus (1975) erklärt die Entwicklung der Intelligenz in einer Familie unter Berücksichtigung Faktoren Familiengröße, Geburtenfolge und Altersabstand. Die Autoren argumentieren, dass alle drei Faktoren zusammen die intellektuelle Entwicklung beeinflussen. Das Konfluenzmodell geht von einem abnehmenden intellektuellen Umfeld mit zunehmender Familiengröße aus, da das Intelligenzniveau der Familie durch die Anzahl der Familienmitglieder geteilt wird. Folglich sollten erstgeborene Kinder eine bessere intellektuelle Entwicklung aufweisen, weil sie das intellektuelle Umfeld nur mit ihren Eltern teilen. Im Gegensatz dazu wird ein neugeborenes (weiteres) Kind in ein niedrigeres intellektuelles Umfeld geboren, dass mit den Eltern und dem älteren Geschwisterkind geteilt werden muss.

> **Ressourcenverdünnungshypothese**
>
> Die Ressourcenverdünnungshypothese (z. B. Steelman et al., 2002) wurde erstmals von Dumon (1890) aufgestellt und von Blake (1989) und Steelman et al. (2002) weiterentwickelt. Es wird angenommen, dass in jeder Familie Ressourcen vorhanden sind, die zwischen den Kindern geteilt werden müssen. Zu den familiären Ressourcen gehören verschiedene Arten wie Zeit, die die Eltern mit den Kindern verbringen (z. B. Blake 1989; Hanushek 1992), materielle Güter (z. B. Powell & Steelman, 1995), kulturelle Möglichkeiten (z. B. Blake 1989; Downey 1995) oder die intellektuelle Anregung (z. B. Powell & Steelman 1990). Bei einer größeren Kinderanzahl erhält somit jedes Kind weniger Anteile an den jeweiligen Ressourcen.

Zajonc und Markus (1975) berechnen das intellektuelle Umfeld von Familien dabei auf folgende Weise: Jeder Elternteil hat einen (fiktiven) intellektuellen Wert von 100, während Neugeborene einen Wert nahe Null haben. Der Wert von Neugeborenen nimmt mit dem Alter zu, was zu einem Anstieg des intellektuellen Umfelds innerhalb der Familie führt. Das intellektuelle Umfeld für eine Familie mit zwei Elternteilen und einem Neugeborenen wird dem entsprechend wie folgt berechnet: $(100 + 100 + 0)/3 = 67$. Für eine Familie mit zwei Elternteilen, einem erstgeborenen Kind, das einen intellektuellen Wert von 40 erreicht hat, und einem zweitgeborenen Kind mit einem Wert von nahe Null, verringert sich das intellektuelle Umfeld auf $(100 + 100 + 40 + 0)/4 = 60$. Außerdem wird der Abstand zwischen den Geburten als relevant angesehen: Ein größerer Abstand bedeutet dem Modell folgend einen Vorteil, da das intellektuelle Umfeld der gesamten Familie insgesamt während längerer Geburtsabstände steigt, was wiederum für das Neugeborene von Vorteil sein sollte, auch wenn die Gesamtgröße der Familie steigt. Allerdings wird dieser Ansatz oft kritisiert. Da sich das Modell ausschließlich auf die intellektuelle Entwicklung konzentriert, erklärt es nicht hinreichend, in welcher Weise das intellektuelle Umfeld Bildungsprozesse beeinflusst (Steelman et al., 2002), und obwohl die empirischen Befunde zu den Auswirkungen der Familiengröße mit den Annahmen der Theorie übereinstimmen, wird kritisiert, dass dies nicht auf die Annahmen zur Geburtsreihenfolge und dem Abstand zwischen den Geburten zutrifft (Steelmann et al., 2002).

Zahlreiche Studien haben die Annahme bestätigt, dass eine steigende Geschwisteranzahl einen negativen Einfluss auf den Bildungserfolg (z. B. Bagger et al., 2013; Conley, 2000; Helbig, 2013), die Intelligenzentwicklung (Black et al., 2007; Rodgers et al., 2000; Schmid & Keller, 1998; Steelman & Mercy, 1980; Wänström, 2007), die Schulleistungen (Schulze & Preisendörfer, 2013; Schmid & Glaeser, 2017) und die Wortschatzentwicklung (Karwarth, 2021; Nguyen, 2014) hat. Diese Beziehungen bleiben größtenteils auch dann bestehen, wenn der sozioökonomische Status der Familie berücksichtigt wird, (Blake, 1989; Iacovou, 2001). Es gibt jedoch auch Studien, die keine eindeutigen Beziehungen zwischen der Geschwisteranzahl und dem Bildungserfolg oder der Wortschatzentwicklung gefunden haben (Heiland, 2009; Guo & VanWey, 1999). Die Berücksichtigung der Geburtenreihenfolge zum Beispiel scheint den Einfluss der Geschwisteranzahl zu verringern (Black et al., 2005), was darauf hinweist, dass eher die Geburtenreihenfolge als die reine Geschwisteranzahl bedeutsam ist. Darüber hinaus deuten die Befunde von Karwarth (2021) im Primar- und Sekundarbereich darauf hin, dass Kinder mit einem älteren Geschwisterkind einen höheren rezeptiven Wortschatz aufweisen, wenn der Altersabstand über 6 Jahre beträgt.

4.4.2 Familienform

Wesen und Struktur von Familien haben sich in den letzten 100 Jahren (und auch schon davor) erheblich verändert (Schierbaum, 2020, auch ▶ Kap. 1.2). Änderungen in der Gesetzgebung, technologischer Fortschritt und veränderte gesellschaftliche Einstellungen haben dazu geführt, dass Familien in einer Weise entstehen, die vor mehreren Jahrzehnten noch nicht möglich oder vorstellbar waren. Zum Beispiel können in Deutschland seit dem 1. Oktober 2017 gleichgeschlechtliche Paare heiraten oder ihre eingetragene Lebenspartnerschaft (seit 2001 möglich) in eine Ehe umwandeln lassen. Seit diesem Datum können homosexuelle Paare auch gemeinsam – und nicht wie bisher nur nacheinander – Kinder adoptieren. Im Jahr 2023 lebten laut Berechnungen des Mikrozensus ca. 36.000 Kinder in einer sogenannten Regenbogenfamilie in Deutschland (BMFSFJ, 2024).

> **Regenbogenfamilie**
>
> Unter einer Regenbogenfamilie wird laut BMFSFJ (2024) das Zusammenleben von Kindern mit mindestens einem lesbischen, schwulen, bisexuellen, transgeschlechtlichen, intergeschlechtlichen oder anderen queeren Elternteilen verstanden. Dabei ist die biologische Beziehung der Kinder zu den Eltern irrelevant.

Darüber hinaus ist die Ehe schon lange keine Voraussetzung mehr für das Gründen einer Familie und 65 % der Kinder wachsen in Familien ohne Trauschein auf (Statistisches Bundesamt, 2022). Ebenfalls ansteigend ist die Zahl der Kinder, die in sogenannten Teilfamilien aufwachsen, und damit von Trennung oder Scheidung betroffen sind (Statistisches Bundesamt, 2022). Seyda und Lampert (2009) berichteten, dass amerikanische Kinder aus Kernfamilien nicht nur bessere schulische Leistungen, sondern auch eine bessere Gesundheit als Kinder aus anderen Familienformen zeigen. Anhand von Daten von mehr als 17.000 befragten Kindern und Jugendlichen des »Kinder- und Jugendgesundheitssurvey« (KiGGS) untersuchten sie, ob sich solche Unterschiede auch bei einer deutschen Stichprobe finden lassen.

Tatsächlich rauchten Kinder von Alleinerziehenden oder in Stiefelternfamilien häufiger und sie wiesen ein höheres Risiko für psychische Auffälligkeiten auf. Die Ein-Eltern-Familie gilt auch in der internationalen Literatur als Risikofaktor für die kindliche Entwicklung (z. B. Evans et al., 2013). Sie geht aber meiste einher mit eingeschränkten finanziellen Ressourcen und vorauslaufenden familiären Konflikten, sodass nicht die Ein-Eltern-Familie per se als ungünstiges Entwicklungsmilieu beschrieben werden kann, sondern die Umstände, die häufig damit einhergehen. Das Aufwachsen in einer Regenbogenfamilie hingegen scheint sich bezogen auf die Entwicklung der Kinder nicht negativ auszuwirken (zusammenfassend Buschner & Bergold, 2020).

Zusammenfassend ist anzumerken, dass die gefundenen Zusammenhänge der Familienstruktur mit kognitiven Merkmalen von Kindern häufig nur sehr gering ausfallen und wenig unmittelbare Erklärungskraft aufweisen (Pekrun, 2002). Auch waren in den Analysen von Seyda und Lampert (2009) weniger die Familienstruktur als vielmehr familiäre Ressourcen, die Eltern-Kind-Interaktion und das Gesundheitsverhalten der Eltern für die kindliche Gesundheit relevant. Somit lässt sich festhalten, dass die Familienstruktur zwar mit der kindlichen Entwicklung zusammenhängt, dass dieser Zusammenhang aber eher gering ausfällt und zudem über andere Variablen wie zum Beispiel vorhandene Resourcen und die häusliche Lernumwelt erklärt werden kann.

4.5 Elterliche Orientierungen und Einstellungen

Neben spezifischen Charakteristiken der Familien eines Kindes spielen auch die elterlichen Orientierungen und Einstellungen eine wichtige Rolle, sowohl für die Qualität der häuslichen Lernumwelt als auch für die kindlichen Kompetenzen. DeBarsyhe (1993) führte z. B. eine Untersuchung an 60 Kindern im Alter von 4 Jahren durch, die aus einkommensschwachen Familien stammten und am amerikanischen »Head-Start«-Programm zur Förderung von Kindern mit Entwicklungsrisiken teilnahmen. Die Studie ergab, dass eine positive Einstellung zum Vorlesen, zur Rolle der Eltern als Lehrer und zur direkten Leseinstruktion mit einer erhöhten Häufigkeit von Aktivitäten im Zusammenhang mit dem Lesen und einem aktiveren

Leseverhalten einhergingen (vergleichbar mit den Ergebnissen von Niklas, Mues et al., 2025; Weigel et al., 2006).

Eine ähnlich bedeutende Rolle von elterlichen Einstellungen wurde von Sonnenschein et al. (2012) im mathematischen Bereich gefunden. Eltern, die Mathematik als wichtig ansahen und es für bedeutsam hielten, ihre Kinder in diesem Fach zu unterstützen, unternahmen auch häufiger mathematische Aktivitäten mit ihren Kindern, selbst wenn sie selbst nicht allzu viel mit Mathematik anfangen konnten und sich als weniger kompetent in diesem Bereich einschätzten. Hingegen konnten Skwarchuk und ihre Kollegen (2014) keine Auswirkungen der elterlichen Einstellungen zur Mathematik (wie die Meinung darüber, ob Mathematik Spaß macht und ob mathematische Aktivitäten vermieden werden) auf die häuslichen mathematischen Aktivitäten nachweisen. Jedoch zeigten ihre Ergebnisse, dass die elterlichen Einstellungen im Bereich der Schriftsprache (zum Beispiel, ob das Schreiben als angenehm empfunden wird und ob Schreibaktivitäten vermieden werden) einen Einfluss auf die entsprechenden häuslichen Aktivitäten hatten (beide Befunde vergleichbar zu Niklas, Mues et al., 2025). In einer Studie von Niklas, Wirth und Kolleginnen (2020) zeigte sich, dass die elterliche Einstellung zum Vorlesen und Lesen einen wichtigen Prädiktor für die rezeptiven und expressiven sprachlichen Fähigkeiten von 3- bis 4-jährigen Kindern darstellt. Dieser direkte Zusammenhang verschwand jedoch, wenn die häusliche Lernumwelt als Mediator zwischen der Einstellung und den Sprachleistungen berücksichtigt wurde. In diesem Modell sagte die Einstellung zum Vorlesen die Häufigkeit von schriftsprachlichen Interaktionen in der Familie und damit die Qualität der häuslichen Lernumwelt vorher, welche wiederum die sprachlichen Leistungen der Kinder vorhersagte. Ähnliche Befunde konnten Mues et al. (2022) auch für den Bereich Mathematik und frühe numerische Kompetenzen von Kindern zeigen.

Kluczniok et al. (2013, ähnlich auch Lehrl, 2018) identifizierten ebenfalls spezifische Verbindungen zwischen den Einstellungen der Eltern und der Qualität der Förderung in den Bereichen Sprache und Mathematik. Im Bereich Mathematik wurde festgestellt, dass die Einstellung zur schulischen Vorbereitung (das heißt, die Zustimmung zur Bedeutung von Schulvorbereitung, Förderung des Allgemeinwissens und der kognitiven Fähigkeiten) den größten Teil der Varianz im Vergleich zu anderen Merkmalen wie sozioökonomischem Status und Bildung der Mutter erklärte, und zwar 53 %. In Bezug auf den Bereich Sprache und Schriftsprache war dieser Wert geringer. Darüber hinaus zeigte Berner et al. (2025), dass elterliche Überzeugungen zu den wahrgenommenen Interessen der Kinder, direkt und indirekt über die Häufigkeit mathematischer Aktivitäten in der Familie, positiv mit den frühen mathematischen Kompetenzen in Beziehung stehen. Die Überzeugungen zu den wahrgenommenen kindlichen Fähigkeiten im Bereich Mathematik hingegen sind direkt, nicht aber indirekt mit den frühen mathematischen Kompetenzen assoziiert. Trotz nicht immer einheitlicher Zusammenhänge zwischen Elterneinstellung und häuslicher Lernumwelt für den Bereich Mathematik deuten die Ergebnisse insgesamt darauf hin, dass Einstellungen ein wichtiger Ansatzpunkt sein können, um das Verhalten der Eltern bei der Förderung ihrer Kinder zu beeinflussen – insbesondere im Bereich der Schriftsprache. Allerdings zeigte sich in der Studie von Mues et al. (2022) auch, dass es durchaus eine Rolle zu spielen scheint, wer zu den eigenen Einstellungen befragt wird und dass es Unterschiede gibt, je nachdem ob Mütter oder Väter die gestellten Fragen beantworten (vgl. z. B. auch del Río et al., 2017, 2020). Beispielsweise berichteten die Väter eine größere mathematische Selbstwirksamkeit, aber nur die Selbstwirksamkeit der Mütter war mit einer größeren Häufigkeit von mütterlichen Aktivitäten in der HNE assoziiert.

> **Selbstwirksamkeit**
>
> Selbstwirksamkeit bezeichnet das Vertrauen in die eigene Tüchtigkeit. Darunter ist also das unterschiedlich stark ausgeprägte Zutrauen in die eigenen Möglichkeiten und Kompetenzen zu verstehen, spezifische Aufgabenanforderungen wirksam und erfolgreich bewältigen zu können. Je nach der konkreten Aufgabenanforderung kann damit die Selbstwirksamkeit auch unterschiedlich ausgeprägt sein.

Im Gegensatz dazu war nur die väterliche Einschätzung über die Bedeutsamkeit der Mathematik mit der Häufigkeit von mathematischen Aktivitäten in der HNE verbunden, welche dann wiederum die kindlichen mathematischen Fähigkeiten der Kinder vorhersagen konnte.

Berücksichtigt man, dass fast durchgängig in wissenschaftlichen Studien mit Kindern zu einem Großteil die Antworten von Müttern stammen (z. B. Saracho & Spodek, 2008), dann wird eine große Forschungslücke und die Notwendigkeit von weiterführenden, umfassenden Studien zur Rolle von Vätern und Müttern in der häuslichen Lernumwelt deutlich.

4.6 Fazit

Dieses Kapitel behandelt Struktur- und Orientierungsmerkmale der Familie, die mit der kindlichen Entwicklung und kindlichen Leistungen in einem Zusammenhang stehen, aber dem Struktur- Prozess-Orientierungs-Modell folgend nur indirekt über die Realisierung anregender Prozesse mit der kindlichen Entwicklung in Beziehung stehen sollten. Zwei zentrale Aspekte, die auch in der Forschung und in internationalen Vergleichsstudien häufig berücksichtigt werden, sind der sozioökonomische Status (SÖS) und der Migrationshintergrund eines Kindes. Kinder und Jugendliche unterscheiden sich in den meisten Ländern – insbesondere in Deutschland – deutlich hinsichtlich ihrer Kompetenzen abhängig davon, ob sie, ihre Eltern oder ihre Großeltern in einem anderen Land geboren wurden und abhängig davon, welches Bildungsniveau, welchen Beruf und welches Einkommen ihre Eltern aufweisen. Dabei übertreffen Kinder und Jugendliche mit hohem SÖS und ohne Migrationshintergrund häufig Gleichaltrige signifikant in verschiedenen Leistungs- und Verhaltensmaßen.

Neben dem SÖS und dem Migrationshintergrund weist auch die Familienstruktur und elterliche Orientierungen und Einstellungen einen Zusammenhang mit kindlichen Kompetenzen auf. Dabei zeigen Erstgeborene und Kinder aus traditionellen Kernfamilien im Durchschnitt die besten Voraussetzungen gegenüber anderen Kindern auf. Allerdings sind hier die gefundenen Unterschiede meist sehr gering, nicht konsistent und wenig bedeutsam. Außerdem gilt, wie beim SÖS und beim Migrationshintergrund, dass nicht unmittelbar ein kausaler Zusammenhang besteht, sondern der Einfluss größtenteils indirekt – u.a. durch die häusliche Lernumwelt – vermittelt wird. Elterliche Einstellungen sind eng mit den tatsächlich durchgeführten Aktivitäten in der familiären Lernumwelt verbunden – insbesondere im Bereich der Schriftsprache. Allerdings muss hier noch klarer überprüft werden, welche Rolle Mütter und Väter jeweils unabhängig und gemeinsam in diesen Zusammenhängen spielen.

5 Die häusliche Lernumwelt von der Geburt bis ins Grundschulalter

5.1 Einleitung

Die bisherigen Ausführungen haben deutlich gemacht, dass die häusliche Lernumwelt theoretisch, konzeptionell und operational ein sehr heterogenes Konstrukt darstellt. Dabei sollten die Darstellungen insbesondere dazu dienen, die verschiedenen Zugangsweisen zu ordnen und somit vergleichbar zu machen. Die Dimension der Lebensspanne wurde dabei jeweils implizit mitgedacht, aber bislang nicht explizit einbezogen. Die Bedeutung der häuslichen Lernumwelt für die Kompetenzentwicklung in seinen unterschiedlichen Konzepten soll daher nachfolgend konkret auf unterschiedliche Altersbereiche bezogen werden. Damit erhält man ein umfassendes Bild zur Bedeutung der häuslichen Lernumwelt über den Verlauf der frühen Kindheit bis zum Beginn des Jugendalters.

5.2 Die häusliche Lernumwelt in den ersten Lebensjahren

Schon vor der Geburt nimmt ein Fötus zahlreiche Reize auf. So konnten Studien mit nur wenige Tage alten Säuglingen zeigen, dass diese die eigene Muttersprache von einer anderen Sprache unterscheiden können (Moon et al., 1993). Dazu nutzen Forscher verschiedene Untersuchungsmethoden: So schließt man beispielsweise beim Habituations-Dishabituationsparadigma aus dem Interesse des Säuglings an einem Reiz darauf, ob dieser bereits »gelernt« wurde, während bei der Präferenzmethode dem Säugling zwei Reize dargeboten werden und erfasst wird, welcher Reiz auf größeres Interesse stößt.

Mit diesen und weiteren Erhebungsverfahren konnte gezeigt werden, dass Säuglinge bereits über erstaunliche Kompetenzen verfügen: Sie haben bereits eine Vorstellung davon, dass Dinge nicht durch andere hindurch gehen können (Solidität), dass Anzahlen oder Massen sich verändern, wenn etwas hinzugefügt oder weggenommen wird und sie können schon früh zwischen belebten und unbelebten Dingen unterscheiden (zusammenfassend Elsner & Pauen, 2018).

> **Habituations-Dishabituationsparadigma**
>
> Beim Habituations-Dishabituationsparadigma wird einem Säugling wiederholt immer wieder der gleiche Stimulus gezeigt (z. B. das Bild eines Baumes) und zwar so lange bis das Kind das Interesse daran verliert und diesen Stimulus höchstens noch sehr kurz betrachtet. Danach wird ein anderer leicht oder stark veränderter Stimulus (z. B. das Bild eines anderen Baumes oder eines Tieres) präsentiert und überprüft, ob dies zu einer veränderten Reaktion des Kindes führt.

> **Präferenzmethode**
>
> Bei der Präferenzmethode werden einem Säugling zwei Reize parallel und mit gleicher Sichtbarkeit oder Intensität präsentiert und dann beobachtet, welchem Reiz das Kind mehr Beachtung schenkt und damit auch das größere Interesse für diesen Reiz andeutet.

Auch hirnphysiologisch sind im ersten Lebensjahr starke Veränderungen zu beobachten: Bei seiner Geburt weist ein Säugling noch sehr viel mehr Neuronen auf als bereits ein Jahr später (Siegler et al., 2022.). Das kindliche Gehirn ist also auf frühes Lernen ausgerichtet und erwartet gewissermaßen die Erfahrung, Anregung und Stimulation auf Grundlage dessen sich Spezialisierungen in den Gehirnarealen entwickeln. Dies verdeutlicht auch ein Beispiel aus der Sprachentwicklung: Säuglinge im Alter von 4 Monaten können noch sämtliche Laute unterscheiden, die sie hören. Im Alter von 10 Monaten können sie jedoch nur noch ihre muttersprachlichen Laute gut unterscheiden (Siegler et al., 2022). Diese und weitere ähnliche Befunde machen deutlich, dass die Erfahrungen eines Kindes in den ersten Lebensjahren äußerst bedeutsam für die weitere Entwicklung sind. Die Häufigkeit, die Art und die Qualität dieser frühen Erfahrungen werden in der Regel durch die Eltern bzw. Elternteile oder elternähnliche Bezugspersonen bestimmt. Über welche Konzepte der frühe Einfluss dieser Personen auf die kindliche Entwicklung beschrieben wird, ist Gegenstand der nachfolgenden Ausführungen.

5.2.1 Das Konzept der Sensitivität

Ainsworth et al. (1974) beschrieben erstmals im Rahmen der Bindungstheorie (Bowlby, 1980; für eine umfassende Darstellung der Bindungstheorie Grossmann & Grossmann, 1995) das Konzept der Sensitivität als ein Verhalten der Mutter, das auf die kindlichen Signale reagiert, welches durch vier Merkmale definiert ist: Die Mutter (später wurde das Konzept auch auf alle wichtigen Bezugspersonen insgesamt erweitert, Kindler & Grossmann, 2004) ist gegenüber den kindlichen Signalen (1) aufmerksam, (2) interpretiert diese richtig, und reagiert darauf (3) angemessen und (4) prompt (Ainsworth et al., 1974; Grossmann & Grossmann, 2014).

> **Bindungstheorie**
>
> Die Bindungstheorie wurde von John Bowlby entwickelt und von Ainsworth weiterentwickelt und ergänzt. Sie besagt, dass Säuglinge über ein angeborenes Verhaltenssystem mit Schutzfunktion verfügen, welches in bedrohlichen Situationen (Trennung von der Bezugsperson, Schmerz, Gefahr) aktiviert wird. Das Bindungsverhalten zeigt sich im Suchen der Bindungsperson, im Weinen, Nachlaufen oder Festklammern. Es wird deaktiviert, wenn das Bindungsbedürfnis gestillt ist und ermöglicht dann Explorationsverhalten. Säuglinge und Kleinkinder bilden auf Grundlage ihrer je individuellen Erfahrungen mit ihren Bindungspersonen internale Arbeitsmodelle aus, die sich in spezifischen Bindungstypen (»sicher«, »unsicher-vermeidend«, »unsicher-ambivalent« und »desorganisiert«) widerspiegeln.

1. Die erste Grundlage der Sensitivität bildet die Wahrnehmung kindlicher Signale. Für die Wahrnehmung dieser Signale gilt es, gegenüber Zielen, Wünschen und Bedürfnissen des Kindes aufmerksam zu sein und eine nicht zu hohe Wahrnehmungsschwelle zu haben (Grossmann & Grossmann, 2014). Sehr sensitive Eltern sind bereits gegenüber sehr subtilen kindlichen Signalen sehr aufmerksam, während weniger sensitive Eltern erst sehr deutliche und offenkundige Signale wahrnehmen (Ainsworth et al., 1974).
2. Die richtige Interpretation kindlicher Signale verlangt, vorausgegangenes Verhalten des Kindes zu kennen, um die richtigen Schlüsse aus dem kindlichen Verhalten zu ziehen. Dabei ist es zentral, eigene Wünsche oder Gefühle an die Interaktion zurückzustellen, um diese nicht auf das Kind zu übertragen und so Verzerrungen zu vermeiden, wie z. B. die Zuschreibung bestimmter Absichten (Grossmann & Grossmann, 2014). Eine angemessene Interpretation der Signale des Kindes ist eine zentrale Voraussetzung für eine prompte und gelungene Reaktion und Interaktion.
3. Die Angemessenheit der Reaktion wird immer aus der Perspektive des Kindes bewertet. Im Sinne der Bindungstheorie ist das Ziel der Interaktion, das Sicherheitsbedürfnis des Kindes zu befriedigen, indem das Kind z. B. getröstet wird, wenn es aufgebracht ist. Eine passende, angemessene Reaktion zeichnet sich dabei immer durch deren Vollständigkeit aus, d. h., ob das Bedürfnis des Kindes damit auch befriedigt werden konnte (Ainsworth et al., 1974). Gegen Ende des ersten Lebensjahres kann die passende Reaktion auch ein Kompromiss zwischen den eigentlichen Bedürfnissen des Kindes und dem Ziel sein, ein Gefühl der Kompetenz und Sicherheit im Kind herzustellen. Die Angemessenheit bezieht sich damit nicht immer auf ein vollkommenes Befolgen der kindlichen Wünsche, auch wenn dies laut Ainsworth et al. (1974) meistens die angemessenste Reaktion darstellt.
4. Die Promptheit beinhaltet, dass eine Reaktion auf ein kindliches Signal so schnell erfolgen soll, dass der Säugling eine Kontingenz (Verknüpfung) zwischen dem eigenen Verhalten und den daraufhin folgenden Reaktionen herstellen kann.

Solch eine prompte Reaktion führt zu einer Selbstwirksamkeitserfahrung für das Kind und kann langfristig die Selbstwirksamkeit erhöhen (Ainsworth et al., 1974).

Die hier beschriebenen Verhaltensweisen durch die Erziehenden begünstigen laut Ainsworth et al. (1974) die Entwicklung einer sicheren Bindungsbeziehung, die dann wiederum mit einer angemessenen Erregungsregulation und Selbstwirksamkeit des Kindes einhergehen. Metaanalysen zur Bedeutung der Sensitivität (oder auch Feinfühligkeit genannt) deuten jedoch in die Richtung, dass der Zusammenhang mit der Bindungsqualität eher gering ausfällt: So berichteten Wolff und Ijzendoorn (1997) einen Zusammenhang der Feinfühligkeit mit der Bindungsqualität von $r = .22$. Es konnten also lediglich ca. 7% der Varianz in der Bindungsqualität durch die Feinfühligkeit der Mutter erklärt werden. Stärkere oder zumindest ähnlich hohe Zusammenhänge zeigten weitere berücksichtigte Faktoren, wie das Konzept der »Wechselseitigkeit« ($r = .32$), »Synchronizität« ($r = .26$), »positive Haltung« ($r = .18$) und »emotionale Unterstützung« ($r = .16$).

Die Befunde sprechen dafür, dass die Feinfühligkeit allein damit keinen erschöpfenden Indikator für die Erfassung des elterlichen Interaktionsverhaltens darstellt und lediglich eine Facette eines multidimensionalen Konstruktes ist. Bezogen auf weitere Auswirkungen der Sensitivität der Mutter in verschiedenen Kompetenzbereichen zeigten insbesondere die Befunde der NICHD-Studie aus den USA, dass Kinder sensitiver Mütter im Alter von 36 Monaten höhere Kompetenzen im Vergleich zu ihren Alterskameraden nicht-sensitiver Mütter aufwiesen (NICHD, 1998). Insgesamt verweisen die Befunde zur Sensitivität oder auch Feinfühligkeit in die Richtung, dass es sich um eine wichtige, aber nicht hinreichende Dimension zur Erklärung von Entwicklungsunterschieden im frühen Kindesalter handelt.

5.2.2 Kognitive Aktivierung und gemeinsame Aktivitäten

Neben der Dimension »Sensitivität« stellt die Dimension der »Aktivierung« einen wichtigen Aspekt im frühen Kindesalter dar, der im Kontext der kindlichen Entwicklung beachtet werden sollte (Linberg, 2018). Aktivierung bezieht sich auf die Interaktionen und Aktivitäten zwischen Eltern und Kind, die die kindliche kognitive und sprachliche Entwicklung unterstützen sollen. Zu diesen Aktivitäten gehören beispielsweise das gemeinsame Lesen und Betrachten von Bilderbüchern oder auch gemeinsame Spiele. Insbesondere das Vorlesen ist eine der am meisten erforschten Aktivitäten im Kontext der HLE-Forschung (Sénéchal & Young, 2008; van Steensel et al., 2011). Über die letzten Jahre konnte überzeugende Evidenz kumuliert werden, die belegt, dass die Häufigkeit und die Qualität des interaktiven gemeinsamen Lesens die sprachliche Entwicklung von Kindern im Kindergartenalter positiv beeinflussen (Fitton et al., 2018; Mol et al., 2008; Scarborough & Dobrich, 1994; Sénéchal & Young, 2008).

Ob diese Art der Aktivität auch für Kinder unter 3 Jahren hinsichtlich ihrer sprachlichen Entwicklung vorteilhaft ist, untersuchten Studien, die sich damit beschäftigen, wann Eltern mit dem Vorlesen beginnen und ob sie möglichst früh starten sollten (z. B. DeBaryshe, 1993; Niklas et al., 2016c). Die Befunde dieser Studien deuten darauf hin, dass gemeinsames Bilderbuchbetrachten mit Kleinkindern und ein früher Beginn dieser Aktivität tatsächlich positiv mit dem Wortschatz kleiner Kinder in Beziehung steht (Attig & Weinert, 2020; DeBaryshe, 1993; High et al., 2000; Karrass & Braungart-Rieker, 2005; Niklas et al., 2016c; Niklas, Cohrssen, Tayler & Schneider, 2016; Sénéchal et al., 2008; Wirth et al., 2020). Darüber hinaus zeigen einige Studien, dass sich Bilderbücher auch besonders gut eignen, um neue Wörter zu lernen (z. B. Ganea et al., 2009; Horst et al., 2011; Montag et al., 2015).

Neben dem Vorlesen beeinflussen Eltern die Entwicklung ihres Kindes maßgeblich durch den sprachlichen Input, den sie ihrem Kind bieten. Hierbei ist das Konzept der »child-directed speech« – übersetzt: »kindgerichtete Sprache« – zentral (Szagun, 2006).

> **Child-directed speech**
>
> Child-directed speech ist eine Form der sprachlichen Interaktion mit jungen Kindern, bei der etwas langsamer und deutlicher gesprochen wird, eine höhere Stimmlage eingenommen wird und eine sehr melodische Intonation erfolgt. Zudem gehören kürzere, weniger komplexe Sätze, viele Fragen und Aufforderungen, weniger Nebensätze und Vergangenheitsformen zu Merkmalen der kindgerichteten Sprache. Die kindgerechte Sprache ist zudem durch häufige wörtliche oder inhaltliche Wiederholungen oder das Wiederholen falscher Äußerungen des Kindes in korrigierter Form gekennzeichnet.

Diese Art der Sprache zeichnet sich dabei dadurch aus, dass vom Elternteil ein gemeinsamer Aufmerksamkeitsfokus hergestellt und die Sprache direkt an das Kind gerichtet wird. Gespräche unter Erwachsenen oder eines Elternteils mit einem anderen anwesenden Kind würden also nicht dazu zählen. Einige Studien verweisen darauf, dass Kinder, die häufiger solche an sie gerichtete Sprache erleben, einen höheren rezeptiven und expressiven Wortschatz aufweisen als Kinder, die seltener eine solche Sprache erfahren (z. B. Newman et al., 2016). Zudem konnten Kluczniok et al. (2025) zeigen, dass die sprachliche Anregung in der Familie den Wortschatz von Krippenkindern auch unter Berücksichtigung der Krippen-Betreuungsdauer, der erlebten Anregungsqualität in der Krippe sowie von familien- und kindbezogenen Hintergrundmerkmalen vorhersagte.

5.3 Die häusliche Lernumwelt im Kindergarten- und Vorschulalter

Die häusliche Lernumwelt im Vorschulalter baut klar auf der häuslichen Lernumwelt der ersten Jahre auf (vgl. ▶ Kap. 5.2) und ist nicht unabhängig davon anzusehen. Dennoch nimmt sie eine besondere Rolle ein, da in dieser Lebensphase des Kindes erstmals ein klares Bewusstsein im Umfeld des Kindes entsteht, dass das Kind nun zukünftig bald die Schule besuchen wird, weshalb auch das formale aktive Lehren und Lernen mehr in den Fokus rückt. Dieser Wechsel äußert sich einerseits durch vorschulische Förderprogramme im Kindergarten, die sich gezielt an Kinder im letzten (seltener auch im vorletzten) Kindergartenjahr richten und diese auf den Schuleintritt vorbereiten sollen (z. B. Schneider et al., 2000). Andererseits sehen sich auch Eltern mit der Situation konfrontiert, dass ihr Kindergartenkind in absehbarer Zeit zum selbständigeren Schulkind werden soll und wird. Letztlich wird dieser Wechsel auch vom Kind selbst wahrgenommen und kann zu einer veränderten Selbstwahrnehmung führen. Viele Eltern nutzen diese Phase, um ihre eigenen förderlichen Anstrengungen noch einmal zu intensivieren und die Schulfähigkeit ihres Kindes zu fördern (vgl. Niklas, 2011).

> **Schulfähigkeit**
>
> Die Schulfähigkeit eines Kindes ergibt sich aus der Passung an kognitiven, sozialen und emotionalen Fähigkeiten eines Kinder mit den Anforderungen, die die Schule und Lehrkräfte an dieses Kind stellen. Damit setzt sich die Schulfähigkeit vom früher verwendeten Begriff der Schulreife ab, welche die biologische Reife in den Fokus rückt.

Im Folgenden soll getrennt für den (schrift-)sprachlichen und mathematischen Bereich auf wichtige Aspekte der häuslichen Lernumwelt im Vorschulalter und entsprechende Untersuchungen zu den Zusammenhängen eingegangen werden. Hierbei erfolgen nochmals weitere Unterteilungen in eher allgemeine förderliche Aspekte der häuslichen Lernumwelt, die dem informellen Lernen zuzuordnen sind, und spezifisches Lehren durch die Eltern während gemeinsamer Aktivitäten, die dem formellen Aspekt der häuslichen Lernumwelt zugehörig sind (vgl. ▶ Kap. 2.3.3)

5.3.1 Sprachliche Anregung und informelle Home Literacy Environment

Wie schon in den ersten Lebensjahren stellt das Vorlesen auch im Kindergartenalter weiterhin einen zentralen und wichtigen Aspekt der sprachlichen Anregung innerhalb der häuslichen Lernumwelt dar. Tatsächlich stellt dies sogar die Lebensphase der Kinder dar, in der ihnen am häufigsten vorgelesen wird, bevor mit Beginn der Beschulung und des Leseunterrichts das Vorlesen in vielen Familien wieder zunehmend an Bedeutung verliert (z. B. Silinskas et al., 2020; siehe auch Napoli et al., 2021). Das Vorlesen, gemeinsame Betrachten von Bilderbüchern und die Anzahl an Büchern im Haushalt fungieren dabei als Mediator zwischen dem familiären Hintergrund (also SÖS der Familie und/oder Migrationshintergrund) auf der einen Seite und der kindlichen Sprachfähigkeit auf der anderen Seite (Ebert et al., 2020; Niklas, 2015; Niklas et al., 2013, siehe auch ▶ Kap. 4.2 und ▶ Kap. 4.3). Das bedeutet, dass in Familien mit höherer Bildung und Einkommen zumeist mehr Bücher zur Verfügung stehen und diese auch häufiger für sprachliche Interaktionen (z. B. während des Vorlesens) mit den Kindern in dieser Familie genutzt werden. Dies führt dann dazu, dass Kinder aus diesen Familien Vorteile im Wortschatzerwerb und dem Erwerb weiterer sprachlicher und schriftsprachlicher Kompetenzen haben.

Diese Mediatorrolle der HLE zwischen Strukturmerkmalen der Familie und den kindlichen Kompetenzen ist sowohl in der deutschsprachigen Forschung als auch international gut belegt (z. B. Aikens & Barbarin, 2008; McElvany et al., 2009; Niklas et al., 2013; Niklas & Schneider, 2013; Sénéchal & LeFevre, 2002). Die häusliche Lernumwelt wirkt dabei weniger direkt auf die schulischen Kompetenzen ein, sondern eher vermittelt über sprachliche Vorläuferfertigkeiten (▶ Abb. 2.5). Dennoch gilt die frühe häusliche Lernumwelt im Kindergartenalter nicht nur als ein guter Prädiktor für frühe sprachliche Fähigkeiten und schriftsprachliche Vorläuferfertigkeiten, sondern kann darüber hinaus auch direkt spätere Leistungen im Schulkontext unter Kontrolle weiterer wichtiger kindlicher und familiärer Kontrollvariablen vorhersagen (z. B. Melhuish et al. 2008; Niklas & Schneider, 2017).

Neben den durchgeführten Aktivitäten der Eltern mit ihren Kindern spielen aber auch die Einstellungen der Eltern zum Vorlesen eine wichtige Rolle. Diejenigen Eltern, die Vorlesen und Lesen als wichtiger erachteten, lasen selbst häufiger vor und unterstützten damit die Entwicklung sprachlicher und schriftsprachlicher Kompetenzen ihrer Kinder (Niklas, Wirth et al., 2020). Beispielsweise konnte Bingham (2007) zeigen, dass die mütterliche Einstellung zum Lesen die Qualität der Vorlesesituation und damit die schriftsprachlichen Kompetenzen der Kinder vorhersagte (vgl. auch Skibbe et al., 2008). Es lässt sich also schlussfolgern, dass elterliche Einstellungen ganz allgemein, im Kindergartenalter aber insbesondere die Einstellungen zum Lesen und Vorlesen, wichtig für die Entwicklung sprachlicher und schriftsprachlicher Kompetenzen von Kindern sind (Weigel et al., 2006; siehe auch Niklas, 2015).

Solche Einstellungen entwickeln sich über die Zeit, sind abhängig von eigenen früheren (Vorlese-)Erfahrungen der Eltern, können sich ändern und anpassen von Situation zu Situation und hängen umso enger mit dem tatsächlichen Verhalten zusammen, je spezifischer und konkreter sie erfasst werden (vgl. Schwarz & Bohner, 2001 und ▶ Kap. 2.3.3). Somit messen also alle Eltern dem Vorlesen mehr oder weniger Wert zu, sie werden es deshalb auch als mehr oder weniger positiv und wertvoll erachten und folglich auch häufiger oder seltener Vorlesesituationen für ihre Kinder schaffen. Damit hängen die elterlichen Einstellungen zum Vorlesen auch relativ eng mit anderen Aspekten der häuslichen Lernumwelt zusammen. Tatsächlich konnten Tambyraja et al. (2017) zeigen, dass beispielsweise das eigene elterliche Leseverhalten die allgemeine häusliche Lernumwelt gut vorhersagen konnte.

Auch wenn das Vorlesen sicher einen zentralen Aspekt der häuslichen Lernumwelt darstellt, so gibt es auch noch weitere sprachliche Anregungsmöglichkeiten, die den Erwerb des Wortschatzes und der schriftsprachlichen Vorläuferfähigkeiten von Kindern unterstützen können. Es muss beispielsweise nicht zwingend vorgelesen werden, sondern auch das Hören von Hörbüchern kann sich positiv auf die Wortschatzentwicklung und Lesefähigkeiten auswirken (vgl. z. B. Best, 2020; Landvogt & Lenhart, 2025; Tusmagambet, 2020). Einschränkend wirkt hierbei, dass die förderlichen Interaktionen mit den Vorlesenden, die beispielsweise im Rahmen des dialogischen Vorlesens auftreten, nicht zum Tragen kommen können (vgl. ▶ Kap. 3.2.1). So ist natürlich immer die Qualität des Vorlesens, aber auch die Verfügbarkeit von Büchern, entweder durch die Anzahl an geeigneten Büchern im Haushalt oder den regelmäßigen Besuch von Bibliotheken eng mit den sprachlichen und schriftsprachlichen Kompetenzen der Kinder verbunden (z. B. Hood et al., 2008; McElvany et al., 2009).

Neben dem Wortschatz gehört die phonologische Bewusstheit (PB), also die Fähigkeit die Lautstruktur der Sprache wahrzunehmen und zu manipulieren, zu den wichtigen schriftsprachlichen Vorläuferfähigkeiten (siehe z. B. Marx, 2007).

> **Phonologische Bewusstheit**
>
> Die phonologische Bewusstheit bezeichnet die Fähigkeit, bei der Aufnahme, dem Verarbeiten, der Speicherung von sprachlichen Informationen im Gedächtnis sowie dem Abruf aus dem Gedächtnis spezifisches Wissen über die lautliche Struktur der Sprache heranzuziehen und zu berücksichtigen. Es geht also darum, ganz unabhängig vom Inhalt der Sprache, die Lautstruktur in den Fokus zu rücken. Die PB stellt dabei den wichtigsten Teilbereich der phonologischen Informationsverarbeitung dar.

Man unterscheidet eine PB im engeren von einer PB im weiteren Sinne, wobei letztere zuerst und im Kindergartenalter erworben wird und sich auf größere lautliche Strukturen wie Silben und Reime bezieht. Demgegenüber spricht man von der PB im engeren Sinne, wenn kleinere lautliche Einheiten wie z. B. Anlaute oder allgemein Phoneme fokussiert werden. Die PB gilt als wichtiger Prädiktor für das spätere Lesen und Rechtschreiben (Niklas & Schneider, 2013; Schneider, 2017) und lässt sich mit strukturierten Förderprogrammen wie z. B. »Hören, Lauschen, Lernen« im Kindergarten trainieren (Schneider & Küspert, 2014; Schneider et al., 2000).

Allerdings kann nicht nur über strukturierte Förderprogramme in Bildungseinrichtungen, sondern auch im Rahmen der häuslichen Lernumwelt eine Förderung der PB mit informellen Lerngelegenheiten unterstützt werden. So wie die sprachliche Anregung in den ersten Lebensjahren die Grundlage für die Sprachentwicklung der Kinder darstellt (vgl. ▶ Kap. 5.2.2), so wichtig ist auch die fortgeführte sprachliche Unterstützung im Kindergartenalter durch enge Bezugspersonen. Zu den förderlichen Aktivitäten gehören beispielsweise gemeinsame Wortspiele, gemeinsames Singen oder auch ganz einfach Gespräche (Niklas et al., 2015). Tatsächlich erwies sich die Häufigkeit der sprachlichen Eltern-Kind-Interaktionen als Prädiktor für die frühe kindliche PB (z. B. Burgess, 2002; Niklas & Schneider, 2013).

5.3.1.1 Qualität des Vorlesens und die verwendete Sprache

Die vorangegangen berichteten Befunde basieren zu großen Teilen auf den Angaben der Eltern zur Häufigkeit bestimmter Aktivitäten und berücksichtigen nicht, dass diese möglicherweise durch soziale Erwünschtheit verzerrt sein könnten. Zudem wird die Qualität der Aktivitäten nicht berücksichtigt. Es ist jedoch anzunehmen, dass nicht nur die Häufigkeit, sondern auch die Art und Weise, wie eine Aktivität durchgeführt wird, für die kindliche Entwicklung von Bedeutung sein kann.

In vielen Studien dient der Kontext des gemeinsamen Lesens als familiäre Routinezur Bewertung der Interaktionsqualität und des Sprachangebots der Eltern (Übersicht dazu Mol & Neuman, 2014). Weitere Kontexte können gemeinsames Spielen oder das Lösen von Rätseln sein (Leseman & de Jong, 1998). Hoff-Ginsberg (1991) untersuchte beispielsweise den mütterlichen Sprachinput in den vier unterschiedlichen Settings: »Vorlesen«, »Freispiel«, »Essen« und »Ankleiden«. Dabei stellte sie fest, dass die komplexeste Sprachverwendung (in Bezug auf den Wortschatz und die Syntax) während des Vorlesens auftrat. Die Fähigkeit, die Qualität der sprachlichen Interaktion in der Lesesituation zu erfassen, scheint daher besonders ausgeprägt und aussagekräftig zu sein. Aus diesen Erkenntnissen lässt sich ableiten, dass die wiederholt berichteten positiven Auswirkungen des Vorlesens auf die sprachliche Entwicklung von Kindern möglicherweise auch auf die häufigere Erfahrung mit komplexer Sprache während des Vorlesens zurückzuführen sind.

> **Komplexe Sprache**
>
> Komplexe Sprache unterscheidet sich von Alltagssprache dadurch, dass nicht nur einfacher Wortschatz und kurze Sätze verwendet werden wie dies in alltäglichen Interaktionen üblich ist, sondern dass sie darüber hinaus auch einen komplexeren und selteneren Wortschatz sowie längere, verschachtelte Sätze und damit eine komplexere Grammatik nutzt.

Bei der Beobachtung von Interaktionen während des gemeinsamen Lesens werden zumeist die »extratextualen Äußerungen« fokussiert. Gemeint sind damit sämtliche Äußerungen der Eltern und Kinder, die über das reine Vorlesen des Textes hinausgehen. Dabei können mindestens drei Äußerungsarten unterschieden werden: Äußerungen zur affektiven Unterstützung des Kindes (z. B. Lob und Feedback), zum Inhalt der Geschichte (narrative Äußerungen) und zum Geschriebenen selbst (Codebezogene Äußerungen) (Cohrssen et al., 2016; Hammett et al., 2003; Hindman et al., 2008; Justice & Ezell, 2000, 2002; Phillips & McNaughton, 1990; Sonnenschein & Munsterman, 2002).

Zusätzlich kann die Komplexität der Äußerungen betrachtet werden. Hierbei wird zwischen der Verwendung kontextualiserter und dekontextualisierter Sprache unterschieden (z. B. Snow et al., 2001) und die Reichhaltigkeit der Sprache (z. B. die Verwendung seltener Wörter) in den Blick genommen (z. B. Tabors et al., 2001). Darüber hinaus kann auch der konkrete Lesestil der Eltern betrachtet werden, der den Grad der kindlichen Beteiligung und die zeitliche Platzierung der Kommentare berücksichtigt (z. B. Reese & Cox, 1999).

Dekontextualisierte Sprache

Dekontextualisierte oder auch abstrakte Sprache bezieht sich auf Äußerungen über Inhalte, die nicht unmittelbar greifbar und Teil der Umwelt sind wie z. B. Vergangenes, Zukünftiges oder abstrakte Konzepte. Beim Vorlesen bezieht sich dekontextualisierte Sprache damit auch auf Inhalte, die nicht mit dem konkreten Buch und dem enthaltenen Text verbunden sind.

Nachfolgend werden diejenigen Aspekte genauer betrachtet, die beim gemeinsamen Lesen/Vorlesen als zentral für die Erfassung der Interaktionsqualität, insbesondere in Hinblick auf die Prädiktion späterer kindlicher Kompetenzen, gelten können.

5.3.1.2 Affektive Unterstützung

Elterliche Äußerungen, die Lob oder allgemein positive oder negative Rückmeldungen beinhalten, dienen dazu, das Kind zur verbalen und nonverbalen Teilnahme und Aufmerksamkeit während des gemeinsamen Lesens zu ermutigen (DeLoache & DeMendoza, 1987; Haden, et al., 1996; Hammett et al., 2003; Reese et al., 2003; Shapiro et al., 1997). Laut Erickson et al. (1985) können dabei sechs verschiedene Bereiche der sozio-emotionalen oder affektiven Unterstützung unterschieden werden:

- Unterstützung und Wärme gegenüber dem Kind,
- Berücksichtigung der Autonomie des Kindes,
- Struktur und Konsistenz bei der Festlegung von Regeln,
- Feindseligkeit gegenüber dem Kind),
- Qualität der Anleitung, z. B., Klarheit der Anweisungen und die zeitliche Übereinstimmung der Anweisungen, und
- generelles Selbstvertrauen, das durch das Verhalten der Mutter gegenüber dem Kind ausgedrückt wird.

Leseman und de Jong (1998) konnten in ihrer Studie mit rund 90 Kindern zwar positive Beziehungen zwischen der emotionalen Unterstützung der Eltern und dem Wortschatz der Kinder im Alter von 4 und 7 Jahren sowie deren Textverständnis und Wortdekodierfähigkeit im Alter von 7 Jahren feststellen. Doch konnten diese Zusammenhänge nicht mehr gefunden werden, wenn gleichzeitig andere Faktoren der häuslichen Lernumwelt (Qualität der Eltern-Kind-Interaktion, gemessen anhand von Äußerungen auf hohem oder niedrigem Abstraktionsniveau, sowie die Lernmöglichkeiten im Bereich Sprache/Schriftsprache wie die Verfügbarkeit von Büchern und die Häufigkeit des Vorlesens) kontrolliert wurden.

Ähnliche Ergebnisse wurden von Sonnenschein und Munsterman (2002) gefunden, die unter anderem die emotionale Qualität der Leseinteraktion zwischen Eltern und durchschnittlich 5-jährigen Kindern in einer Stichprobe von 30 Familien aus hauptsächlich einkommensschwachen Gruppen untersuchten. Sie stellten fest, dass die Häufigkeit des Vorlesens am stärksten mit den zeitgleich gemessenen schriftsprachlichen Fähigkeiten und die emotionale Qualität, gemessen anhand der verbalen und nonverbalen Äußerungen von Kindern und Eltern (wie Lächeln, Augenkontakt und Fragen, ob dem Kind die Geschichte gefällt), am stärksten mit der zeitgleich gemessenen Lesemotivation korrelierte. Dies legt nahe, dass die emotionale Qualität zwar die Motivation und das Interesse am Lesen steigert, andere Aspekte der häuslichen Lernumgebung aber stärker die akademischen Leistungen beeinflussen. Zusätzlich wurde festgestellt, dass Eltern, die eine sehr unterstützende Atmosphäre während des Vorlesens schaffen, gleichzeitig auch häufiger abstrakte Äußerungen tätigen (z. B. Bus et al., 2000; Roberts et al., 2005). Ähnliche Ergebnisse wurden auch in Interventionsstudien erzielt: Wenn Eltern einen interaktiven Lesestil (also dialogisches Vorlesen) erlernten, äußerten sie auch häufiger Lob und positive Rückmeldungen an ihr Kind (wie von Crain-Thoreson & Dale, 1999, gezeigt). Dies funktionierte auch in umgekehrter Richtung: Wenn Eltern in einer Intervention dazu ermutigt wurden, ihre Kinder mehr zu loben, verwendeten sie gleichzeitig häufiger offene Fragen und erweiterten die Äußerungen ihrer Kinder häufiger (McNeill & Fowler, 1999).

Insgesamt scheint die emotionale Unterstützung während gemeinsamer Lesesituation positiv mit Aspekten der kindlichen Entwicklung in Verbindung zu stehen, insbesondere im Bereich der Motivation. Darüber hinaus gibt es Hinweise darauf, dass in einer gleichzeitigen Betrachtung von emotionalen und kognitiven Anregungsprozessen diejenigen, die sich auf kognitive Anregungsprozesse beziehen, eine höhere Aufklärungsrate für die Varianz in sprachlichen und schriftsprachlichen Kompetenzen aufweisen.

5.3.1.3 Die Bedeutung der Komplexität von Äußerungen

Sprachlicher Input kann anhand eines Kontinuums konzeptualisiert werden, das von konkret bis abstrakt (oder kontextualisiert bis dekontextualisiert) reicht (Blank et al., 1978; Moffett, 1968). Konkrete oder kontextbezogene Sprache bezieht sich auf Situationen und Objekte, die in unmittelbarem Zusammenhang mit der aktuellen Situation oder dem Gelesenen stehen, während abstrakte oder dekontextualisierte Sprache verwendet wird, um über Vergangenes, Zukünftiges oder abstrakte Ereignisse zu sprechen, die nicht Teil der aktuellen Umgebung sind (Tabors et al., 2001; Snow, 1983; van Kleeck, 2003).

Beispiele für konkrete Sprache sind, bezogen auf die Vorlesesituation, das Zeigen und Beschreiben von Bildern im Buch, während abstrakte Sprache z. B. das Ziehen von Schlüssen oder Vorhersagen über den Fortgang der Geschichte darstellen (Tabors et al., 2001). Van Kleeck (1998) hat eine umfassende Systematisierung der während des gemeinsamen Lesens gemachten Äußerungen zusammengestellt (▶ Tab. 5.1), wobei die vier Ebenen der Abstraktion die kognitiven Ansprüche einer Äußerung beschreiben.

Tab. 5.1: Ebenen des Abstraktionsgrades extratextualer Äußerungen nach van Kleeck (1998)

Level I: Wahrnehmung zusammenführen	Level II: Integration der Wahrnehmung	Level III: Neuordnung	Level IV: Schussfolgerungen zur Wahrnehmung ziehen
Benennen: Ein Objekt oder eine Person benennen (oder eine entsprechende Frage dazu stellen, z. B. »Weißt du, was das ist?«).	**Eigenschaften beschreiben:** Fokus auf perzeptuellen Eigenschaften (Größe, Farbe, Form) von Objekten oder Charakteren legen.	**Schließen:** Auf Basis von Bildern/Text, es wird nicht explizit gezeigt oder erwähnt in den Bildern, z. B. »er versucht«.	**Vorhersagen:** Angebot oder Nachfrage zu dem, was als Nächstes in der Geschichte passieren wird. Dies wird verwendet, wenn das Kind die Geschichte nicht kennt (oder nicht zu kennen scheint); andernfalls handelt es sich um eine Erinnerung auf Level III.
Ortsbeschreibung: Den Ort einer Person oder eines Objektes beschreiben (oder eine entsprechende Frage dazu stellen, z. B. »Wo ist X?«).	**Beschreiben einer Szene:** Beschreiben oder wahrnehmen von Handlungen, die direkt im Text oder in den Bildern erkennbar sind.	**Informationen erinnern:** Fokus auf vorangegangene Informationen im Buch legen; zusammenfassen von Informationen auf Grundlage mehrerer Bilder.	
Wahrnehmung: Die Aufmerksamkeit auf ein Objekt im Buch lenken.	**Lückentext:** Eine Pause setzen und dem Kind die Vervollständigung des Satzes überlassen.	**Urteil:** (über Charaktere, Objekte oder Ideen) umfasst nicht-perzeptuelle Qualitäten und innere Zustände (traurig, hungrig); manchmal eingeleitet durch epistemische Verben (ich denke, ich wette); Urteile (schön, lustig usw.); Anbieten eines Standpunkts: eine Interpretation dessen, was der Charakter denkt oder fühlt.	**Faktenwissen/ Definitionen:** Allgemeine Informationen anbieten, die nicht direkt in der Geschichte enthalten sind. Dazu gehört das Definieren von Wortbedeutungen oder das Unterscheiden zwischen Fantasie und Realität (z. B. »Kann der Bär wirklich fliegen?«).
Routiniertes Zählen			
		Gemeinsamkeiten bestimmen: Vergleichen und/oder gegenüberstellen von Dingen im Buch, z. B. »Das sieht aus wie ein X.«	**Erklären:** Über die Geschichte oder die Handlungen hinausgehen, um eine Erklärung zu geben, oft durch Wörter eingeleitet wie »weil«, »damit«, »da« oder »Warum«-Fragen.

Die unterste Ebene (Level 1) beschreibt Äußerungen zum Abgleich der Wahrnehmung, z. B. das Benennen von Objekten oder Personen. Bei Level 2 handelt es sich um die selektive Analyse und Integration der Wahrnehmung. Hier geht es über einfaches Benennen hinaus, da die Charakteristika der Objekte und Personen beschrieben werden. Level 3 Äußerungen beziehen sich auf Gedanken, Beurteilungen oder Einschätzungen, die nicht direkt auf den Bildern oder dem Text basieren, sondern auf Schlussfolgerungen oder Vermutungen. Schließlich beinhaltet Level 4 Äußerungen über Vorhersagen, Schlussfolgerungen oder Faktenwissen, das nicht unmittelbar im Text oder in der Geschichte enthalten ist.

In der Literatur gibt es verschiedene Begriffe, um Äußerungen auf niedrigem und hohem Abstraktionsniveau zu unterscheiden, die Ähnlichkeiten mit der von van Kleeck (1998) vorgestellten Kategorisierung aufweisen. Äußerungen auf niedrigem Abstraktionsniveau umfassen das einfache Benennen und Beschreiben (wie von Haden et al., 1996; Ninio, 1983; Pellegrini et al., 1985; Reese et al., 2003) sowie Faktenfragen (Flood, 1977) oder Fragen nach dem »Was« und »Wer« (Ninio, 1983). Auf der anderen Seite beinhalten Äußerungen auf hohem Abstraktionsniveau Bewertungen, Vorhersagen oder Schlussfolgerungen, persönliche Erfahrungen (Haden et al., 1996; Pellegrini et al., 1985; Reese et al., 2003), wertende Formulierungen (Harkins et al., 1994), interpretative Fragen (Flood, 1977), das Erkennen von Zusammenhängen zwischen den Zeilen (Bus et al., 2000) sowie vorhersagende und beschreibende Äußerungen (Shapiro et al., 1997). Die zugrunde liegende Idee dieser Konzeptualisierung ist, dass Äußerungen höherer kognitiver Anforderungen die kognitive Entwicklung von Kindern stärker fördern. Studien haben gezeigt, dass der Einsatz dekontextualisierter Sprache während des gemeinsamen Lesens mit einem erweiterten Wortschatz, besserem Hörverständnis und verbesserten Lesefähigkeiten in späteren Jahren einhergeht (z. B. Britto & Brooks-Gunn, 2001; DeTemple & Snow, 2003; Hindman et al., 2008, 2014; Korat et al., 2007; Tabors et al., 2001; van Kleeck, 2003).

Der Begriff des »Verbal Distancing« gehört ebenfalls dazu und beschreibt die elterliche Sprache dahingehend, inwiefern diese das Kind dazu anregt, über eine Aktivität/Situation nachzudenken (Sigel, 1982; 1994; Sigel et al., 1991). Dabei werden drei Ebenen von »Distancing-Strategien« unterschieden:

- Low-Level-Distancing: Fragen oder Äußerungen der Eltern, die sich auf konkrete Objekte oder Ereignisse in der unmittelbaren Umwelt beziehen (z. B. Benennungen oder Beschreibungen: »Welche Farbe hat das?«, »Dieses Haus ist rosa.«)
- Medium-Level-Distancing: Elaborierte Fragen oder Äußerungen, die sich teilweise auf Objekte oder Ereignisse in der unmittelbaren Umwelt beziehen, durch das Herstellen von Beziehungen (z. B. Vergleichen, Kategorisieren: »Was ist größer?«)
- High-Level-Distancing: Fragen oder Äußerungen, die das Kind dazu ermutigen, Hypothesen oder Ideen zu formulieren, die über die unmittelbare Umwelt hinausgehen (z. B. planen, rückschließen, Schlüsse ziehen: »Warum wird das so gemacht?«, »Was passiert dann?«)

Die positive Auswirkung der Verwendung von Medium- und High-Level-Distancing-Strategien auf die kognitive Entwicklung von Kindern (sowie ihre Schulleistung) konnte in zahlreichen Studien belegt werden (zusammenfassend Sigel & McGillicuddy-De Lisi, 2003).

Dennoch zeigen die Befunde von Van Kleeck et al. (1997) auch, dass bei Kindern im Alter zwischen rund 3 und 4 Jahren (N = 35) elterliche Äußerungen sowohl auf niedrigem als auch auf hohem Niveau mit dem Hörverstehen und dem Gebrauch von Äußerungen auf Level IV der Kinder ein Jahr später in Beziehung standen. Diese Befunde deuten darauf hin, dass Gespräche während des gemeinsamen Lesens auch unabhängig vom Abstraktionsgrad der elterlichen Sprache positiv für die kindliche Sprachentwicklung sind. Äußerungen auf niedrigem Niveau können Erfolgserlebnisse für die Kinder bedeuten, indem Kinder hier ihre bereits erworbenen Fertigkeiten unter Beweis stellen dürfen, während Äußerungen auf hohem Niveau die Kinder herausfordern, ihre Fähigkeiten zu erweitern (van Kleeck et al., 1997).

Dass es von Vorteil zu sein scheint, wenn Instruktionsstrategien kongruent zum Kompetenzniveau des Kindes sind – ganz im Sinne der Theorie der Zone der proximalen Entwicklung von Vygotsky (1978; vgl. ▶ Kap. 2.2.3) – belegen auch die Befunde von Pellegrini et al. (1985). Sie fanden höhere verbale Intelligenzwerte bei Kindern, die beim Vorlesen kognitiv anspruchsvollere Sprache erlebt hatten – aber nur für Kinder mit bereits besseren Sprachfähigkeiten. Für Kinder, die selbst sprachliche Probleme zeigten, erwiesen sich hingegen Äußerungen mit niedrigem Anspruchsgehalt als bedeutsam für höhere verbale Intelligenzwerte (ähnliche Befunde finden sich auch bei Roberts et al., 2005).

Die Ergebnisse der Studie von Mol und Neuman (2014), die sich auf eine Gruppe von 60 Kindern im Alter von 5 Jahren bezog, legen nahe, dass das einfache Benennen von Objekten während des gemeinsamen Lesens möglicherweise sogar negative Auswirkungen auf den expressiven und rezeptiven Wortschatz von Kindern in diesem Alter haben könnte. Die in dieser Studie verwendete Skala »Labeling«, die den Abstraktionsgrad der Äußerungen bewertet, erwies sich als nicht signifikanter Prädiktor, weder für den expressiven noch für den rezeptiven Wortschatz (Mol & Neuman, 2014). Stattdessen zeigten sich positive Zusammenhänge zwischen der adaptiven Kommunikation der Eltern gegenüber ihren Kindern, dem Reichtum des verwendeten Vokabulars und dem Zugang zu Büchern in Bezug auf beide Aspekte der sprachlichen Entwicklung. Kritisch anzumerken ist, dass die bivariaten Korrelationen zwischen der Skala »Labeling« und den sprachlichen Kompetenzen querschnittlich gefunden wurden, wodurch nicht ausgeschlossen werden kann, dass nicht das häufige »Labeln« die schlechteren Kompetenzen vorhersagte, sondern umgekehrt die schlechteren sprachlichen Kompetenzen der Kinder dazu führten, dass weniger kognitiv anspruchsvolle, aber häufiger einfache und benennende Äußerungen getätigt wurden.

Neben dem Abstraktionsgrad der extratextualen Äußerungen wird damit auch die Bedeutsamkeit der Reichhaltigkeit der Sprache hervorgehoben, insbesondere die Verwendung »seltener Worte« (»Rare Word Use«; Tabors et al., 2001) in unterschiedlichen Kontexten, z. B. beim gemeinsamen Lesen (Bornstein et al., 1998; Hart & Risley, 1995; Hoff-Ginsberg, 1991; Hoff, 2003; Pan et al., 2005; Tabors et al., 2001; Weizman & Snow, 2001).

Zusammenfassend zeigen die Befunde zur Verwendung dekontextualisierter Sprache während des gemeinsamen Lesens, dass Gespräche, die über den Text im Buch hinausgehen, grundsätzlich förderlich für die kindliche Sprachentwicklung sind (Lehrl, 2018). Darüber hinaus scheint die Verwendung von Sprache auf einem höheren Abstraktionsniveau und die Verwendung reichhaltiger Sprache förderlich für die kindliche Sprachentwicklung zu sein, wobei die Effektivität von der individuellen Kompetenz des Kindes abhängen kann.

5.3.1.4 Lesestilforschung

Neben der reinen Untersuchung der extratextualen Äußerungen finden sich im Bereich der Leseforschung auch Ansätze, die Typologien des Vorlesens, den sogenannten Lesestil, untersuchen.

> **Lesestil**
>
> Lesestile sind verschiedene Arten des Vorlesens, die von Eltern oder Erziehenden praktiziert werden und sich darin unterscheiden, inwieweit das Kind eine aktive Rolle beim Vorlesen einnimmt und wie komplex und abstrakt die verwendete Sprache ist. Hierbei handelt es sich um meist relativ stabile Art und Weisen des Vorlesens, die über viele Vorlesesituationen hinweg in sehr ähnlicher Form beibehalten werden.

Lesestile können danach unterschieden werden, inwiefern sie mehr oder weniger dekontextualisierte Sprache verwenden, wo die extratextualen Äußerungen platziert werden (Reese & Cox, 1999) und wie stark das Kind an der Interaktion beteiligt wird (Sénéchal & LeFevre, 2001). Solche unterschiedlichen Lesestile haben einen Einfluss auf den Sprachgebrauch sowie das Textverständnis des Kindes (Sénéchal & LeFevre, 2001).

Reese und Cox (1999) beschreiben unter Berücksichtigung der Literatur drei Lesestile:

- »Describer« (geringer Anforderungsgrad der Äußerungen; Beschreiben und Bezeichnen der Bilder; Geschichte wird durch die Kommentare häufig unterbrochen),
- »Comprehender« (hoher Anforderungsgrad der Äußerungen; Rückschlüsse ziehen und Vorhersagen treffen; Geschichte wird durch Kommentare häufig unterbrochen) und
- »Performance-oriented« (hoher Anforderungsgrad der Äußerungen; Kommentare vor oder nach der Geschichte, wenig Unterbrechung).

Haden et al. (1996) definieren noch einen vierten Lesestil:

- »Collaborator«, der sich dadurch auszeichnet, hohe Anteile an Rückversicherung (Confirmations) zu umfassen wie z. B. »Stimmts?«, »Ja?«.

Dieser Stil ist dem »Describer« überlegen, wurde aber von Reese und Cox (1999) nicht übernommen. In einer Interventionsstudie untersuchten sie alle drei Lesestile und deren Beziehung zum kindlichen Wortschatz, zur Schriftbewusstheit und zum Textverständnis. Dabei wurden insgesamt 50 4-jährige Kinder in drei Gruppen aufgeteilt und über einen Zeitraum von sechs Wochen von geschulten Versuchsleitern im jeweiligen Stil vorgelesen. Zu Beginn zeigte sich, dass die Verwendung des Describer-Stils eine Verbesserung des Wortschatzes und der Schriftbewusstheit bei den Kindern bewirkte. Allerdings änderte sich das Ergebnismuster, wenn die Ausgangslage der kindlichen Kompetenz vor der Intervention berücksichtigt wurde: Kinder mit einem niedrigen Ausgangswortschatz zeigten nach Anwendung des Describer-Stils größere Wortschatzzuwächse im Vergleich zur Anwendung des Performance-orientierten Stils. Bei Kindern mit bereits guten sprachlichen Fähigkeiten hingegen erwies sich der Performance-orientierte Stil als vorteilhaft für die Erweiterung ihres Wortschatzes.

Wird nur zwischen ununterbrochenem und interaktivem Lesestil unterschieden (es wird also keine zusätzliche Anforderung an die kognitiven Herausforderungen der extratextualen Äußerungen gestellt), so zeigten Sénéchal und Kolleginnen (1996), positive Effekte des ununterbrochenes Lesens für den rezeptiven Wortschatz in der ersten Klasse, was wiederum mit einer besseren Leseleistung am Ende der dritten Klasse verbunden war. Demgegenüber stand der interaktive Lesestil im Zusammenhang mit besseren schriftsprachlichen Fertigkeiten in der ersten Klasse und diese wiederum mit einer besseren Leseleistung am Ende der dritten Klasse. Hargrave und Sénéchal (2000) konnten zusätzlich an einer Gruppe von Kindern mit geringem Wortschatz zeigen, dass diese Kinder größere Wortschatzzuwächse verzeichneten, wenn sie an einer interaktiven Leseintervention teilnahmen, verglichen mit einem einfachen »Lesen üben« während der gleichen Zeit. Auch die Befunde aus Interventionsstudien, die mit Eltern das »Dialogic Reading« (Whitehurst et al., 1988; vgl. ▶ Kap. 3.2.1 und ▶ Kap. 7.3.4) trainierten, deuten auf eine Verbesserung früher sprachlicher und schriftsprachlicher Kompetenzen aller Kinder hin (Mol et al., 2008; Shanahan & Lonigan, 2010; Überblick bei Zevenbergen & Whitehurst, 2003).

Alle in den vorangestellten Teilkapiteln besprochenen Tätigkeiten und Eltern-Kind-Interaktionen im schriftsprachlichen Bereich verfolgen dabei nicht in erster Linie und explizit das Ziel, dem Kind etwas beibringen zu wollen. Stattdessen stehen häufig die allgemeine Kommunikation oder auch der Spaß z. B. beim Vorlesen im Vordergrund. Trotzdem unterstützen diese Aktivitäten indirekt auch die kindliche Kompetenzentwicklung. Im Folgenden werden nun demgegenüber formelle Aspekte der Home Literacy Environment in den Blick genommen und damit auch schriftsprachliche Aktivitäten, die sich gezielt auf die Unterstützung des kindlichen Schriftspracherwerbs durch die Eltern beziehen.

5.3.2 Schriftsprachliche Aktivitäten und formelle Home Literacy Environment

Im Rahmen der formellen häuslichen Lernumwelt erfahren Kinder eine gezielte Förderung ihrer Kompetenzen durch ihre Eltern, wobei die Intensität und Häufigkeit dieser Unterstützungsleistung sehr unterschiedlich ausfallen kann. Dabei scheinen insbesondere Aktivitäten den Schriftspracherwerb zu unterstützen, bei denen Kinder sich aktiv mit Geschriebenem auseinandersetzen wie z.B. dem Buchstaben lernen oder dem gemeinsamen lauten Lesen (vgl. Levy et al., 2006; Sénéchal & LeFevre, 2002). Martini und Sénéchal (2012) stellten in ihrer Studie fest, dass viele Eltern eine sehr aktive Rolle beim Lernen ihres Kindes einnehmen, und dass dieses elterliche Lehren die Entwicklung früher schriftsprachlicher Fähigkeiten fördern kann.

Insbesondere die Buchstabenkenntnis eines Kindes ist ein guter Prädiktor für die Vorhersage späterer Leistungen im Lesen und Rechtschreiben und Kinder mit einem größerem Buchstabenwissen sind beim Lesen- und Schreibenlernen im Vorteil (z.B. Niklas & Schneider, 2013; Torppa et al., 2006). Häufig ist dabei der Übergang von informeller zu formeller Home Literacy Environment fließend. So kann beispielsweise im Rahmen des Vorlesens die Möglichkeit genutzt werden, Kindern wichtige Regeln und Aspekte der Schriftsprache beizubringen. Kinder können hierbei z.B. lernen, was Buchstaben und Worte sind, wo man mit dem Lesen beginnt und in welche Richtung gelesen wird – im Deutschen eben von links nach rechts (Meindl & Jungmann, 2019). Dieses Wissen wir der sogenannten »Emergent Literacy« (dt. frühe Schriftsprachlichkeit) zugeordnet und erleichtert es Kindern später, kompetente Leserinnen und Leser zu werden und die Rechtschreibung leichter zu erlernen (Whitehurst & Lonigan, 1998).

> **Emergent Literacy**
>
> Emergent Literacy kann mit früher Schriftsprachlichkeit übersetzt werden und bezeichnet eine Reihe an Fähigkeiten und Kompetenzen, zu denen beispielsweise die phonologische Bewusstheit, die Buchstabe-Laut-Zuordnung, das Erkennen und Schreiben von Buchstaben gehören.

Ähnlich wie beim Vorlesen, bei dem Eltern die Häufigkeit des Vorlesens an die aktuellen Fähigkeiten ihrer Kinder anpassen, gibt es Hinweise darauf hin, dass Eltern durchaus in der Lage sind, auch das formelle Lehren entsprechend den Fähigkeiten ihrer Kinder anzupassen (z.B. Silinskas et al., 2020). So unterstützten Mütter mit Kindern, die später sehr schwache schriftsprachliche Fähigkeiten aufwiesen, diese schon beim Übergang in die Schule deutlich intensiver als Mütter dies von Kindern taten, die Ende der zweiten Klasse zu den besten Leserinnen und Lesern gehörten (Silinskas et al., 2020). Neben dem gezielten Lehren in alltäglichen Situationen durch die Eltern besteht daneben auch die Möglichkeit, analoge und digitale Lernprogramme zu nutzen (vgl. auch ▶ Kap. 6 und ▶ Kap. 7). Solche Programme trainieren z. B. gezielt die Buchstabenkenntnis, das erste Erlesen von Wörtern oder beinhalten erste Schreibübungen.

5.3.2.1 Narrative versus Code-bezogene Äußerungen

Während des gemeinsamen Lesens neigen Eltern dazu, nicht nur Äußerungen abzugeben, die Lob und Rückmeldungen an das Kind enthalten, sondern auch solche, die sich auf den Inhalt der Geschichte oder den geschriebenen Text selbst beziehen (Hammett et al., 2003). Untersuchungen haben gezeigt, dass Erwachsene in Lesesituationen eher dazu neigen, auf die Bilder zu zeigen und darüber zu sprechen, anstatt sich auf den Text selbst zu beziehen (Phillips & McNaughton, 1990; Shapiro et al., 1997; Stahl, 2003; Yaden et al., 1993). Hindman et al. (2008) haben in einer Literaturübersicht festgestellt, dass das Verhältnis von Äußerungen über den Text als solchen (Code-bezogene Äußerungen) im Vergleich zu Äußerungen über den Inhalt der Geschichte (narrative Äußerungen) bei etwa 1:10 liegt.

> **Code-bezogene Äußerungen**
>
> Code-bezogene Äußerungen beziehen sich auf gezielte Hinweise auf geschriebene Buchstaben und Worte unabhängig vom geschriebenen Inhalt. Es wird also unabhängig vom Inhalt einer Geschichte rein der Code der Sprache in den Mittelpunkt genommen und gezielt auf einzelne Merkmale und Bestandteile dieses Codes fokussiert.

Die Studie von Sonnenschein und Munsterman (2002) untersuchte die Häufigkeit von Äußerungen, die sich auf den Text selbst beziehen, insbesondere in Bezug auf bekannte und unbekannte Bücher während des Vorlesens. Dabei wurde festgestellt, dass Äußerungen, die auf den Text Bezug nehmen (Code-bezogener Äußerungen), insgesamt selten vorkommen (6 % im Vergleich zu 44 % für narrative Äußerungen). Interessanterweise wurde bei der Lektüre unbekannter Bücher nur sehr selten (0 %) eine Code-bezogener Äußerungen von einem Elternteil beobachtet, im Vergleich zu 13 % bei bekannten Büchern.

In Bezug auf die Auswirkungen Code-bezogener Äußerungen auf die Entwicklung schriftsprachlicher Fertigkeiten gibt es jedoch weniger eindeutige Ergebnisse. Eine Studie von Bus und van Ijzendoorn (1988) ergab, dass höhere schriftsprachliche Fertigkeiten mit weniger narrativen Äußerungen, insbesondere beim Lesen von »Alphabetbüchern«, korrelierten. Die Korrelationen zwischen schriftsprachlichen Fertigkeiten und Code-bezogener Äußerungen waren hingegen nicht signifikant. Ähnlich zeigte auch die Studie von Hindman et al. (2008) an 130 Eltern-Kind-Dyaden keine signifikante Beziehung zwischen der Verwendung von Code-bezogener Äußerungen während des gemeinsamen Lesens und schriftsprachlichen Fertigkeiten bei 4-jährigen Kindern.

Die Verwendung von Daten aus der Early Childhood Longitudinal Study – Birth Cohort (ECLS-B), in der Videos von 800 Eltern-Kind-Dyaden beim gemeinsamen Lesen analysiert wurden, ergab ebenfalls keine nachweisbaren Auswirkungen von Code-bezogenen Äußerungen auf schriftsprachliche Fertigkeiten bei 5-jährigen Kindern (Hindman et al., 2014). Die Autoren führten dies auf die geringe Varianz in der Verwendung Code-bezogener Äußerungen durch die Eltern in beiden Studien zurück. Sie merkten jedoch an, dass eine gezielte Schulung zur Nutzung von Code-bezogenen Äußerungen notwendig sein könnte, damit Kinder davon profitieren. Die Befunde von Lehrl (2018) hingegen deuten auf positive Zusammenhänge Code-bezogener Äußerungen und der Entwicklung schrift-sprachlicher Kompetenzen hin, die hier durch die Buchstabenkenntnis gemessen wurden. Sie konnte zeigen, dass das Hinweisen auf Buchstaben und Laute während des gemeinsamen Bilderbuchbetrachtens, als die Kinder ca. 4 Jahre alt waren, positiv mit der Buchstabenkenntnis der Kinder im Alter von 6 Jahren assoziiert war.

Zusammenfassend lässt sich sagen, dass während des gemeinsamen Lesens von Büchern Eltern tendenziell häufiger narrative Äußerungen machen, die sich auf den Inhalt der Geschichte beziehen, anstatt Code-bezogene Äußerungen, die sich auf die Schriftsprache beziehen. Es gibt Hinweise darauf, dass ein Fokus auf die Schriftsprache selbst schriftsprachliche Fertigkeiten fördern kann (Lehrl, 2018), vorausgesetzt, die Verwendung Code-bezogener Äußerungen wird gezielt geschult. Dies könnte eine mögliche Erklärung für die oft geringen Zusammenhänge zwischen der Häufigkeit des Vorlesens und schriftsprachlichen Fertigkeiten bei Kindern sein. Narrative Äußerungen hingegen sind prädiktiv für sprachliche Fähigkeiten wie Wortschatz und Hörverstehen sowie für das Leseverständnis bei älteren Kindern (siehe auch Lehrl, 2018). Die Abstraktionsebene der Äußerungen spielt dabei eine wichtige Rolle (▶ Kap. 5.3.1).

5.3.3 Zusammenfassung zur informellen und formellen Home Literacy Environment

Insgesamt lässt sich festhalten, dass sowohl die informelle als auch die formelle HLE eine wichtige Rolle in der kindlichen Kompetenzentwicklung während der Kindergartenjahre einnimmt. Dabei konnten Lau und Richards (2021) im Kontext einer in Hong Kong durchgeführten Studie zeigen, dass beide Aspekte der Home Literacy Environment nicht nur für den Sprach- und Schriftspracherwerb der Muttersprache, sondern auch für den Erwerb einer Zweitsprache wichtige Prädiktoren darstellen.

Das »Home Literacy Model« unterscheidet die HLE im Bereich der Schriftsprache in formelle und informelle Aspekte der elterlichen Unterstützung. Bisherige Forschungsergebnisse zeigen, dass diese beiden Dimensionen in der Regel relativ unabhängig voneinander sind und verschiedene Kompetenzbereiche vorhersagen. Formelle Aspekte der HLE, wie das direkte Üben von Buchstaben und Lesen, sagen eher schriftsprachbezogene Fähigkeiten wie die Kenntnis von Buchstaben voraus. informelle Aspekte der HLE, wie die Verfügbarkeit von Büchern und Lesemöglichkeiten, korrelieren eher mit sprachlichen Fertigkeiten wie dem rezeptiven Wortschatz.

Neben diesen quantitativen Aspekten, die sich auf die Menge der schriftsprachlichen Anregungen beziehen, gibt es auch einen Forschungszweig, der die Qualität der Anregung während des gemeinsamen Lesens von Eltern und Kindern untersucht. Hierbei stehen vor allem die extratextualen Äußerungen der Eltern im Fokus. Diese Äußerungen werden oft anhand von drei Dimensionen bewertet: affektive Unterstützung, Abstraktionsgrad der verwendeten Sprache und die Verwendung von Code-bezogenen Äußerungen (schriftsprachbezogener) vs. narrativer (inhaltsbezogener) Sprache.

In Bezug auf die Vorhersage kognitiver Fähigkeiten sind insbesondere Äußerungen mit einem hohen Abstraktionsgrad bedeutsam. Die affektive Unterstützung hingegen spielt eher eine Rolle bei der Vorhersage sozial-motivationaler Fähigkeiten. Während in den meisten Studien davon ausgegangen wird, dass ein höherer Abstraktionsgrad der verwendeten Sprache mit verbesserten sprachlich-kognitiven Fähigkeiten bei Kindern einhergeht, deuten einige Studien darauf hin, dass sowohl Äußerungen mit niedrigem als auch mit hohem Abstraktionsgrad die sprachlich-kognitiven Fähigkeiten vorhersagen können. Dabei scheinen die Fähigkeiten des Kindes und die Übereinstimmung der elterlichen Äußerungen mit diesen Fähigkeiten eine Rolle zu spielen. Es kann festgehalten werden, dass Gespräche, die über den Text im Buch hinausgehen, grundsätzlich förderlich für die kindliche Sprachentwicklung sind, unabhängig vom Abstraktionsgrad. Darüber hinaus zeigte sich, dass die Verwendung reichhaltiger und abstrakter Sprache ebenfalls förderlich für die kindliche Sprachentwicklung ist.

Die Forschungsergebnisse zu Code-bezogenen Äußerungen sind weniger umfangreich und bisher eher inkonsistent. Studien, die keine Auswirkungen dieser Äußerungen auf schriftsprachbezogene Fähigkeiten der Kinder zeigten, beobachteten in der Regel eine sehr geringe Variation in Bezug auf solche Äußerungen. Bei den Studien, die positive Effekte nachwiesen, handelte es sich oft um Interventionsstudien, bei denen die Verwendung von Code-bezogenen Äußerungen gezielt trainiert wurde, wodurch mehr Varianz zwischen den trainierten und nicht trainierten Gruppen entstand.

Die besprochenen Zusammenhänge von familiären Herkunftsmerkmalen, der elterlichen Einstellung, der formellen und informellen HLE, Vorläuferkompetenzen und dem Lesen und Rechtschreiben wird in Anlehnung an die Modelle aus Kapitel 2.3 noch einmal in Abbildung 5.1 überblicksartig dargestellt. Entsprechend des »Home Literacy Models« wird dabei angenommen, dass die informelle HLE eher sprachliche und die formelle HLE stärker schriftsprachliche Vorläuferkompetenzen vorhersagt. Andererseits deuten die kreuzweisen Pfeile auch daraufhin, dass es Befunde für nicht nur die linearen Vorhersagen, sondern jeweils auch für die domänenübergreifenden Zusammenhänge gibt (z. B. Niklas, 2015; Niklas et al., 2013).

Die hier aufgeführten Zusammenhänge scheinen zumindest für das Vorschul- und frühe Grundschulalter gültig zu sein, da hohe Stabilitäten in der HLE in diesem Zeitraum gefunden wurden (LeFevre et al., 2009; vgl. Niklas & Schneider, 2012). Dies bedeutet jedoch nicht, dass es keine großen Unterschiede zwischen Familien hinsichtlich der Entwicklung der HLE über die Zeit gibt. Rodriguez und Tamis-LeMonda (2011) konnten beispielsweise sechs verschiedene Entwicklungsverläufe der HLE für einen vierjährigen Zeitraum im Vorschulalter identifizieren, wobei

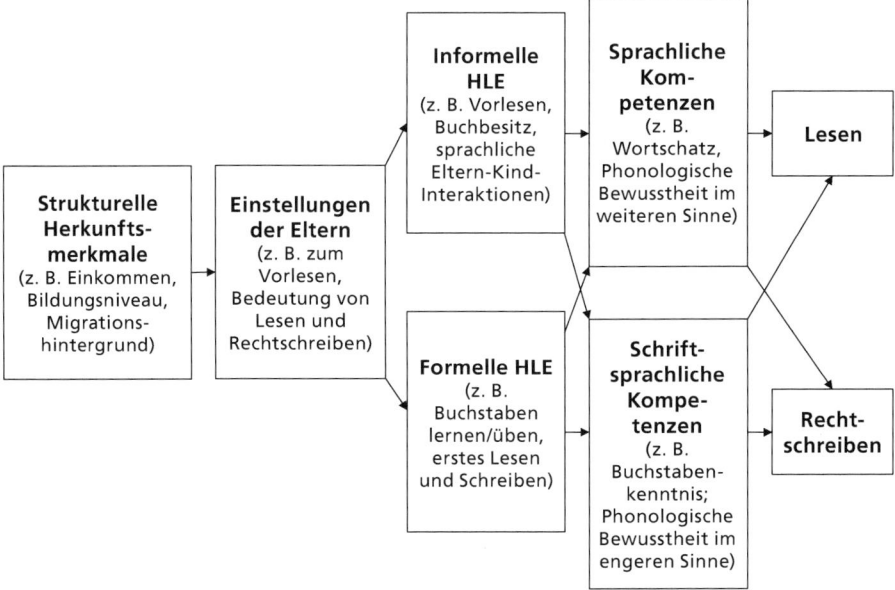

Abb. 5.1: Informelle und Formelle Home Literacy Environment als Mediatoren zwischen strukturellen Herkunftsmerkmalen der Familie und elterlichen Einstellungen auf der einen Seite und (schrift)sprachlichen (Vorläufer)Kompetenzen sowie Lesen und Rechtschreiben auf der anderen Seite

jeweils eine bessere familiäre Lernumwelt mit höheren sprachlichen Leistungen einherging und die HLE in jüngeren Jahren eher mit dem Wortschatz und später mit dem Buchstabenwissen und erstem Lesen der Kinder verknüpft war. Auch in Analysen von Son und Morrison (2010) wurde zwar eine große Stabilität der HLE über die Vorschulzeit festgestellt, allerdings stiegen im Untersuchungszeitraum sowohl das Niveau als auch die Häufigkeit von schriftsprachförderlichen Interaktionen deutlich an. Über den jeweils querschnittlichen Zusammenhang der HLE mit sprachlichen Fertigkeiten der Kinder hinaus konnte das Ausmaß dieser Niveausteigerung zudem auch die Verbesserungen der Kinder in den sprachlichen Kompetenzen teilweise voraussagen.

Der Zusammenhang von familiärer Lernumwelt und kindlichen Kompetenzen wurde auch für den schriftsprachlichen Bereich intensiv untersucht (z. B. Hood et al., 2008; Niklas & Schneider, 2013). Hierbei sagte die HLE teilweise auch direkt langfristige Wissenszuwächse unter Berücksichtigung der Ausgangswerte vorher, wie dies beispielsweise von Burgess (2002) sowie Niklas und Schneider (2013) für die Phonologische Bewusstheit und auch allgemein für schulische Kompetenzen (Niklas & Schneider, 2017) gezeigt werden konnte. Zusammenfassend lässt sich festhalten, dass anregungsreichere familiäre Lernumwelten, in denen z. B. häufiger vorgelesen und gelesen und Lesen und Schreiben gelehrt wird und die auch eine größere Bücher- und Kinderbücheranzahl aufweisen, zu besseren schriftsprachlichen Leistungen bei den in diesen Lernumwelten lebenden Kindern beitragen.

Ähnlich wie im schriftsprachlichen Bereich lässt sich auch im mathematischen Bereich ein größerer Fokus auf das häusliche Lernen in den Vorschuljahren gegenüber den ersten Lebensjahren feststellen (Napoli et al., 2021). Trotzdem bleiben das mathematische Lernen und der Fokus darauf hinsichtlich der Häufigkeit und Intensität zumeist hinter schriftsprachlichen Aktivitäten in der Familie zurück und Eltern schätzen auch schriftsprachliche gegenüber mathematischen Kompetenzen als wichtiger ein (Napoli et al., 2021). Im Folgenden werden jetzt Befunde zur mathematischen häuslichen Lernumwelt unterteilt in informelles Lernen und formelles Lehren dargestellt.

5.3.4 Mathematische Aktivitäten – die Home Numeracy Environment

Es gibt weit mehr Untersuchungen zur HLE im Bereich Sprache und Schriftsprache im Vergleich zu den Untersuchungen im Bereich früher Mathematik. Daher liegen etwas weniger verschiedene Konstrukte vor und es wurden bislang weniger Versuche unternommen, den Bereich theoretisch zu strukturieren. Dennoch finden sich auch im Bereich Mathematik und Home Numeracy Environment verschiedene Terminologien: »number activities« (Blevins-Knabe & Musun-Miller, 1996), »mathematics actvities« (Belevins-Knabe et al., 2000), »parental teaching of mathemathics« (Silinskas et al., 2010) oder »home numeracy practice« (LeFevre et al., 2010) sind einige Beispiele. Der Begriff der »Home Numeracy Environment (HNE)« findet sich erstmals bei LeFevre et al. (2009) und wird von Lehrl (2018), Niklas und Schneider (2012) bzw. Niklas (2011) auch für den deutschen Raum verwendet. Analog zur Home Literacy Environment umfasst das Konstrukt HNE ganz allgemein diejenigen Aspekte der familiären Lernumwelt, die die mathematischen Kompetenzen von Kindern unterstützen. Dazu zählen Aktivitäten und Materialien in der Familie, die Bezug zu mathematischen Inhalten aufweisen (z. B. das Spielen von Würfel-, Rechen- oder Zahlenspielen, der Zugang zu Uhr, Taschenrechner, Lineal oder Maßband im Kinderzimmer, gezieltes Einüben von Zahlen, Ziffern und einfachen Rechenoperationen). In den letzten Jahren wird auch vermehrt der Begriff der »Home Mathematics Environment«, der die HNE explizit erweitert und neben der Arithmetik auch stärker weitere mathematische Fähigkeiten wie geometrisches Wissen, räumliches Denken oder Muster berücksichtigt verwendet (Daucourt et al., 2021; Hornburg et al., 2021; auch ▶ Kap. 2.3.2).

Die ersten Versuche, die mathematische Anregung im häuslichen Umfeld zu erforschen, wurden von Durkin et al. (1986) unternommen. In ihrer Längsschnittstudie mit zehn Mutter-Kind-Dyaden, deren Kinder ca. 9 Monate alt waren, zeigten sie, dass Mütter bereits in diesem frühen Alter Zahlwörter in Interaktion mit ihren Kindern verwendeten. Die Autoren berichteten außerdem, dass Zahlwörter über die gesamte Kindheit (bis zu einem Alter von 36 Monaten) in verschiedenen Kontexten wie Reimen, Geschichten, Liedern, Spielen und sogar beiläufigen Gesprächen verwendet wurden. Die Mütter brachten ihren Kindern das Zählen auch direkt bei, indem sie sie ermutigten, Zahlenfolgen nachzusprechen. Auch für das Kindergartenalter konnten Saxe et al. (1987) zeigen, dass zahlreiche mathematische Aktivitäten zu Hause stattfinden. So berichteten Eltern von Kindern im Alter von rund 4 Jahren mindestens einmal in der Woche oder sogar täglich, Spiele zu spielen, die Zahlen enthalten. Darüber hinaus konnten sie positive Beziehungen zwischen den mathematischen Kompetenzen der Kinder und der Komplexität der durchgeführten mathematischen Aktivitäten nachweisen. Plewis et al. (1990) stellen hingegen in einer Zeitbudgetstudie fest, dass 6 Jahre alte Kinder über drei Tage hinweg gerade einmal 15 Minuten in mathematische Aktivitäten involviert waren. 70% der 200 Befragten berichteten sogar, dass ihre Kinder in diesem Zeitraum gar keine mathematischen Aktivitäten durchführten.

Die inkonsistenten Befunde könnten auch durch die Art der Erhebung verursacht sein. Tudge und Doucet (2004), verwendeten daher statt eines Befragungs- einen Beobachtungsansatz in ihrer Studie an 39 3-jährigen Kindern, wobei sie die Kinder über insgesamt 18 Stunden beobachteten. Sie fanden ein geringes Ausmaß an mathematischen und auch schriftsprachlichen Aktivitäten.

Neben diesen Studien, die sich allgemein auf mathematische Aktivitäten beziehen, existieren Untersuchungen, die diese entsprechend des »Home Numeracy Models« (▶ Kap. 2.3.3) weiter ausdifferenzieren, d. h., die formellen mathematischen Aktivitäten (direktes Einüben von Zahlen, Ziffern und einfachen Rechenoperationen) getrennt von eher informellen mathematischen Aktivitäten (z. B. das Spielen von Würfel- und Kartenspielen) in den Blick nehmen und in Beziehung zu Maßen der mathematischen Kompetenzentwicklung setzen.

Außerdem gibt es einen begrenzten Bereich der Forschung, der, ähnlich wie die Studien zu den extratextuellen Äußerungen, den sogenannten »Math-Talk« untersucht, also die Gespräche über mathematische Inhalte während des gemeinsamen Lesens. Im Folgenden werden die Ergebnisse zu den drei oben genannten Unterscheidungen, nämlich formelle und informelle mathematische Aktivitäten sowie zum »Math-Talk«, getrennt vorgestellt und anschließend zusammenfassend diskutiert.

5.3.4.1 Die Bedeutung formeller mathematischer Aktivitäten

Formelle oder auch direkte mathematische Aktivitäten, wie von LeFevre et al. (2009) definiert, beinhalten Aktivitäten, die sich auf das Zählen und das Einüben einfacher Rechenoperationen beziehen. Die erste Studie in diesem Bereich wurde von Blevins-Knabe & Musun-Miller (1996) durchgeführt. In dieser Studie befragten sie 49 Eltern von Kindern im Kindergartenalter zur Häufigkeit ihrer mathematischen Aktivitäten. Dazu wurden den Eltern 33 Aktivitäten präsentiert, die sie auf einer Skala von 1 bis 4 bewerten sollten (1 = nie durchgeführt, 4 = 6-mal oder öfter in der letzten Woche durchgeführt). Von diesen Aktivitäten korrelierten acht signifikant mit den mathematischen Kompetenzen der Kinder, wobei nur zwei Aktivitäten (Elternteil verwendet die Wörter 1, 2 und 3; Elternteil erwähnt Fakten bezüglich Zahlen, z. B. 1 +1=2) positiv und vier Aktivitäten (Nutzung des Konzepts »gleiche Anzahl«; dem Kind zeigen, wie man zählt; das Elternteil zählt von 1 bis 10; das Elternteil unterrichtet das Kind darin, die Zahlen aufzusagen) negativ mit den mathematischen Kompetenzen der Kinder korreliert waren.

Interessanterweise bezogen sich die Aktivitäten mit negativen Effekten eher auf Aspekte der formellen mathematischen Instruktion. Die Autorinnen merkten jedoch an, dass diese Aktivitäten eher bei Kindern im Alter von 4 und 5 Jahren durchgeführt wurden, die wahrscheinlich geringere mathematische Kompetenzen aufwiesen, weshalb die Eltern diese Aktivitäten häufiger durchführten. Auch Lehrl (2018) konnte keine Effekte der formellen Aktivitäten mit mathematischen Kompetenzen nachweisen.

Die Studien von LeFevre et al. (2002, 2009, 2010) hingegen weisen auf positive Zusammenhänge zwischen formellen mathematischen Aktivitäten zu Hause und der Entwicklung mathematischer Kompetenzen hin. In diesen Studien wurden positive Beziehungen zwischen formellen Aktivitäten, wie Zählen und einfaches Addieren, und grundlegenden numerischen Fertigkeiten, wie Zählfertigkeit und Ziffernbenennung, nachgewiesen. Eine Studie von Huntsinger et al. (1998; 2000) zeigte ebenfalls langfristige Effekte formeller mathematischer Aktivitäten im Vorschulalter auf die mathematischen Fertigkeiten von Kindern im Schulalter europäischer und chinesischer Herkunft. Zusätzlich wurden positive Beziehungen zwischen formellen mathematischen Aktivitäten und der Entwicklung grundlegender mathematischer Kompetenzen wie Zählen und Ziffernkenntnis in anderen Studien gefunden (Manolitsis et al., 2013; Skwarchuk et al., 2014).

Zusammenfassend deuten die Befunde zu formellen mathematischen Aktivitäten darauf hin, dass sie mit grundlegenden mathematischen Kompetenzen wie dem Zählen und der Ziffernkenntnis in Zusammenhang stehen. Diese grundlegenden Kompetenzen können auch die spätere Entwicklung fortgeschrittener mathematischer Fertigkeiten vorhersagen. Es scheint, dass formelle mathematische Aktivitäten die Entwicklung grundlegender, symbolischer mathematischer Fertigkeiten fördern, während informelle Aktivitäten eher die Entwicklung nichtsymbolischer Fertigkeiten beeinflussen. Dies unterstützt das »Home Numeracy Model« (Skwarchuk et al., 2014).

5.3.4.2 Die Bedeutung informeller mathematischer Aktivitäten

Neben den formellen mathematischen Aktivitäten können zu Hause auch solche Aktivitäten durchgeführt werden, die mathematische Kompetenzen eher indirekt fördern (LeFevre et al., 2009). Dazu zählen beispielsweise das Spielen von Gesellschaftsspielen, die Zahlen, Mengen oder Rechenoperationen beinhalten, oder auch alltägliches Zählen und alltägliche Mathematik beim Treppensteigen, Tischdecken, Einkaufen oder Kochen (Niklas & Schneider, 2012). Daneben sind aber auch die elterlichen Einstellungen allgemein zur Mathematik und zu deren Bedeutung wichtige Aspekte der informellen HNE, die auch mit kindlichen Kompetenzen im Zusammenhang stehen (Mues et al. 2022; Niklas, Mues et al., 2025; Wirth et al. 2023).

LeFevre et al. (2009) konnten in ihrer Studie zeigen, dass die Häufigkeit des gemeinsamen Spielens von Brettspielen sowohl mit grundlegenden mathematischen Operationen (»math fluency«) als auch mit arithmetischen Fertigkeiten (z. B. Addition und Subtraktion) bei Schulanfang assoziiert ist. Die Skala »Applikationen«

(z. B. das Tragen einer Uhr) stand lediglich mit Letzterem in signifikanter Beziehung. Für die Skala »Bücher« (z. B. Lesen von Büchern mit Zahlen) zeigten sich keinerlei signifikante Zusammenhänge. Im Gegensatz dazu wurden in der Folgestudie von LeFevre et al. (2010a) keine signifikant positiven Beziehungen zwischen der Häufigkeit informeller Aktivitäten und arithmetischer Fertigkeiten gefunden. Allerdings wurden die informellen Aktivitäten in dieser Studie anders erfasst als bei LeFevre et al. (2009) und z. B. Aspekte der Bereiche »Spiele«, »Bücher« und »Applikationen« zusammengefasst, wodurch sich eventuell keine eindeutigen Beziehungsmuster ergaben.

Eine deutsche Studie konnte hingegen signifikant positive Zusammenhänge von informellen Aktivitäten (Häufigkeit von Würfel-, Zähl- und Rechenspielen) mit mathematischen Vorläuferfertigkeiten und sogar Mathematikleistungen in der ersten Klasse nachweisen (Niklas & Schneider, 2012, 2014). Auch Skwarchuk et al. (2014) fanden positive Effekte der Häufigkeit des gemeinsamen Spielens von »Zahlenspielen« auf nichtsymbolische mathematische Fertigkeiten. Zudem erwies sich die Kenntnis mathematischer Spiele, erfasst mittels eines Spiele-Titel-Rekognitions-Tests, als spezifischer und signifikanter Prädiktor für mathematische Kompetenzen von Kindergartenkindern (Niklas et al., 2023).

Zusätzlich zur Forschung zu informellen mathematischen Aktivitäten untermauern Ergebnisse aus Interventionsstudien die Wichtigkeit informeller mathematischer Aktivitäten. In einer Studie von Peters (1998) durfte in jeder Woche ein Elternteil in die Klasse kommen und mathematische Spiele mit einer Gruppe von Kindern im Alter von 5 Jahren spielen. Diese Gruppe zeigte nach acht Monaten im Vergleich zur Kontrollgruppe, die keine zusätzlichen mathematischen Spiele hatte, einen signifikanten Anstieg in mathematischen Fähigkeiten wie dem Zählen und dem Aufzählen.

Ähnliche Ergebnisse wurden von Young-Loveridge (2004) erzielt, die ebenfalls 5-jährige Kinder (N = 23) in eine siebenwöchige Intervention einbezog. Dabei wurde einem Eltern-Kind-Paar Bücher mit Zahlen vorgelesen, gefolgt von täglichen 30-minütigen Zahlenspielen. Die Kinder in der Interventionsgruppe zeigten bessere Fertigkeiten im Zählen, Zeichenerkennen und in der Addition im Vergleich zu Kindern in der Kontrollgruppe, die andere Aktivitäten durchführten. Diese Unterschiede waren nach 15 Monaten immer noch signifikant, wenn auch weniger stark ausgeprägt.

Neuere Interventionsstudien haben auch Brettspiele einbezogen (Ramani et al., 2012; Ramani & Siegler, 2008, 2009; Whyte & Bull, 2008). Diese Interventionen wurden mit benachteiligten amerikanischen Kindern durchgeführt. Eine Gruppe von Kindern spielte Brettspiele mit Zahlen, während die andere Gruppe Brettspiele mit Farben spielte. Kinder aus der ersten Gruppe (Brettspiele mit Zahlen) zeigten bessere Fertigkeiten in verschiedenen mathematischen Aufgaben wie dem Zählen und Vergleichen im Vergleich zu Kindern, die Brettspiele mit Farben spielten. Auch digitale mathematische Lernanwendungen im Familienkontext können die mathematische Kompetenzentwicklung bei Kindern positiv beeinflussen (Niklas, Birtwistle et al., 2025; vgl. auch ▶ Kap. 6.4 und ▶ Kap. 7.3.5).

Zusammengefasst lässt sich feststellen, dass informelle mathematische Aktivitäten ebenfalls einen Einfluss auf mathematische Kompetenzen haben. Wenngleich es nur wenige Studien gibt, die sowohl formelle Aktivitäten als auch informelle Aspekte berücksichtigen, legen die robusten Ergebnisse aus Interventionsstudien nahe, dass informelle mathematische Aktivitäten einen erheblichen Beitrag zur Erklärung von Unterschieden in mathematischen Kompetenzen leisten können.

5.3.4.3 »Math Talk«

Neben der formellen und informellen Dimension mathematischer Anregung gibt es, ähnlich wie im Bereich Sprache/Schriftsprache, einzelne Forschungsbemühungen, den sogenannten häuslichen »Math Talk« (Gespräche über mathematische Inhalte) über die Analyse von sprachlichen Äußerungen in der Interaktion genauer zu untersuchen. Hierbei lässt sich »Math Talk« sowohl der informellen als auch der formellen HNE zuordnen, abhängig davon, inwieweit der mathematische Inhalt während des Gesprächs explizit zum Thema gemacht und beigebracht oder eben nur nebenbei erwähnt wird.

Math Talk

Math Talk sind Gespräche, die mathematische Inhalte behandeln und diese entweder in den Vordergrund rücken und somit aktiv zum Gesprächsthema machen oder diese nur nebenbei und im Kontext von anderen Inhalten ansprechen. Hierbei kann es sich beispielsweise um das Nennen von Ziffern und Zahlen in beliebigen Kontexten oder aber sogar um das explizite Beibringen von Lösungswegen für Rechenaufgaben handeln.

Anderson und Anderson (1995) veröffentlichten eine Fallstudie, in der sie die mathematischen Fähigkeiten ihres eigenen Kindes durch das Vorlesen von Bilderbüchern förderten. Shapiro et al. (1997) untersuchten die Gesprächsinhalte beim gemeinsamen Lesen dann genauer. Sie analysierten 12 Eltern-Kind-Paare, die zwei verschiedene Bücher verwendeten. Dabei stellten sie zunächst fest, dass Bezüge zu mathematischen Inhalten eine der am wenigsten auftretenden Kategorien in den Gesprächen waren. Außerdem variierte das Auftreten von mathematischen Inhalten stark abhängig von dem verwendeten Buch. Wenn das erste Buch genutzt wurde, gab es lediglich 14 Äußerungen mit mathematischem Bezug, während bei Verwendung des zweiten Buches 47 solcher Äußerungen gemacht wurden.

Diese Ergebnisse deuten darauf hin, dass Illustrationen und Texte in Büchern Eltern auf unterschiedliche Weise dazu anregen, über mathematische Themen zu sprechen (Shapiro et al., 1997). Zum Beispiel enthielt Buch zwei Abbildungen von Fischen in verschiedenen Größen, was dazu führte, dass Eltern bei der Interaktion mit ihren Kindern, die dieses Buch verwendeten, häufig die verschiedenen Größen ansprachen. In Buch eins hingegen waren die abgebildeten Figuren ähnlich groß, und daher wurden keine Äußerungen zur Größe der Dinge gemacht. Ein Befund, der vor dem Hintergrund der Ergebnisse zur formellen Dimension mathematischer Anregung kontraintuitiv erscheint, ist, dass das Zählen von Objekten während des gemeinsamen Lesens nahezu gar nicht auftrat – obwohl dies doch diejenige mathematische Aktivität ist, die in Befragungen von Eltern am häufigsten genannt wird (z. B. Blevins-Knabe & Musun-Miller, 1996). Beim gemeinsamen Lesen hingegen scheinen Eltern nur dann zu zählen, wenn es zum besseren Verständnis der Geschichte dient, nicht aber um Mathematik zu üben. Anderson und Anderson (1995, bzw. Anderson, 1997) untersuchten die Häufigkeit mathematischer Inhalte in verschiedenen Situationen (Bausteine, Arbeitsblätter, Papier, Buch) und fanden im Gegensatz zu den berichteten Ergebnissen, dass das Zählen beim gemeinsamen Lesen eines Buches die am häufigsten kodierte Kategorie darstellte.

Neuere Studien zeigten ebenfalls eine große Variabilität in der Häufigkeit mathematischer Gespräche mit Kindern in unterschiedlichen Kontexten (Levine et al., 2011; Levine et al., 2010; Ramani et al., 2015). So beobachteten Levine et al. (2010) natürliche Interaktionen von 44 Kindern im Alter zwischen 14 und 30 Monaten und ihren Müttern im Abstand von jeweils vier Monaten. Dabei wurde die Häufigkeit des Gebrauchs von Zahlwörtern (1–10) und die Verwendung der Wörter »zählen«, »wie viel« und »Nummer/Zahl/Ziffer« untersucht. Sie fanden eine große Variabilität zwischen den Familien, die von der Verwendung von 4 bis zu 257 Zahlwörtern reichte (Levine et al., 2010). Die gebräuchlichsten Äußerungen waren die Verwendung von Kardinalzahlen und das Zählen (50 % bzw. 32 % der mathematischen Gespräche). Die anderen Äußerungen bezogen sich auf das Nennen von Ziffern, das Messen, konventionelle Äußerungen (»give me five«) oder Vergleichen. Sie konnten zeigen, dass die Variation im Gebrauch von Zahlwörtern das kardinale Zahlenverständnis der Kinder im Alter von 46 Monaten positiv vorhersagte (auch bei Kontrolle des sozioökonomischen Status).

> **Kardinalität**
>
> Die Kardinalität beschreibt die Mächtigkeit einer Menge und bezieht sich dabei auf die Anzahl der Elemente in einer Menge. Im Kontext des Erwerbs früher mathematischer Kompetenzen bezieht sich das Wissen über Kardinalität darauf, dass Kinder verstehen, dass sich hinter einer bestimmten Zahl auch die entsprechende Anzahl verbirgt (also z. B. das fünf Äpfel tatsächlich für die Menge 5 steht, die sich auch abzählen lässt, wobei man wiederum am Ende des Zählvorgangs bei der Zahl 5 endet).

Skwarchuk (2009) unterscheidet zudem grundlegende von komplexen mathematischen Äußerungen. Grundlegende mathematische Äußerungen beinhalten Zählen, Zahlen lesen und schreiben sowie Erkennen von Zahlen, während komplexe mathematische Äußerungen Addieren, Subtrahieren, Vergleichen und Verbinden von Punkten beinhalten. Sie konnte an 25 Eltern-Kind-Dyaden (Alter der Kinder ca. 5 Jahre) zeigen, dass die Verwendung komplexer mathematischer Äußerungen mit besseren und die Verwendung simpler Äußerungen mit schlechteren numerischen Fertigkeiten einhergingen. Werden also in einem vergleichsweise hohen Kindesalter noch solch grundlegende mathematische Aktivitäten durchgeführt, könnte dies für schlechtere Kompetenzen der Kinder in diesem Bereich sprechen.

Ramani et al. (2015) fanden in einer Studie an 33 3- bis 5-jährigen Head-Start-Kindern ebenfalls spezifische Effekte des »Math Talk« für grundlegendes numerisches Wissen (Zählen bis 25 und Ziffernidentifikation bis 10) und fortgeschritteneres numerisches Wissen (Zählprinzipien, numerischer Größenvergleich, Enumeration und Kardinalität). Demnach sind mathematischen Äußerungen der Eltern auf hohem Niveau (Äußerungen bezüglich Kardinalität, ordinalen Relationen, Rechnen) im Gegensatz zu Äußerungen auf niedrigem Nivau (Zählen, Identifizieren von Ziffern) mit den fortgeschritteneren mathematischen Kompetenzen der Kinder assoziiert. Lehrl et al. (2020) konnten zeigen, dass die Qualität der Gespräche über mathematische Inhalte während des gemeinsamen Vorlesens positiv mit den sprachlichen und mathematischen Fähig- und Fertigkeiten assoziiert sind.

Zusammenfassend zeigen die Befunde zum »Math Talk« während des gemeinsamen Lesens, dass Eltern generell nur wenige Äußerungen in diesem Bereich tätigen, aber dennoch eine große Variabilität zwischen den Eltern besteht. Mathematische Inhalte werden überwiegend über das Zählen von Objekten angesprochen und die Einsatzhäufigkeit hängt davon ab, wie stark die Bilder dazu anregen, mathematische Inhalte zu thematisieren (z. B. unterschiedliche Größen, Formen, Kategorien). Darüber hinaus erweist sich die Verwendung mathematischer Inhalte im Gespräch während des gemeinsamen Lesens als bedeutsamer Prädiktor für mathematische Kompetenzen.

5.3.5 Zusammenfassung zur informellen und formellen Home Numeracy Environment

Auch für den Bereich Mathematik lässt sich festhalten, dass sowohl die informelle als auch die formelle HNE eine wichtige Rolle in der kindlichen Kompetenzentwicklung während der Kindergartenjahre einnimmt. Entsprechend des »Home Numeracy Model« (Skwarchuk et al., 2014; vgl. ▶ Kap. 2.3.3) unterscheidet man wie im Bereich Schriftsprache formelle und informelle Aspekte der häuslichen mathematisch Unterstützung. Beide Dimensionen können eher unterschiedliche Kompetenzbereiche vorhersagen (▶ Abb. 5.2), wobei es hier noch widersprüchliche Befunde gibt und nicht abschließend geklärt ist, inwieweit diese Spezifität (informelle HNE als Prädiktor nicht-symbolischer numerischer Kompetenzen und formelle HNE als Prädiktor symbolischer numerischer Kompetenzen) zutrifft. Zudem gilt es zur berücksichtigen, dass das Konzept der Home Numeracy Environment in den letzten Jahren auf eine Home Mathematics Environment erweitert wurde (Hornburg et al. 2021), das die mathematische familiäre Lernumwelt umfassender in den Blick nimmt und für das die genauen Zusammenhänge mit unterschiedlichen kindlichen Kompetenzen noch überprüft werden muss.

In Anlehnung an die allgemeinen Modelle zur HLE (▶ Kap. 2.3.3) und entsprechend der Übersicht für die Home Literacy Environment zeigt Abbildung 5.2 noch einmal in einer Übersicht die angenommenen Zusammenhänge der numerischen häuslichen Lernumwelt im Zusammenhang mit strukturellen Herkunftsmerkmalen und numerischen Kompetenzen. Anders als im Bereich Schriftsprache gibt es widersprüchliche Befunde hinsichtlich des Zusammenhangs des familiären Hintergrunds und damit bzgl. des SÖS und des Migrationshintergrunds einer Familie und der HNE. Als gesichert gelten kann, dass der Zusammenhang deutlich geringer ausfällt als dies im schriftsprachlichen Bereich der Fall ist. So zeigen manche Studien entweder einen geringen oder gar keinen (z. B. Lehrl, 2018) signifikanten Zusammenhang dieser Variablen. Hingegen kann analog zur HLE angenommen werden, dass die elterlichen Einstellungen Prädiktoren für die Qualität der informellen und formellen HNE darstellen, auch wenn dies noch explizit in Studien überprüft werden muss. Entsprechend des Home Numeracy Models (Skwarchuk et al., 2014) kann man weiter davon ausgehen, dass die informelle HNE eher nicht-symbolische mathematische Kompetenzen und dann langfristig das Lösen mathematischer Probleme unterstützt, während die formelle HNE eher symbolische mathematische Kompetenzen und dann langfristig die arithmetischen Fähigkeiten fördert (siehe aber die Anmerkung im vorhergehenden Abschnitt).

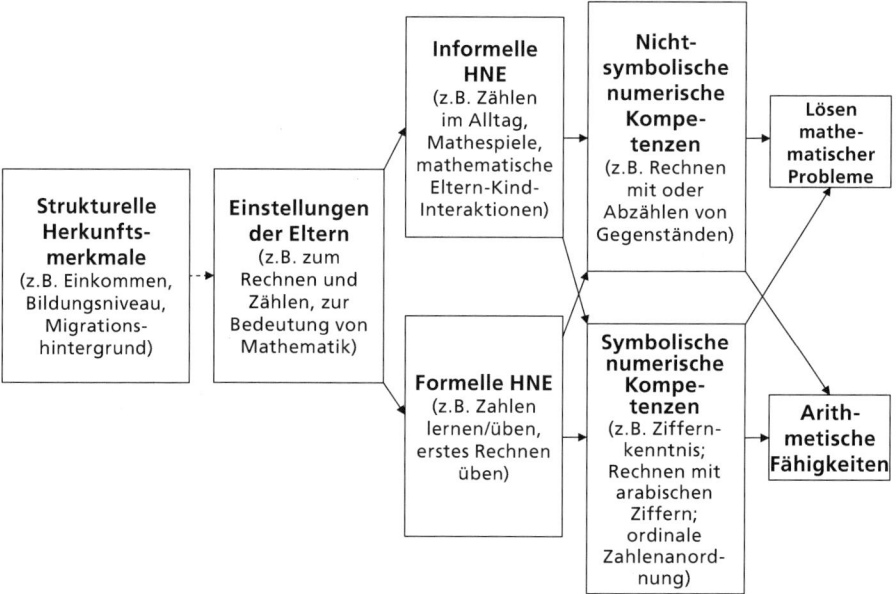

Abb. 5.2: Informelle und formelle Home Numeracy Environment als Mediatoren zwischen strukturellen Herkunftsmerkmalen der Familie und elterlichen Einstellungen auf der einen Seite und numerischen/mathematischen (Vorläufer-)Kompetenzen auf der anderen Seite

Abschließend zu den Bereichen Schriftsprache und Mathematik im Kindergartenalter soll aber nicht unerwähnt bleiben, dass die hier vorgenomme Spezifität der Vorhersage der schriftsprachlichen Leistungen allein durch die Home Literacy Environment und der mathematischen Leistungen allein durch die HNE so nicht zutrifft (z. B. Anders et al., 2012; Söchtig & Niklas, 2020). Vielmehr finden sich in vielen Studien auch Hinweise auf Kreuzbezüge, wobei insbesondere die Home Literacy Environment auch ein signifikanter Prädiktor für mathematische Fähigkeiten ist (siehe auch das Modell von Niklas, 2015, dort Abb. 3.5). Nicht zuletzt aus diesem

Grund verwenden manche Studien auch ein globales HLE-Konstrukt, das Merkmale der Home Literacy und der Home Numeracy Environment verbindet (z. B. Wirth et al., 2023).

5.3.6 Die frühe Home Learning Environment und weitere Kompetenzbereiche

Die Vorhersagefähigkeit der HLE hängt zu einem größeren Teil auch mit der Wahl des Messinstruments für die HLE zusammen, wobei insbesondere globale HLE-Maße nicht allein einen Kompetenzbereich, sondern mehrere und auch allgemeine kognitive Kompetenzen vorhersagen können (z. B. Niklas & Schneider, 2017; Wirth et al., 2023). Dabei wurde der Zusammenhang der HLE mit allgemeinen kognitiven Maßen wie der Intelligenz oder den exekutiven Funktionen bislang deutlicher seltener gegenüber dem Zusammenhang mit mathematischen und schriftsprachlichen Kompetenzen untersucht.

> **Exekutive Funktionen**
>
> Exekutive Funktionen bezeichnen allgemeine kognitive Fähigkeit, die der Inhibition, der kognitiven Flexibilität und dem Aufrechterhalten von Wissen im Arbeitsgedächtnis dienen. Diese Fähigkeiten werden als zentral für die eigene Steuerungsfähigkeit angesehen.

Es finden sich aber Hinweise darauf, dass die HLE tatsächlich auch für genau solche allgemeinen kognitiven Maße wie dem Arbeitsgedächtnis, der Intelligenz und den exekutiven Funktionen förderlich wirken kann (z. B. Howard et al., 2017; Niklas et al., 2018). So konnte eine Reihe an Untersuchungen einen signifikanten korrelativen Zusammenhang zwischen Maßen der HLE und kognitiven Maßen feststellen (z. B. Kleemans et al., 2012; Niklas & Schneider, 2013; Wirth et al., 2023).

Trotz der vereinzelten Hinweise darauf, dass die HLE Intelligenzwerte signifikant vorhersagen kann (z. B. Frumkin, 2013) und dass Interventionsmaßnahmen im Kontext der häuslichen Lernumwelt bei Kindern zu Verbesserungen der kindlichen Problemlösefähigkeit und dem schlussfolgernden Denken führen können (z. B. Niklas et al., 2018), ist die Befundlage nach wie vor noch sehr lückenhaft. Außerdem konnten in einer Studie von Howard et al. (2017) nur dann Verbesserungen im Arbeitsgedächtnis und bei den Exekutiven Funktionen im Kontext des Vorlesens gefunden werden, wenn das Vorlesen mit weiteren kognitiven Aktivitäten wie dem gezielten Erinnern der Geschichte vom Ende her angereichert wurde. Es werden also weitere Studien benötigt, die den Zusammenhang der HLE mit allgemeinen kognitiven Maßen längsschnittlich und in experimentellen Designs untersuchen.

Außerdem zeigen erste Befunde, dass die häusliche Lernumwelt auch eine Rolle für die Kompetenzentwicklung im Bereich der Naturwissenschaften spielen könnte (z. B. Junge et al., 2021; Piekny et al., 2012). Dies ist leicht nachvollziehbar, da naturwissenschaftliche Kompetenzen durchaus eng mit schriftsprachlichen, allgemeinen kognitiven und insbesondere mathematischen Kompetenzen zusammenhängen. Allerdings muss hier noch überprüft werden, welche spezifischen Facetten der HLE tatsächlich unmittelbar die naturwissenschaftlichen Kompetenzen vorhersagen können und ob es sich um ein eigenes Konstrukt im Kontext der häuslichen Lernumwelt, im Sinne einer Home Natural Science Environment handelt bzw. ob diese Aspekte eher der Home Mathematics Environment zugerechnet werden sollten.

Neben allgemeinen kognitiven Maßen ist die HLE auch mit weiteren nichtkognitiven Kompetenzen assoziiert. So finden sich korrelative Zusammenhänge der HLE mit sozio-emotionalen Kompetenzen sowie dem Problemverhalten von Kindern (z. B. Schmiedeler et al., 2014; Wirth et al., 2020). Hierbei geht eine bessere Qualität der HLE mit besseren sozio-emotionalen Kompetenzen und geringerem Problemverhalten der Kinder einher.

> **Sozio-emotionale Kompetenzen**
>
> Der Begriff »sozio-emotionale Kompetenzen« steht für eine Reihe an emotionalen und auch sozialen Kompetenzen, die sich frühzeitig ausbilden, über die Lebensspanne fortwährend weiterentwickelt werden und dafür sorgen, dass wir mit anderen Personen positiv interagieren können. Zu den wichtigen emotionalen Kompetenzen gehören beispielsweise Emotionswissen, Emotionen erkennen und Emotionen regulieren, während beispielsweise Konfliktlöse- und Kommunikationsfähigkeit zu den sozialen Kompetenzen gerechnet wird.

Allerdings scheint dieser Zusammenhang eher indirekt über schriftsprachliche Fähigkeiten vermittelt zu werden (Rose et al., 2018; Wirth et al., 2022). So verbessert beispielsweise eine qualitativ hochwertige Home Literacy Environment die schriftsprachlichen Fähigkeiten, welche wiederum sehr eng mit den sozio-emotionalen Kompetenzen und damit z. B. mit dem Emotionswissen, der Emotionsregulation sowie der Kommunikations- und Konfliktlösefähigkeit von Kindern verbunden ist. Daraus ergibt sich also ein indirekter Zusammenhang.

Allerdings wäre es auch denkbar, dass bestimmte Interaktionen und Aktivitäten in der häuslichen Lernumwelt auch einen direkten Einfluss auf die sozio-emotionalen Kompetenzen von Kindern nehmen, da Vorlesebücher beispielsweise häufig soziale Konflikte behandeln oder teils auch gezielt Emotionen thematisieren (vgl. Wirth et al., 2022). Genauso kommt es im Rahmen mathematischer Spiele zu sozialer Interaktion mit den Mitspielerinnen und Mitspielern und dabei teilweise auch zu Wettstreit und Konflikten, die dann mit sozialen Fähigkeiten gelöst werden müssen. Deshalb sollte zukünftig noch verstärkt der Zusammenhang der HLE mit der sozio-emotionalen Kompetenzentwicklung auch längsschnittlich in den Fokus genommen werden.

Neben den hier aufgeführten Zusammenhängen der HLE mit verschiedenen Kompetenzbereichen sind auch noch weitere Zusammenhänge denkbar. So kann davon ausgegangen werden, dass die häusliche Lernumwelt z. B. auch für musische und sportliche Fähigkeiten eine große Rolle spielt – allein schon durch das Bereitstellen von notwendigen Materialien wie einem Musikinstrument oder Sportausrüstung und durch die Unterstützung, indem die Kinder zu Lehrerinnen und Lehrern bzw. Vereinen gebracht werden. Allerdings führt diese Konzeptualisierung der häuslichen Lernumwelt weiter weg von den klassischen Definitionen, Modellen, Operationalisierungen und Studien zur HLE. Vielmehr handelt es sich bei einer solchen Betrachtungsweise der häuslichen Lernumwelt um ein eigenes Forschungsfeld.

5.4 Die häusliche Lernumwelt im Grundschulalter

Mit dem Übertritt des Kindes vom Kindergarten in die Grundschule wechseln auch die Anforderungen an die Eltern hinsichtlich ihrer familiären Unterstützungsleistung. Aspekte der informellen Anregung, wie das gemeinsame Lesen/Vorlesen rücken mit dem eigenständigen Lesen der Kinder immer mehr in den Hintergrund. Dafür werden Aspekte der elterlichen Hausaufgabenunterstützung immer zentraler. Im Grundschulalter wird eher von »elterlichem, schulbezogenem Engagement« gesprochen, abgleitet aus dem englischen Begriff »parental involvement« (Reynolds, 1992). Reynolds (1992) und Jeynes (2007) definieren elterliches Engagement im schulischen Kontext als »jede Interaktion zwischen einem Elternteil und einem Kind, die zur Entwicklung des Kindes beitragen kann oder direkte Teilhabe an der Schule des Kindes im Interesse des Kindes« (übersetzt, S. 442). Jeynes sieht es als »elterliche Beteiligung an Bildungsprozessen und Erfahrungen ihrer Kinder« (übersetzt, S. 83). Diese eher breiten Definitionen lassen Spielraum für die Integration vielfältiger Methoden und Dimensionen des elterlichen Engagements.

> **Bildungsaspiration**
>
> Unter Bildungsaspiration versteht man die Erwartung im Bildungsbereich bestimmte Abschlüsse zu erreichen oder spezifische Schulformen zu besuchen. Eine große Bildungsaspiration liegt dann vor, wenn ein möglichst hochrangiger Schulabschluss angestrebt wird.

Es umfasst unter anderem Bildungsaspirationen und Leistungserwartungen (z.B. Neuenschwander et al., 2005), Beteiligung am Elternbeirat oder die Mitarbeit bei Schulveranstaltungen (z.B. Englund et al., 2004; Griffith, 1996), die elterliche Hausaufgabenunterstützung (z.B. Crosnoe, 2001; Dumont et al., 2012) oder insgesamt die Kommunikation mit dem Kind über schulische Angelegenheiten (z.B. Singh et al., 1995).

Beim schulbezogenen elterlichen Engagement handelt es sich also ebenfalls um ein multidimensionales Konstrukt (Moroni et al., 2016a; Fan, 2001; Wild & Remy,

2002). Vorschläge zur Strukturierung der verschiedenen Facetten des elterlichen Engagements sind z. B. diejenigen von Grolnick und Slowiaczek (1994):

- »parent behavior« (wie z. B. der Teilnahme an Schulaktivitäten),
- »personal involvement« (die emotionale Anteilnahme der Eltern an schulischen Belangen) und
- »cognitive/intellectual involvement« (kognitiv stimulierende Aktivitäten mit dem Kind),

von Epstein (1992):

- »parenting«,
- »communicating«,
- »volunteering«,
- »learning at home«,
- »decision making« und
- »collaborating with the community«

oder von Green et al. (2007):

- »home-based« und
- »school-based«.

5.4.1 Auswirkungen schulischen elterlichen Engagements

Insgesamt deuten mehrere Metaanalysen auf positive Beziehungen hin zwischen dem elterlichen schulbezogenen Engagement und schulischen Leistungen (Fan & Chen, 2001; Hill & Tyson, 2009; Jeynes, 2003, 2005, 2007). Der höchste Zusammenhang wurde für die Bildungsaspirationen der Eltern (r = .40) festgestellt, d. h. über alle Studien hinweg erwies sich die elterliche Bildungsaspiration, also die Bildungsziele, die Eltern für ihre Kinder verfolgen, als positiver Prädiktor für die kindlichen Schulleistungen (Fan & Chen, 2001; Hill & Tyson, 2009). Darüber hinaus konnte gezeigt werden, dass das elterliche Überprüfen von Hausaufgaben keinen signifikanten Zusammenhang mit Schulleistungsindikatoren von Grundschülern aufwies (Jeynes, 2005) oder sogar negativ korrelierte (Hill & Tyson, 2009; Niggli et al., 2007). Jeynes (2007, S. 100) kommt daher zu folgendem Schluss: »subtle aspects of parental involvement (…) had a greater impact on student educational outcomes than some of the more demonstrative aspects of parental involvement«.

Die größten Zusammenhänge mit Schulleistungen von Kindern und Jugendlichen zeigen sich also für die elterlichen Ausprägungen der Bildungsaspirationen und Leistungserwartungen. Die Aspirationen und Leistungserwartungen scheinen sich in elterlichen Praktiken niederzuschlagen, die nicht unbedingt die Dimensionen des elterlichen schulischen Engagements betreffen. Es könnte auch sein, dass »Kinder die Erwartungen ihrer Eltern an erfolgreiches akademisches Verhalten und

Einstellungen verinnerlichen, was wiederum ihre schulischen Erfahrungen und Leistungen prägt« (You & Nguyen, 2011, S. 55).

Dass die elterliche Hausaufgabenhilfe nicht oder nur sehr gering mit den Schulleistungen von Kindern und Jugendlichen im Zusammenhang steht, selbst dann, wenn die vorherigen Schulleistungen der Schülerinnen und Schüler kontrolliert wurden (Levin et al., 1997; Trautwein & Lüdtke, 2007), verwundert. Die Befunde zur Hausaufgabenunterstützung sollen daher nachfolgend genauer in den Blick genommen werden.

5.4.2 Qualität der elterlichen Hausaufgabenunterstützung

Schülerinnen und Schüler erledigen ihre Hausaufgaben in der Regel eigenständig (Wagner et al., 2005), können aber meist auf die Unterstützung ihrer Eltern zählen (Exeler & Wild, 2003; Gerber & Wild, 2009). Dabei ist die Annahme, dass der Einbezug der Eltern in die Hausaufgabenerledigung die Entwicklung von kognitiven, affektiven und verhaltensbezogenen Strategien wie Zielsetzung, Planung, Zeitmanagement, Aufmerksamkeit und Verantwortungsbewusstsein fördert (Ramdass & Zimmermann, 2011). Über zahlreiche Studien hinweg zeigte sich jedoch, dass die Häufigkeit elterlicher Hausaufgabenhilfe in keinem oder sogar in einem negativen Zusammenhang mit der Leistungsentwicklung von Schülern steht (Helmke et al., 2004; Levin et al., 1997; Trautwein & Lüdtke, 2007; Xu et al., 2010). Selbst die Metaanalyse von Patall et al. (2008), welche sogar experimentelle Interventionsstudien mit einbezog, zeigte keine Effekte elterlicher Hausaufgabenhilfe auf Schulleistungen.

Neben der Häufigkeit der elterlichen Hausaufgabenunterstützung wird daher auch die Qualität der Hausaufgabenunterstützung in den Blick genommen. Eltern können sich darin unterscheiden, welche Lernmaterialien sie bereitstellen, welchen Rahmen sie für die Hausaufgabenerledigung schaffen, wie sie ihr Kind motivieren, wie viel Selbstbestimmung sie dem Kind lassen, wie sie Gelerntes kontrollieren oder Erklärungen zu Inhalten bereitstellen (Hoover-Dempsey et al., 2001; Trudewind & Wegge, 1989; Wingard & Forsberg, 2009). Empirische Studien zeigen, dass die elterliche Hausaufgabenhilfe dann positive Effekte auf die Leistungsentwicklung von Kindern hat, wenn sie autonomieunterstützend ist, d.h. dem Kind eigenen Entscheidungsspielraum lässt, die Interaktion von positiven Emotionen begleitet wird und eine Strukturiertheit erkennbar ist (Pomerantz et al., 2005; Helmke et al., 1991; Wild & Remy, 2002). Nahmen Schülerinnen und Schüler ihre Eltern als kontrollierend oder einmischend wahr oder war die Interaktion durch negative elterliche Emotionen und leistungsorientiertem Druck begleitet, zeigten sich hingegen negative Effekte (Exeler & Wild, 2003; Niggli et al., 2007; Pomerantz et al., 2005).

Zusätzlich zeigten die Studien von Moroni et al. (2016a, 2016b) und Dumont et al. (2012), dass positive Zusammenhänge mit dem Schulerfolg von Schülern dann zu erwarten sind, wenn die Hausaufgabenunterstützung von den Kindern erwünscht ist, ein Interesse der Eltern am Schulalltag der Kinder gezeigt wird, die Eltern eine Struktur bei der Hausaufgabenerledigung bieten und die Eltern als kompetent in ihrer Hausaufgabenunterstützung wahrgenommen werden. Elterliche Kontrolle, elterliche Einmischung und Streit zwischen Eltern und Kindern bei den Hausaufgaben erwiesen sich hingegen als negative Aspekte elterlicher Hausaufgabenunterstützung. Dabei waren die Zusammenhänge mit »weicheren« Merkmalen kindlichen Verhaltens, wie Hausaufgabenverhalten, Einstellungen zur Schularbeit und Anstrengungsbereitschaft, stärker im Vergleich zu den Zusammenhängen mit den tatsächlichen Schulleistungen. Es kann zusammengefasst werden, dass Studien zur Qualität der elterlichen Hausaufgabenhilfe im Vergleich zu Studien zur Quantität ein relativ einheitliches (positives) Befundmuster zur Wirksamkeit dieser Unterstützung nachzeichnen.

Die Qualität der Eltern-Kind-Interaktion, die außerhalb spezifischer Hausaufgabensituationen stattfindet, z. B. in Spielsituationen, ist im Grundschulbereich hingegen wenig erforscht. Blaurock, Lehrl (2025) konnten auf Grundlage einer halbstandardisierten Beobachtungssituation während eines gemeinsamen Spiels zwischen Elternteil und Kind zeigen, dass sich die Dimensionen kokonstruktive Interaktionsqualität, z. B. die Komplexität der elterlichen Fragen während der Spielsituation, und die responsive Interaktionsqualität, z. B. die Verständlichkeit der elterlichen Lösungshilfen während der Spielsituation, unterscheiden lassen. Beide Dimensionen sind im ersten Grundschuljahr auf einem Qualitätsniveau, welches als gut (auf einer Skala von unzureichend, minimal, mittel, gut, hervorragend) bezeichnet werden kann. Es zeigt sich, dass die kokonstruktive Interaktionsqualität positiv durch den Wortschatz des Kindes, die frühe schriftsprachliche Anregung in der Familie und das frühe Familienklima vorhergesagt wird. Die responsive Interaktionsqualität hingegen wird ausschließlich durch die schriftsprachlichen Anregungen in der Familie im Kindergartenalter erklärt. Die Ergebnisse verdeutlichen, dass die Qualität der frühen Eltern-Kind-Interaktionen mit der Interaktionsqualität im Grundschulalter in Zusammenhang stehen.

5.4.3 Gemeinsame und interaktive Effekte der HLE und Kindergarten-/Schulqualität

Entsprechend der ökosystemischen Theorie (▶ Kap. 2.2.1) werden Kinder in ihrer Entwicklung durch ihre Erfahrungen in verschiedenen Lernumwelten beeinflusst. Zentrale Lernumwelten sind neben der HLE die außerhäusliche Betreuung in frühkindlicher Bildung, Betreuung und Erziehung (FBBE) in Form von Krippen, Kindertageseinrichtungen oder Kindergärten und später dann die Grundschule. Dabei ist es denkbar, dass sich diese Einflüsse einfach aufsummieren, also eine gute Anregung in der HLE und eine gute Anregung in der FBBE z. B. gleichermaßen, additiv zur Entwicklung beitragen oder in ihrem Einfluss interagieren. Bei der Interaktion von Lernumwelten werden in der Literatur drei Formen der Interaktion diskutiert (z. B. Miller et al., 2014):

- die Kompensation (= Ausgleich), d. h. Kinder mit geringer Anregung in der HLE würden verstärkt von einer hohen Anregung in FBBE profitieren,

- ein Matthäus-Effekt (= »wer hat, dem wird gegeben«) bzw. »accumulated advantage« (= kumulierter Vorteil), d. h. diejenigen Kinder mit einer hohen Anregung in der HLE würden von einer hohen Anregung in der FBBE stärker profitieren.
- die »Goldilocks-Hypothese«, welche denjenigen Effekt bezeichnet, bei dem Kinder mit einer gewissen, aber nicht schweren Benachteiligung hinsichtlich ihrer HLE am meisten von hoher Anregung in FBBE profitieren werden.

Hinsichtlich der gemeinsamen Effekte zeigte sich zunächst einmal grundsätzlich, dass die gemeinsame Betrachtung der Qualität der Anregung in der HLE und der FBBE, bedeutend mehr Unterschiede in der kindlichen Kompetenzentwicklung erklärt, als die Merkmale einer der beiden Umgebungen allein betrachtet (z. B. Anders et al., 2012; Lehrl et al., 2020; Greenberg et al., 1999). Die Forschung legt ferner nahe, dass Kinder, die aus Familien mit geringer HLE stammen, von einer anregungsreichen FBBE hinsichtlich ihrer Kompetenzentwicklung verstärkt profitieren können (Burchinal et al., 2014; Peisner-Feinberg et al., 2001; Votruba-Drzal et al., 2004). So stellten Votruba-Drzal et al. (2004) z. B. fest, dass hochwertige FBBEs die Auswirkungen einer geringeren Anregung zu Hause auf die kindliche sozioemotionale Kompetenzentwicklung abschwächt, und somit als Schutzfaktor oder Puffer in Bezug auf Verhaltensprobleme wirken kann. Allerdings gibt es auch Hinweise auf einen möglichen Matthäus-Effekt: Die Befunde der BiKS-Studie deuten darauf hin, dass sowohl im Bereich der mathematischen als auch der Leseentwicklung insbesondere diejenigen Kinder von einer guten FBBE profitieren, die schon zu Hause eine gute HLE vorfinden (Anders et al., 2012; Kuger & Lehrl, 2013). Kinder mit geringerer Anregung in der HLE scheinen die guten Bedingungen in der FBBE allein nicht nutzen zu können. »Besonders ungünstig stellt sich allerdings die Lage für Kinder dar, die in beiden Lernumwelten eher ungünstige Verhältnisse vorfinden« (Kuger & Lehrl, 2013, S. 412). Für die Goldilocks-Hypothese hingegen scheinen die geringsten empirischen Evidenzen vorzuliegen (Morrissey & Vinopal, 2018). Dabei ist zu beachten, welche Domäne der kindlichen Entwicklung betrachtet wird, denn diese interaktiven Effekte scheinen nicht für alle Domänen gleichermaßen zu gelten. Miller et al. (2014) beschreiben beispielsweise, dass hochwertige FBBEs die frühkindlichen mathematischen Fähigkeiten am stärksten bei Kindern mit geringer HLE förderte. Die Auswirkungen von FBBE auf die frühen Lese- und Schreibfähigkeiten waren hingegen bei denjenigen Kindern am größten, die ein mittleres Maß an HLE-Anregung erhielten.

Um diese differenziellen Effekte genauer zu fassen, beschrieben Watamura et al. (2011) in ihrem Beitrag zu interaktiven Effekten der Anregung in der Familie und FBBE insgesamt fünf »ökologische Nischen«:

- »double jeopardy (doppeltes Risiko)« bezeichnet diejenigen Kinder, die sowohl in der HLE als auch in der außerhäuslichen Betreuung die vergleichsweise geringste Anregung erfahren,
- »double protection (doppelter Schutz)« bezeichnet diejenige Gruppe, in der Kinder die höchste Anregung in der HLE und außerhäuslichen Betreuung erfahren,

- »compensatory care (Kompensation)« umfasst Kinder die geringe Anregung in der HLE, aber hohe außerhäuslichen Betreuung erfahren,
- »lost resources (verlorene Ressourcen)« bezeichnet diejenigen Kinder, die hohe Anregung in der HLE, aber geringe in der außerhäuslichen Betreuung erfahren und
- »reference (Referenzgruppe/mittlere Gruppe)« bezeichnet diejenigen Kinder, die beide Lernumwelten im mittleren Qualitätsbereich erleben.

Watamura et al. (2011) konnten zeigen, dass Kinder in der »douple jeopardy«-Nische nach Angaben der Mutter die höchsten Werte für Problemverhalten und die niedrigsten Werte für prosoziales Verhalten aufwiesen. Es gab jedoch auch Anhaltspunkte dafür, dass Kinder aus einem schlechteren häuslichen Umfeld von der kompensatorischen Wirkung einer hochwertigen FBBE profitieren konnten.

Bezogen auf längerfristige Entwicklungen bis in die Grundschule konnten Lehrl et al. (2016) die Entwicklung der arithmetischen Kompetenzen zwischen der ersten und dritten Klasse untersuchen. Es zeigte sich für die Interaktion der Anregungen der FBBE und HLE in der mittleren Kindheit, dass eine höhere Anregung der FBBE mit höheren anfänglichen mathematischen Fähigkeiten in der ersten Klasse verbunden war, wenn die Anregung der HLE in der mittleren Kindheit hoch war. Mit anderen Worten: Die Qualität der FBBE wirkte sich nur dann auf die mathematischen Fähigkeiten beim Addieren und Subtrahieren in der ersten Klasse aus, wenn sie mit einer hohen Qualität der HLE in der mittleren Kindheit einherging. Es scheint, dass die Kinder mit einer hohen Qualität der frühen HLE am meisten von einer hohen Anregung der FBBE profitieren (Anders et al., 2012; Pinto et al., 2013) und dass sich dieser Zusammenhang auf die Ausgangslage in der ersten Klasse überträgt. Dieses Ergebnismuster zeigt auch, dass die anfänglichen Vorteile von Kindern aus Haushalten mit hoher Anregung in der HLE, die eine qualitativ hochwertige FBBE besucht haben, bei der Einschulung weiter fortbestehen, und sich keine Hinweise auf Aufholeffekte zu finden sind. Diese Ergebnisse scheinen insbesondere für Überlegungen zu Kooperationspraktiken zwischen Familie und Kita relevant zu sein, da Ergebnisse aus anderen Studien darauf hindeuten, dass spezifische Kooperationsmaßnahmen mit dem Kompetenzzuwachs der Kinder über die Anreicherung durch die HLE zusammenhängen (Lehrl et al., 2020).

5.5 Fazit

Dieses umfassende Kapitel behandelt die Zusammenhänge der häuslichen Lernumwelt mit der kindlichen Kompetenzentwicklung von Geburt an bis in die Grundschulzeit. Es wird deutlich, dass je nach Lebensalter des Kindes unterschiedliche Aspekte eine bedeutsame Rolle spielen, beginnend mit der kognitiven Aktivierung und Sensibilität in jungen Jahren bis hin zur Bildungsaspiration und positivem »parental involvement« in der Schulzeit. Einen Schwerpunkt hinsichtlich der

Bedeutsamkeit, aber auch hinsichtlich der Anzahl an Forschungsstudien hat die HLE im Kindergarten- und Vorschulkontext. Hierbei macht es Sinn, eine Home Literacy Environment von einer Home Numeracy Environment zu unterscheiden, die jeweils noch in informelle und formelle Aspekte unterteilt werden können und jeweils relativ spezifisch die schriftsprachliche und mathematische Kompetenzentwicklung von Kindern unterstützen können. Allerdings gibt es daneben auch weitere spezifische Facetten der Lernumwelt wie die sprachliche Anregung, die als »math talk« auch mit den numerischen Kompetenzen zusammenhängt. Außerdem spielt die häusliche Lernumwelt auch eine Rolle für weitere Kompetenzbereiche wie sozio-emotionale oder auch allgemein kognitive Kompetenzen.

6 Die digitale häusliche Lernumwelt

6.1 Einleitung

Längst beschränkt sich die häusliche Lernumwelt nicht mehr nur auf den analogen Bereich. Vielmehr wachsen viele Kinder weltweit in Haushalten mit zahlreichen Medien auf und sind in täglichem Kontakt mit digitalen Geräten (z. B. Chaudron et al., 2018). Aus diesem Grund können Medien auch zu den wesentlichen Sozialisationsinstanzen im Rahmen der kindlichen Entwicklung hinzugezählt werden und sollten auch im Kontext familiärer Einflüsse nicht außer Acht gelassen werden (vgl. z. B. Lehrl et al., 2021; Valcárcel Jiménez, Wirth et al., 2024). Auf der einen Seite bestehen dabei Bedenken, dass die Zeit vor Bildschirmen traditionelle Formen des Lernens und die persönlichen Interaktionen mit anderen Personen ersetzen und somit eine intensivere Mediennutzung mit verschiedenen Nachteilen einhergeht (z. B. Cristia & Seidl, 2015). Auf der anderen Seite gibt es aber auch Hinweise, dass qualitativ hochwertige digitale Medien das Lernen sehr gut unterstützen können (z. B. Berkowitz et al., 2015; Niklas, Birtwistle et al., 2025) und dass diese eher komplementär zu analogen Ressourcen gesehen werden sollten und weniger als Alternativen und Konkurrenz (Yelland, 2018).

Nicht zuletzt die COVID-19-Pandemie hat zudem mit ihren Auswirkungen verdeutlicht, wie wichtig qualitativ hochwertiges, digitales Lernen sowohl im formellen als auch im informellen Bildungsbereich und über alle Altersstufen ist. So hätte beispielsweise das durch den ersten Lockdown während der Pandemie entstandene Lerndefizit (vgl. Engzell et al., 2021; Masonbrink & Hurley, 2020) durch adäquate digitale Lernunterstützung zumindest teilweise kompensiert werden können (vgl. Niklas et al., 2020). Dieses Kapitel beschäftigt sich deshalb zunächst mit der Mediennutzung von Kindern und Jugendlichen im häuslichen Kontext und geht dann genauer auf digitale häusliche Lernumwelt und zuletzt auf Lernapps für Kinder ein.

6.2 Verfügbarkeit und Nutzung von Medien bei Kindern und Jugendlichen

Schon seit vielen Jahren führt der Medienpädagogische Forschungsverbund Südwest (z. B. mpfs, 2022) Studien zur Verfügbarkeit und Nutzung von (digitalen) Medien bei Kindern und Jugendlichen durch. Dabei wird deutlich, dass Kinder im Alter von 6 bis 13 Jahren täglich mit einem breiten Repertoire an Medien in Berührung kommen, auch wenn sie nicht unbedingt selbst die Besitzenden sind. So besitzt in dieser Altersgruppe zwar nur knapp jedes zweite Kind ein Smartphone, ein Drittel ein Fernsehgerät und weniger als ein Viertel der Kinder haben einen eigenen Internetzugang, allerdings wachsen sie in Haushalten auf, in denen Fernsehgeräte omnipräsent sind und nahezu überall Smartphones und Internetzugang vorhanden sind (mpfs, 2022). Zudem zeigt sich, dass mit zunehmendem Alter in dieser Altersgruppe auch die generelle Nutzungshäufigkeit von Computern und Laptops sowie auch die tägliche mit digitalen Medien und im Internet verbrachte Zeit ansteigt.

Aber auch Kleinkinder im Alter zwischen 2 und 5 Jahren sind bereits in etwa der Hälfte aller Fälle in Kontakt mit digitalen Endgeräten wie beispielsweise Laptops, Computern, Tablets, Spielkonsolen oder Smartphones (Kieninger et al., 2021; vgl. auch Bernath et al., 2020; Rideout & Robb, 2020). Dies zeigt sich auch in der durchschnittlichen täglichen Nutzung von Streamingdiensten, Videoportalen und sonstiger Internetnutzung sowie darin, dass knapp die Hälfte der Kinder in dieser Altersgruppe Smartphones zumindest selten mitnutzen darf (Kieninger et al., 2021). Darüber hinaus machten die 2- bis 5-jährigen Kinder laut deren Eltern durchschnittlich mit etwas mehr als 3 Jahren ihre ersten digitalen Spieleerfahrungen, wobei in der Gruppe der 4 bis 5-jährigen knapp 60 % solche Spiele zumindest selten spielt.

Schon in einer Studie, die zwischen 2010 und 2012 von Palaiologou (2016) in vier europäischen Ländern durchgeführt wurde, nutzte die Mehrzahl der Kinder im Alter zwischen 3 und 5 Jahren den Computer und das Internet zu Hause. Außerdem verbrachten sie unter der Woche täglich mehr als 30 Minuten mit digitalen Technologien und am Wochenende sogar noch mehr Zeit. Auch wenn Eltern digitale Technologien und die damit verbundenen Möglichkeiten als positiv einschätzen, berichteten sie dennoch immer wieder davon, dass die Kontrolle und Regulierung der Nutzung zu Schwierigkeiten in der Familie führen können (Shamir et al., 2012).

Gleichzeitig ist festzuhalten, dass es in Deutschland nach wie vor eine große Diskrepanz zwischen der Verfügbarkeit und Nutzung digitaler Medien im Familienkontext gegenüber dem Schul- und insbesondere dem Kita-Kontext gibt (Kieninger et al., 2021; mpfs, 2022). Im Bereich der frühkindlichen formalen Bildung werden einzig Audio-Geräte wie Radios und CD- bzw. MP3-Player häufiger verwendet, während Tablets, Laptops und Computer in weniger als 10 % der Einrichtungen zum Einsatz kommen (vgl. auch Wirth, Lohr et al., 2023). Auch im Schulbereich nutzen nur etwa ein Drittel der 6- bis 13-Jährigen solche Geräte mindestens einmal pro Woche.

Die vorliegenden Daten belegen eindrücklich, welchen Stellenwert verschiedene digitale Medien und die Bildschirmzeit bei Jugendlichen und Kindern sowie sogar schon bei vielen Kleinkindern einnehmen. Diese Omnipräsenz digitaler Medien führt dazu, dass digitale Bildung eine wichtige Voraussetzung für eine aktive Teilhabe am gesellschaftlichen Leben darstellt (Blossfeld et al., 2018; OECD 2019). Da ein beträchtlicher Anteil dieser Nutzung im Kontext der Familie geschieht, wird deutlich, dass digitale Medien bei der Betrachtung der häuslichen Lernumwelt immer mitberücksichtigt werden sollten.

6.3 Befunde zur Bedeutung der digitalen häuslichen Lernumwelt

Der frühe und tägliche Kontakt von Kindern mit digitalen Medien im Kontext der Familie legt die Vermutung nahe, dass Kinder als »Digital Natives« aufwachsen und somit von Anfang an Medienkompetenzen erwerben und entwickeln. Tatsächlich zeigt die Forschung, dass Kinder frühzeitig wichtige Voraussetzungen für die Nutzung digitaler Medien erwerben (Kankaanranta et al., 2017). Beispielsweise lernen Kleinkinder und Kindergartenkinder den Umgang mit digitalen Geräten, indem sie ihre Eltern oder ältere Geschwister beobachten oder gemeinsam mit diesen diese Geräte bedienen (Wong, 2015).

Allerdings umfasst Medienkompetenz mehr als nur die Fähigkeit, technische Geräte bedienen zu können. So besteht die Medienkompetenz aus dem Wissen und den Fähigkeiten, die ein (kritisches) Verständnis und einen (kritischen) zielorientierten Umgang mit Medien ermöglichen (z. B. Hobbs, 1998; Martens, 2010).

> **Medienkompetenz**
>
> Unter Medienkompetenz werden die Fähigkeiten und das Wissen verstanden, die benötigt werden, um Medien sinnvoll, zielorientiert, aber auch kritisch und hinterfragend zu verstehen und zu nutzen. Medienkompetenz ist damit gleichzeitig auch prozesshaft und sich fortwährend entwickelnd, da sie auch die Anpassung an sich immer wieder veränderte Medien umfasst.

Das Konzept der Medienkompetenz nach dem Erziehungswissenschaftler Baacke (z. B. 1996) diente als Grundlage für zahlreiche Ansätze und Modelle zur Medienkompetenz. Während sein eigenes Modell der Medienkompetenz (Baacke, 1996) die vier Dimensionen Medienkritik, Medienkunde, Mediennutzung bzw. -handlung und Mediengestaltung umfasst, soll im Folgenden kurz das Modell der »Media Literacy« nach Potter (2013) beschrieben werden, das auch die Entwicklung von

Grundfähigkeiten hin zu fortgeschrittener Medienkompetenz im Kindes- und Jugendalter berücksichtigt.

Nach Potter (1998, 2013) zeichnen sich Personen mit geringer Media Literacy dadurch aus, dass sie mediale Botschaften nur anhand ihrer unorganisierten und geringen Wissensstrukturen interpretieren können, wodurch sie meist nur die Oberflächenbedeutung von Botschaften ohne darin eventuell enthaltene Ungenauigkeiten, Kontroversen und Ironie erfassen können. Demgegenüber verfügen medienkompetente Personen über vielfältige Perspektiven und nutzen ihre stark ausgeprägten Fähigkeiten dazu, um Medienbotschaften multidimensional und detailliert zu interpretieren:

- Die erste von vier Dimensionen, auf die hier verwiesen wird, sind kognitive Prozesse, die von der reinen Wahrnehmung von Symbolen bis hin zum komplexen Verständnis reicht, wie, weshalb und mit welcher Intention eine Botschaft erzeugt und präsentiert wurde.
- Die emotionale Dimension bezieht sich auf die Fähigkeit, Symbole, die mit Emotionen assoziiert sind, zu erkennen und nachempfinden zu können.
- Die Fähigkeit, Medieninhalte von einem künstlerischen Standpunkt aus genießen, verstehen und wertschätzen zu können, findet sich in der ästhetischen Dimension.
- Letztlich greift die moralische Dimension die Fähigkeit auf, die der Medienbotschaft zugrunde liegenden Werte schlussfolgern und bewerten zu können.

Gemeinsam bilden diese Dimensionen dann die Medienkompetenz ab (▶ Abb. 6.1).

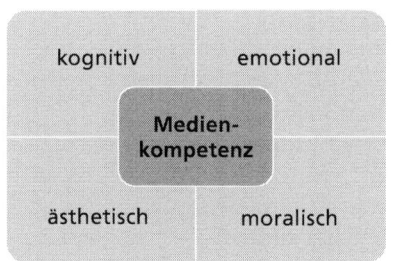

Abb. 6.1: Multidimensionales Konstrukt der Medienkompetenz nach Potter (1998)

Jede dieser Dimensionen stellt ein Kontinuum dar, d. h. eine Person kann in einer dieser Dimensionen schon weiterentwickelt als in einer anderen Dimension sein und auch die generelle Medienkompetenz als Ganzes entwickelt sich im Zusammenhang, aber auch unabhängig von den einzelnen Dimensionen kontinuierlich und ein Leben lang fort (Potter, 1998, 2013). Im Zusammenhang mit der häuslichen Lernumwelt wird dabei deutlich, dass Kinder nur dann von einer digitalen häuslichen Lernumwelt in ihrer Entwicklung profitieren können, wenn ihre eigene Medienkompetenz ausreicht, um digitale Angebote auch sinnvoll zu nutzen und zu interpretieren.

Welche Bedeutung die digitale häusliche Lernumwelt für die kindliche Entwicklung hat, konnten z. B. Lehrl et al. (2021) zeigen, indem sie das Nutzungsverhalten digitaler Endgeräte (z. B. Häufigkeit des Spielens mit Apps) durch 0- bis 5-jährige Kinder in Beziehung zu deren durch die Eltern eingeschätzten sozialen, lebenspraktischen und schulnahen Kompetenzen auf Grundlage der Daten »Aufwachsen in Deutschland II« (Deutsches Jugendinstitut, 2012) setzten. Es zeigte sich für die Altersgruppe der Kleinkinder (0 bis 3 Jahre) weder positive noch negative Zusammenhänge der Nutzungshäufigkeit mit Merkmalen der sozio-emotionalen Entwicklung oder lebenspraktischen Fertigkeiten. Allerdings konnte eine Interaktion insofern festgestellt werden, dass Kinder mit einer geringeren Anregung durch analoge Aktivitäten von einer höheren Nutzung digitaler Medien hinsichtlich ihrer sozial emotionalen Entwicklung profitieren können. Für die Altersgruppe der 3- bis 6-Jährigen zeigten sich negative Beziehungen der Nutzungshäufigkeit digitaler Medien mit sozio-emotionalen Kompetenzen, aber positive zu mathematischen und sprachlichen Kompetenzen. Segers und Kleemans (2020) hingegen fanden keine Beziehungen zwischen der digitalen häuslichen Lernumwelt und den sprachlichen und schriftsprachlichen Kompetenzen (beruhend auf Einschätzungen) von niederländischen Kindern im Kindergartenalter. In beiden Studien war die analoge häusliche Lernumwelt bedeutsamer bei der Erklärung von Kompetenzunterschieden im Vergleich zur digitalen HLE, was erneut bestätigt, dass die analoge HLE eine zentrale Basis für kindliches Lernen legt.

Ein Aspekt der teilweise der (digitalen) häuslichen Lernumwelt zugeordnet wird (z. B. Niklas & Schneider, 2013), teils aber auch als unabhängig von der HLE betrachtet wird (z. B. Schmiedeler et al., 2014; Valcárcel Jiménez, Wirth et al., 2024) ist die Bildschirmzeit, also die Zeit, die Kinder vor dem Fernseher oder anderen technischen Geräten verbringen. Hierbei zeigte sich in den meisten Studien, dass eine höhere Bildschirmzeit mit einer qualitativ schlechter ausgeprägten häuslichen Lernumwelt und mit ungünstigeren kindlichen Kompetenzen (z. B. Schriftsprachkompetenzen, aber auch Verhaltensauffälligkeiten) assoziiert ist. Mögliche Erklärungen für diese Zusammenhänge könnten sich darin finden, dass Kinder mit längeren Bildschirmzeiten weniger Zeit für andere Aktivitäten verwenden, dass andere Aktivitäten in ihrem Stellenwert abgewertet werden könnten oder aber, dass das Fernsehen tatsächlich direkt zu einer schlechteren Konzentrationsfähigkeit führt (vgl. Ennemoser et al., 2003; Schiffer et al., 2002).

Ein systematisches Review von Kostyrka-Allchorne et al. (2017) konstatiert ebenfalls Nulleffekte bis negative Effekte und nur vereinzelt Vorteile des Fernsehkonsums für eine Reihe von kindlichen Fähigkeiten wie Exekutive Funktionen, (vor-)schulische Leistungen, Aufmerksamkeit sowie Sprache und Spielverhalten. Allerdings waren die Befunde stark davon abhängig wie alt die Kinder waren und welches Temperament sie aufwiesen, in welcher Lernumwelt sie aufwuchsen und wie die Beziehung zu ihren Eltern war sowie welches Bildungsniveau die Eltern hatten. Daneben spielten auch der Inhalt, das Format und die Art des Medienkonsums eine Rolle für die Effekte. So konnten Landvogt und Lenhart (2025) für eine Stichprobe von über 600 Kindergartenkindern mit und ohne Migrationshintergrund zeigen, dass ein höherer Fernsehkonsum nur mit negativen Auswirkungen bei Kindern ohne Migrationshintergrund einherging, während das Hören von deutschen Audiomedien nur mit Vorteilen für Kinder mit Migrationshintergrund assoziiert war.

Die Ausführungen machen deutlich, dass bislang noch sehr wenig Forschung zum Aspekt der digitalen häuslichen Lernumwelt vorliegt und dass, anders als bei der analogen HLE, keineswegs geklärt ist, welchen Einfluss die digitale HLE auf die kindliche Entwicklung nimmt. Während die hier angeführten Studien verdeutlichen, dass die reine Bildschirmzeit eher mit einer negativen Kompetenzentwicklung assoziiert ist, wird im folgenden Teilkapitel das Lernen mit digitalen Lernapplikationen in den Blick genommen, für das sich teils positivere Befunde zeigen.

6.4 Digitale Lernapplikationen (Lernapps) für Kinder

Einige Eltern begrüßen die Möglichkeit, das Lernen ihrer Kinder mit digitalen Mitteln wie beispielsweise Lernapps zu unterstützen (Judge et al., 2015). Aufgrund der weltweit stark gestiegenen Verfügbarkeit von Smartphones, Tablet-Computern und Internetzugang (Chaudron et al., 2018; Roser et al., 2015) besteht mittlerweile auch die Möglichkeit, die kindliche Kompetenzentwicklung mit diesen günstigen Hilfsmitteln zu unterstützen. Dabei zeigten beispielsweise Labor- und Feldstudien, dass sich die mathematischen Kompetenzen von Kindern durch qualitativ hochwertige Lernapps steigern lassen (z. B. Berkowitz et al., 2015; Maertens et al., 2016; Niklas, Birtwistle et al., 2025). Beispielsweise zeigte sich in einem Prä-Posttest-Design mit 151 5-jährigen Kindern, die randomisiert einer Experimental- oder einer von zwei Kontrollgruppen zugeteilt wurden, dass das Tablet-basierte Training von Zahlenstrahleinschätzungen die mathematische Kompetenzentwicklung unterstützte (Maertens et al., 2016). Genauso konnten Berkowitz und Kollegen feststellen, dass eine iPad App, mit der Erstklässlerinnen und Erstklässler gemeinsam mit ihren Eltern mathematische Sachaufgaben lösten, die mathematischen Leistungen im Laufe eines Schuljahrs signifikant gegenüber einer Leseapp-Kontrollgruppe verbesserte.

Gleichzeitig gibt es auch wissenschaftliche Befunde, die darauf hinweisen, dass die Benutzung hochqualitativer E-Books schriftsprachliche Fähigkeiten von jungen Kindern wie beispielsweise Wortschatz, Schriftbewusstheit, phonologische Bewusstheit und Lesemotivation steigern kann (Ihmeideh, 2014; Shamir et al., 2012; siehe auch Conrad Barnyak & McNelly, 2015). Hierbei weisen E-Books gegenüber traditionellen Büchern den Vorteil auf, dass digitale Sprache zur Verfügung steht, die beispielsweise Aussprache und Definitionen von Wörtern bietet, teilweise das ganze Buch vorliest oder auch eine Kombination aus verschiedenen multimedialen Elementen wie geschriebenen Text, verbales Vorlesen, Geräusche, Musik und Animationen beinhaltet (Conrad Barnyak & McNelly, 2015). Neumann (2016) berichtete beispielsweise positive Zusammenhänge zwischen dem Zugang zu solchen Apps für 2- bis 4-jährige Kinder und ihrem Schriftsprachwissen sowie zwischen der Häufigkeit, mit der die Kinder auf dem Tablet schrieben und ihrer Schriftbewusstheit,

Schriftwissen und Buchstabenkenntnis. Auch Niklas, Birtwistle und Kolleginnen (2025) konnten zeigen, dass hoch-qualitative digitale Lernapps die Schriftsprachkompetenzen von Kindern verbessern (vgl. auch ▶ Kap. 7.3.5).

Digitale Trainings können somit relativ alltagsnahe soziale Lernplattformen bieten, die nicht nur kognitive, sondern auch sozio-emotionale Kompetenzen fördern können. Beispielsweise können in solche Apps Animationen, Videosequenzen von Gesichtsausdrücken und sozialen Interaktionen integriert werden (Dziobek, 2012; Rosenblau et al., 2020). Tatsächlich gab es in den vergangenen Jahren auch einen großen Zuwachs an digitalen Interventionen, die beispielsweise die kindliche Gesundheit fokussieren (Hollis et al., 2017). Allerdings fehlt es nach wie vor an theoretisch fundierten und empirisch überprüften Apps, die sozio-emotionale Kompetenzen von Kindern nachweislich fördern (für ein positives Beispiel siehe Kirst et al., 2015).

Die beschriebenen positiven Befunde werden umso relevanter, wenn man berücksichtigt, dass es sich bei dem Markt für Lernapps um einen 200 Milliarden Dollar Markt handelt (Kotlov, 2020) und dass jedes Jahr mehr als zwei Milliarden Lernapps heruntergeladen werden (Statista, 2020). Das sogenannte »Game-based learning« nutzt dabei die Unterhaltungselemente von digitalen Spielen, um den Anwendern bildungsrelevante Kompetenzen wie beispielsweise sprachliche, schriftsprachliche oder mathematische Inhalte zu vermitteln (siehe All et al., 2016).

> **Game-based learning**
>
> Das Game-based learning nutzt Spielinhalte und das Spielen, um klar definierte Lernziele während des Spielens zu erzielen. Demgegenüber nutzt Gamification spielerische Elemente wie beispielsweise Belohnungssysteme, Avatare oder Grafiken in einem Lernkontext. Gemeinsam ist beiden Konzepten, dass die positive Spielerfahrung einen ernsten Zweck, nämlich das Lernen, unterstützen soll (vgl. Krath et al., 2021).

Beispielsweise können Apps ansprechende Hintergrundgeschichten integrieren, den Fortschritt in der App und der Geschichte mit dem Erlernen der Zielkompetenzen verknüpfen, Belohnungssysteme einbauen, Rückmeldung über den Fortschritt bieten und Wahlmöglichkeiten enthalten, um die kindliche Motivation hochzuhalten (z. B. Whyte et al., 2015). Befunde, die zeigen, dass gut gemachte, hochqualitative Lernapps die kindliche Kompetenzentwicklung unterstützen können, verdeutlichen das Potential von digitalen Medien und unterstützen die Entwicklung von Lernapps durch Entwickler (Judge et al., 2015).

Tatsächlich ist in den vergangenen Jahren die Anzahl der verfügbaren Apps dieser Art geradezu explodiert und insbesondere für junge Kinder wurden und werden viele dieser Apps entwickelt (Judge et al., 2015). Allerdings muss einschränkend beachtet werden, dass viele dieser Spiele und Apps nicht unbedingt altersgerechtes Lernen unterstützen, dass kaum eine App jemals hinsichtlich der Wirksamkeit für das kindliche Lernen untersucht wurde, dass es Apps gibt, die dem Lernfortschritt sogar hinderlich entgegenstehen und dass viele Eltern Schwierigkeiten haben, effektive und gute Apps in dem breiten Angebot zu identifizieren (Hirsh-Pasek et al., 2015; Judge et al., 2015).

Aus diesem Grund ist es auch wichtig, Kriterien zu definieren, die eine wirksame und qualitativ hochwertige App ausmachen. Solche Kriterien wurden von Hirsh-Pasek und Kolleginnen (2015) identifiziert und beschrieben. So fokussiert eine qualitativ hochwertige App, die ein tiefes Verständnis und Lernen bzgl. des Lerninhalts hervorruft, auf das Lernen (und nicht etwa die spielerischen Aspekte), sie fördert die aktive kognitive Auseinandersetzung mit dem Inhalt, sie lenkt nicht ab und hilft den Lernern, sich intensiv mit den Lerninhalten zu beschäftigen, sie vermittelt für die Lernenden bedeutsame Inhalte, die sie mit ihrem Vorwissen und ihrem Alltag verknüpfen können und sie fördert sozial interaktives Lernen – am besten mit anderen Personen, die den Wissenserwerb zusätzlich unterstützen können, ggf. aber auch mit einem digitalen Avatar (auch ▶ Abb. 6.2).

Abb. 6.2: Eine Vier-Felder-Tafel zur Bewertung der Qualität von Lernapps (übersetzt und adaptiert nach Hirsh-Pasek et al., 2015, S. 25)

6.5 Fazit

Das vorliegende Kapitel verdeutlicht, dass digitale Medien und deren Nutzung einen festen Bestandteil des Aufwachsens von Kindern und Jugendlichen darstellen. Deshalb verwundert es auch nicht, dass schon junge Kinder wichtige basale Kompetenzen im Umgang mit Medien frühzeitig erwerben. Andererseits bedeutet dies nicht, dass sie auch automatisch fortgeschrittene Medienkompetenzen erlangen und hinsichtlich ihrer eigenen Entwicklung von Medien profitieren. Gerade für Kleinkinder wird eine starke Begrenzung der Bildschirmzeit empfohlen und Studien weisen auf einen negativen Zusammenhang von längeren Bildschirmzeiten mit der kindlichen Kompetenzentwicklung hin. Andererseits zeigen Befunde, dass eine qualitativ hochwertige digitale Lernumwelt und insbesondere qualitative hochwertige Lern-Applikationen das kindliche Lernen gut unterstützen können. Folglich sollte die digitale häusliche Lernumwelt sowohl in wissenschaftlichen Studien als auch in der Praxisarbeit mit Kindern immer berücksichtigt werden und stellt einen wichtigen zukünftigen Forschungsbereich dar.

7 Interventionen im Kontext der häuslichen Lernumwelt

7.1 Einleitung

Wie in den vorangegangenen Kapiteln gezeigt wurde, stellt die Familie und insbesondere die Qualität der erfahrenen Anregungen und Erziehung den stärksten Einflussfaktor für die kindliche Entwicklung dar. Durch diesen enormen Einfluss ist die Familie daher nicht nur als Entwicklungsressource – bei positivem elterlichem Interaktionsverhalten – sondern auch als Risikofaktor – bei negativem Interaktionsverhalten – für die gesunde kindliche Entwicklung zu sehen (Risikofaktoren siehe auch Niklas et al., 2017; Sameroff et al., 1993). Von Vorteil ist daran aber, dass das Interaktions- und Erziehungsverhalten im Gegensatz zu anderen Risikofaktoren, wie beispielsweise biologischen (z. B. genetische Voraussetzungen) oder sozialstrukturellen (z. B. Einkommen, Bildung) Merkmalen grundsätzlich bzw. auch leichter veränderbar ist. Eine Metaanalyse von Mol und Bus (2011) zeigte, dass ein Training im dialogischen Vorlesen die Qualität des Vorlesens nachhaltig verbesserte (auch ▶ Kap. 7.3.5). Ebenso zeigen Metaanalysen zur Bewertung der Effekte von Programmen zur Änderung des Erziehungsverhaltens, dass diese – bei entsprechender Nutzung durch die Eltern – durchaus erfolgreich sein können (Weiss et al., 2015).

Somit rücken Angebote der Familienbildung in den Vordergrund des Interesses. Hierbei bildet §16 SGB VIII die rechtliche Grundlage der Familienbildung, die als eine explizite Aufgabe der Kinder- und Jugendhilfe angesehen wird:

§16 Allgemeine Förderung der Erziehung in der Familie

(1) Müttern, Vätern, anderen Erziehungsberechtigten und jungen Menschen sollen Leistungen der allgemeinen Förderung der Erziehung in der Familie angeboten werden. Sie sollen dazu beitragen, dass Mütter, Väter und andere Erziehungsberechtigte ihre Erziehungsverantwortung besser wahrnehmen können. Sie sollen auch Wege aufzeigen, wie Konfliktsituationen in der Familie gewaltfrei gelöst werden können.
(2) Leistungen zur Förderung der Erziehung in der Familie sind insbesondere
  1. Angebote der Familienbildung, die auf Bedürfnisse und Interessen sowie auf Erfahrungen von Familien in unterschiedlichen Lebenslagen und Erziehungssituationen eingehen, die Familie zur Mitarbeit in Erziehungseinrichtungen und in Formen der Selbst- und Nachbarschaftshilfe besser befähigen sowie junge Menschen auf Ehe, Partnerschaft und das Zusammenleben mit Kindern vorbereiten,
  2. Angebote der Beratung in allgemeinen Fragen der Erziehung und Entwicklung junger Menschen,

3. Angebote der Familienfreizeit und der Familienerholung, insbesondere in belastenden Familiensituationen, die bei Bedarf die erzieherische Betreuung der Kinder einschließen.

Dabei soll die Entwicklung vernetzter, kooperativer, niedrigschwelliger, partizipativer und sozialraumorientierter Angebotsstrukturen unterstützt werden.

(3) Müttern und Vätern sowie schwangeren Frauen und werdenden Vätern sollen Beratung und Hilfe in Fragen der Partnerschaft und des Aufbaus elterlicher Erziehungs- und Beziehungskompetenzen angeboten werden.
(4) Das Nähere über Inhalt und Umfang der Aufgaben regelt das Landesrecht.

7.2 Begriff, Ziele und Aufgaben von Familienbildung

Angebote der Familienbildung lassen sich hinsichtlich der Kategorien:

- Ort (sogennante »Komm«- vs. »Gehstruktur«),
- Zielgruppe (universell vs. selektiv vs. inzidiert),
- theoretische Orientierung (behavioristisch vs. humanistisch),
- Formalisierungsgrad (informell vs. funktionell),
- Zieldimension (kindbezogene vs. handlungsbezogene Kompetenzen) und
- Ansatzpunkte (Familienzyklus vs. Familienfunktion)

unterscheiden (Minsel, 2007; Papastefanou, 2013). In Bezug auf Niedrigschwelligkeit ist insbesondere der Ort ein entscheidendes Kriterium.

> **Niedrigschwelligkeit**
>
> Niedrigschwellige Angebote zeichnen sich dadurch aus, dass sie mit keinem oder nur sehr geringem Aufwand hinsichtlich der zu investierenden Zeit, Mittel und Ressourcen in Anspruch genommen werden können. Dadurch steigt die Wahrscheinlichkeit, dass das Angebot von allen Bevölkerungsgruppen wahrgenommen werden kann und insbesondere von den intendierten Zielgruppen auch tatsächlich angenommen wird.

Hierbei finden Angebote mit Kommstruktur in einer (meist öffentlichen) Einrichtung statt, während Angebote mit Gehstruktur sich dadurch auszeichnen, dass die Teilnehmenden aktiv aufgesucht und meist bei sich zu Hause besucht werden (Schmidt-Denter, 2005). In einer Studie von Winkworth et al. (2010) zu Hintergründen, warum finanziell benachteiligte Alleinerziehende von jungen Kindern selten Unterstützungsangebote wahrnehmen, zeigte sich, dass diese Eltern häufig keine ausreichenden sozialen Netzwerke haben, die sie mit den sozialen Angeboten in Berührung bringen und dass vorherige negative Erfahrungen mit Unterstützungsangeboten, z. B. hinsichtlich Stereotypisierung und dem Gefühl überwacht zu werden, der Annahme von solchen Angeboten im Wege stehen.

Zukünftig gilt es also, noch bessere und niedrigschwelligere Angebote bereitzustellen, die dann auch tatsächlich von denjenigen Familien in Anspruch genommen werden, die diese Unterstützung am nötigsten haben und deshalb auch am meisten davon profitieren könnten. Nachfolgend werden nun ausgewählte Familienbildungsprogramme, Elterntrainings und Interventionsstudien vorgestellt und hinsichtlich ihres Nutzens bewertet.

7.3 Befunde aus Familienbildungsprogrammen im Vorschulalter

Es existiert eine Fülle an Familienbildungsprogrammen und Elterntrainings und eine genaue Behandlung dieser Programme ist nicht der Fokus dieses Buches und würde auch dessen Rahmen sprengen. Deshalb werden nachfolgend exemplarisch fünf Programme vorgestellt, wobei diese subjektive Auswahl keineswegs auf die fehlende Bedeutsamkeit anderer Programme wie z. B. dem großen US-amerikanischen »Head Start« Programm (z. B. Miller et al., 2016) hindeuten sollen.

7.3.1 Home Instruction for Parents of Preschool Youngsters (HIPPY)

HIPPY richtet sich an Eltern mit 4- bis 6-jährigen Kindern aus sozial benachteiligten Familien insbesondere mit Migrationshintergrund (Sterzing, 2011). Über die beiden Programmbausteine »Hausbesuche« und »Gruppenstunden« sollen mit einer Programmdauer von ca. zwei Jahren die Bildungschancen benachteiligter Kinder verbessert werden. Die Familien erhalten wöchentlich HIPPY-Material durch eine Mitarbeiterin, die die Familie zu Hause besucht. Dieses Material besteht aus insgesamt neun Geschichtenbüchern und 30 Aktivitätenheften mit Spiel- und Lernanregungen. Die Mütter der Kinder werden während der 14-tägig stattfindenden Hausbesuche in den Umgang mit diesem Material eingewiesen und gebeten, ca. fünfmal pro Woche 15 bis 20 Minuten gemeinsam mit dem Kind mit diesen zu spielen (Schmidt, 2018).

Das HIPPY Material ist so konzipiert, dass die Bereiche Wahrnehmung, Auge-Hand-Koordination, die sprachliche Entwicklung und das logische Denken der Kinder möglichst umfangreich angeregt werden. Die wesentlichen Anliegen der zusätzlichen 14-tägigen Gruppentreffen sind einerseits Inhalte und Ziele der HIPPY-Aktivitäten zu vertiefen und andererseits den Erfahrungsaustausch und die Netzwerkbildung zwischen den Müttern anzuregen.

HIPPY gilt als eines der wenigen international gut evaluierten Familienbildungsprogramme. Positive Wirkungen des Programms konnten für sozio-emotionale und kognitive Kompetenzen und auch den Schulerfolg von teilnehmenden Kindern festgestellt werden, wobei allerdings die positiven Effekte insgesamt betrachtet lediglich gering bis moderat ausfielen (Baker et al., 1998; Johnson et al., 2012; Nievar et al., 2011; Australien: Liddell et al., 2011; Wise et al., 2005; für Neuseeland: Barhava-Mònteith et al., 1999). Die zum Teil inkonsistenten Befunde werden mit den hohen Abbrecherquoten erklärt und könnten zudem an der eher geringen Bereitschaft liegen, an den wöchentlichen Gruppentreffen teilzunehmen (Baker et al., 1998, 1999). Andererseits konnten sogar langfristige positive Wirkungen von HIPPY auf den Schulerfolg im frühen Jugendalter nachgewiesen werden (Brown & Lee 2014, 2017).

Für den deutschsprachigen Raum liegt nur eine einzelne Untersuchung vor, die aufgrund ihrer methodischen Anlage nicht als Wirkungsstudie zu bezeichnen ist. Bierschock et al. (2009) fanden auf Grundlage von Elterneinschätzungen und ohne Bezugnahme auf eine Kontrollgruppe positive Zusammenhänge der Studienteilnahme mit der sprachlichen, sozialen und kognitiven Entwicklung der teilnehmenden Kinder.

7.3.2 Opstapje

Opstapje ist ein in den Niederlanden entwickeltes präventives Spiel- und Lernprogramm für Kleinkinder ab 18 Monaten aus sozial benachteiligten Familien und ihre Eltern (Schmidt, 2018). Es verfolgt das Ziel der frühen Förderung der kindlichen Entwicklung und der Stärkung der Eltern-Kind-Beziehung. Das Programm ist auf zwei Programmjahre ausgelegt mit den Bausteinen »Hausbesuche« und »Gruppentreffen«: Im ersten Programmjahr findet einmal wöchentlich ein 30-minütiger Hausbesuch statt, im zweiten Programmjahr folgt 14-tägig ein einstündiger Hausbesuch. Alle Hausbesuche sind durch sorgfältig ausgearbeitete Aktivitäten klar vorstrukturiert. Die besuchenden Mitarbeiter unterstützen die Mutter bei der Umsetzung dieser Aktivitäten während des Hausbesuches. Die speziellen Opstapje-Materialien dienen einer möglichst optimalen Programmumsetzung: Eine Werkmappe enthält genaue Anleitungs- und Instruktionsblätter für jede Hausbesuchsaktivität und zusätzlich wird Spielmaterial eingesetzt und den Familien zur eigenen Verwendung überlassen.

In Deutschland wurde Opstapje in einer Studie des Deutschen Jugendinstituts über ein quasi-experimentelles Kontrollgruppendesign mit Prä-Post-Messungen und Follow-up an den Modellstandorten Bremen und Nürnberg evaluiert (Sann & Thrum, 2005). In der Interventionsgruppe befanden sich 72 Familien und in der Vergleichsgruppe 20 Familien, die vergleichbare Lebensbedingungen aufwiesen. Eingesetzt wurden Fragebögen für die Eltern, Entwicklungstests für die Kinder und standardisierte Beobachtungsverfahren zur Beurteilung der Mutter-Kind-Interaktionen. Die Ergebnisse zeigen, dass Kinder, die an Opstapje teilnahmen, gegenüber der Kontrollgruppe nach Programmabschluss stärkere Fortschritte im kognitiven, motorischen und Verhaltensbereich zeigten. Darüber hinaus berichteten die programmbeteiligten Eltern von einem Abbau psychischer Belastungen.

Die Follow-up-Untersuchung konnte diese Vorteile allerdings nicht bestätigen. Sowohl die Opstapjegruppe als auch die Kontrollgruppen hatte nach ca. neun Monaten eine Verschlechterung des kognitiven und motorischen Entwicklungsstandes zu verzeichnen (Lund & Erdwien, 2004). Die Autoren vermuten, dass die Eltern nach Programmabschluss in alte Erziehungsmuster zurückgefallen sein könnten. Zudem zeigten sich auch keine Unterschiede zwischen Interventions- und Kontrollgruppe hinsichtlich der Eltern-Kind-Interaktion, also dem mütterlichen Anleitungsverhalten und der mütterlichen Feinfühligkeit im Spiel (Sann & Thrum, 2005; Schumann & Willenbring, 2010).

7.3.3 Chancenreich

Das Projekt Chancenreich wurde von der Carina Stiftung in Zusammenarbeit mit der Stadt Herford initiiert und beinhaltet ein Angebot für Familien zur Unterstützung bei der Pflege und Erziehung ihrer Säuglinge und Kleinkinder (Wilke et al., 2014). Chancenreich adressiert dabei alle Eltern der Stadt Herford, legt aber ein besonderes Augenmerk auf das Erreichen benachteiligter Familien. Chancenreich stützt sich auf drei Säulen:

1. Geh-Strukturen,
2. einen modularen Ansatz und
3. einen monetären Anreiz.

Die teilnehmenden Familien können dabei unter verschiedenen Bildungsangeboten und speziellen Programmen wählen (z. B. Starke Eltern – Starke Kinder, Triple P, Kess erziehen).

Die Studie »Ansätze zur Erhöhung der familialen Anregungsqualität von Kindern aus bildungsfernen Familien« (AQuaFam) untersuchte die Auswirkungen der Teilnahme am Modellprojekt auf die Anregungsqualität in der Familie und auf die kindliche Entwicklung (Hachfeld, 2014). Hieran nahmen rund 2000 Familien teil, wobei ein Teil dieser Familien im Programm involviert war und ein Teil nicht. Die Ergebnisse wiesen auf einen stärkeren Wortschatzzuwachs für programmbeteiligte Kinder im Alter zwischen 3 und 5 Jahren im Vergleich zu nicht programmbeteiligten Kindern hin (Cohen et al., 2020).

7.3.4 Dialogic Reading

Dialogisches Vorlesen ist eine interaktive Form des Vorlesens, bei der Kinder aktiv am Vorleseprozess beteiligt werden (siehe auch Erklärung in ▶ Kap. 3.2.1). Studien zeigen, dass diese Form des Vorlesens die schriftsprachliche Kompetenzentwicklung von Kindern sehr gut unterstützen kann (z. B. Shanahan & Lonigan, 2010; Überblick bei Zevenbergen & Whitehurst, 2003). Dialogisches Vorlesen (im Englischen »Dialogic Reading«, Whitehurst et al., 1988) war ein ursprünglich zur Leseförderung

2- bis 3-jähriger Kinder entwickeltes Programm, welches auf dekontextualisierter Sprache (vgl. ▶ Kap. 5.3.1.1) und kontingenter Anregung basiert. Hierbei werden evozierende (= herausfordernde) Techniken verwendet, die das Kind dazu anregen, sich an der Vorlesesituation durch den Gebrauch von Fragen, wie z. B. »Was?«, »Wozu?«, »Warum?«, aktiv zu beteiligen (Whitehurst et al., 1988; vgl. Cohrssen et al., 2016). Darüber hinaus gibt die Vorleserin bzw. der Vorleser Rückmeldungen an das Kind weiter in Form von z. B. Lob und Ansporn, welche die kindlichen Äußerungen erweitern und optimalerweise sensibel an den Kompetenzstand und Interessen des Kindes angepasst werden (Zevenbergen & Whitehurst, 2003).

Dieses Programm wurde auch für den Altersbereich von 4- bis 5-jährigen Kinder angepasst, wobei hier herausforderndere Fragen während des gemeinsamen Lesens gestellt werden. So sollen Kinder z. B. Sätze vervollständigen, Aspekte der Geschichte erinnern, Verknüpfungen mit dem Alltag herstellen und auf offene W-Fragen reagieren (Zevenbergen & Whitehurst, 2003). Das dialogische Vorlesen erwies sich als prädiktiv in allen Altersgruppen für sprachliche Fähigkeiten, insbesondere aber für die Entwicklung expressiver Sprachfertigkeiten (Überblick Zevenbergen & Whitehurst, 2003).

Auch Metaanalysen zu sogenannten Family Literacy Programs, die verschiedene Interventionsmaßnahmen zur Verbesserung der kindlichen Schriftsprachentwicklung im Vorschul- und Schulalter untersuchten, wiesen auf den Erfolg solcher Programme und Interventionsmaßnahmen hin. Hierbei lagen die durchschnittlichen Effekte je nach Analyse, dem genauen Fokus und der berücksichtigten Studien zwischen $d = .18$ und $.65$ und fielen somit also gering bis moderat aus (Mol et al., 2008; Sénéchal & Young, 2008; van Steensel et al., 2011). Die größeren Effekte zeigten sich bei Interventionen, bei denen Kinder aktiv mit ihren Eltern interagierten und von ihnen angeleitet wurden (z. B. beim dialogischen Vorlesen), und bei jüngeren Kindern. Insgesamt kann damit das dialogische Vorlesen als eine der am besten evaluierten Fördermaßnahmen innerhalb der häuslichen Lernumwelt angesehen werden.

7.3.5 Learning4Kids

In dem von der EU geförderten Längsschnitt-Interventionsprojekt »App-based learning for kindergarten children at home«, kurz Learning4Kids (siehe Niklas et al., 2020, 2022) wurden Kindergartenkinder hinsichtlich ihrer mathematischen und schriftsprachlichen Kompetenzentwicklung ab eineinhalb Jahren vor ihrer Einschulung bis Ende der zweiten Klasse insgesamt sieben Mal untersucht. Dabei wurden die insgesamt 500 Kinder und ihre Familien zufällig auf vier Gruppen verteilt:

1. eine Literacy-Gruppe,
2. eine Numeracy-Gruppe,
3. eine Tablet-Kontroll-Gruppe und
4. eine Business-as-usual Kontrollgruppe.

Die Kinder in der Literacy-Gruppe erhielten hierbei zunächst für knapp sechs Monate ein Tablet zur Verwendung daheim, auf dem 12 verschiedene Lernapps nach und nach freigeschalten wurden, die die schriftsprachliche Kompetenzentwicklung unterstützen sollten (insbesondere die Buchstabenkenntnis, die phonologische Bewusstheit und die Laut-Buchstaben-Verknüpfungen). Zusätzlich wurden auf dem Tablet für die Eltern wöchentliche Tipps zur qualitativ hochwertigen schriftsprachlichen Interaktion mit ihren Kindern sowie monatliche Informationsschreiben zur kindlichen schriftsprachlichen Entwicklung bereitgestellt (siehe Wirth, Birtwistle et al., 2022). Letztlich enthielten die Tablets auch eine ganze Reihe an E-Books und Hörbücher für Kindergartenkinder, die während des Interventionszeitraums frei genutzt werden konnten.

Demgegenüber erhielten die Kinder in der Numeracy Gruppe im gleichen Zeitraum insgesamt 18 verschiedene Lernapps nach und nach auf ihrem Tablet freigeschaltet, die die mathematische Kompetenzentwicklung unterstützen sollten (insbesondere Ziffernkenntnis, Zählen, Anzahlkonzept und erstes Rechnen). Auch in dieser Gruppe erhielten die Eltern wöchentliche Tipps zur qualitativ hochwertigen mathematischen Interaktion mit ihren Kindern sowie monatliche Informationsschreiben zur kindlichen mathematischen Entwicklung bereitgestellt (siehe Wirth, Birtwistle et al., 2022).

Während die Kontrollgruppe ohne Tablets nur an den Erhebungsmaßnahmen teilnahm und ansonsten an keinerlei Maßnahmen beteiligt war, erhielt eine weitere Kontrollgruppe ebenfalls Tablets mit 18 Lernapps, die jedoch weder Schriftsprache noch Mathematik fokussierten, sondern stattdessen allgemeine kognitive Fähigkeiten wie Gedächtnis oder Konzentrationsfähigkeit fördern sollten. In dieser Gruppe erhielten die Eltern dann auch wöchentliche Tipps und monatliche Informationsschreiben zu verschiedenen kindlichen Entwicklungsbereichen wie beispielsweise der motorischen, emotionalen, allgemein kognitiven oder musikalischen Entwicklung, nicht jedoch zu den Bereichen Schriftsprache und Mathematik (siehe Wirth, Birtwistle et al., 2022).

Vor und nach der Interventionsphase wurden mit allen Kindern und Familien jeweils umfangreiche Befragungen und Testungen durchgeführt, die im Schwerpunkt die familiäre Lernumwelt und die kindliche Kompetenzentwicklung im Bereich Schriftsprache und Mathematik umfassten (siehe Niklas et al., 2020, 2022). Erste Befunde zeigen dabei die positiven Effekte der Tablet-basierten Interventionsmaßnahmen in der Familie (Niklas, Birtwistle et al., 2025; ▶ Abb. 7.1).

Die beiden Diagramme zeigen die Fähigkeiten aller Kinder im Vergleich für die Messzeitpunkte 1 und 2. Dabei wurde der kindliche und familiäre Hintergrund berücksichtigt (Alter, Geschlecht und Intelligenz der Kinder und Bildung sowie Migrationshintergrund der Eltern). Links sieht man den Vergleich zwischen Kindern, die zu t1 mit Sprach-Lernapps gestartet sind, Kindern, die mit anderen Apps gestartet sind, und Kindern, die kein Tablet bekommen haben. Kinder, die zu t1 mit Sprach-Apps gestartet sind, verzeichneten einen signifikant größeren Zuwachs in Schriftsprachfähigkeiten zu t2. Rechts sieht man demgegenüber den Vergleich zwischen Kindern, die zu t1 mit Mathe-Apps gestartet sind, Kindern, die mit anderen Apps gestartet sind, und Kindern, die kein Tablet bekommen haben. Kinder, die zu t1 mit Mathe-Apps gestartet sind, verzeichneten einen signifikant größeren

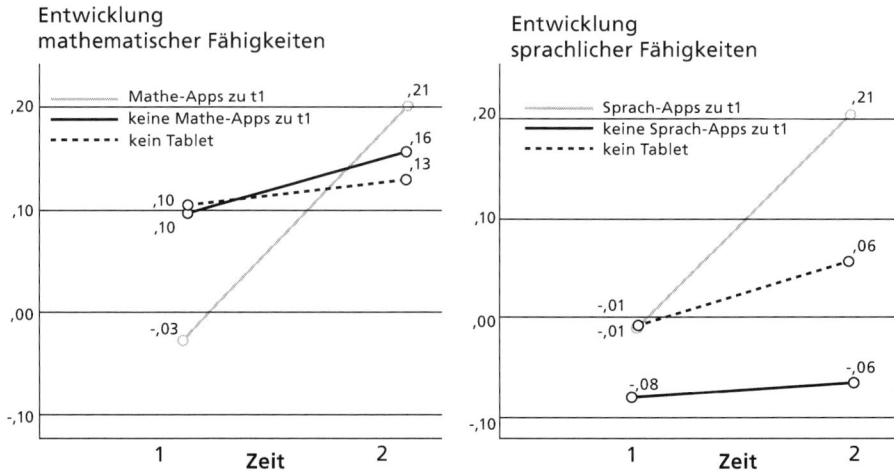

Abb. 7.1: Entwicklung der schriftsprachlichen und mathematischen Fähigkeiten im Kontext des Tablet-Interventionsprojekts »Learning4Kids«

Zuwachs in mathematischen Fähigkeiten zu t2. Dabei haben natürlich die Kinder in allen Gruppen entsprechend ihrem Alter neues Wissen dazu gelernt. Aber schon die Spielzeit von 2,5 bis 4,5 Minuten pro Tag mit den Lernapps erhöhte die kindlichen Fähigkeiten zusätzlich um 0,10 Punkte in den beiden Grafiken (vgl. Niklas, Birtwistle et al., 2025). Dabei zeigte sich im Bereich Schriftsprache für alle Kinder eine ähnliche Förderstärke, unabhängig vom familiären Hintergrund oder kognitiven Fähigkeiten (vgl. Schiele et al., 2025).

Nach dem ersten Interventionszeitraum folgte im Projekt Learning4Kids eine zweite knapp sechsmonatige Interventionsphase, bei der die Inhalte auf den Tablets der Interventionsgruppen vertauscht wurden und somit nun die ursprüngliche »Literacy«-Gruppe mathematische Inhalte und die ursprüngliche »Numeracy«-Gruppe nun schriftsprachliche Inhalte präsentiert bekamen. Die Tablet-Kontrollgruppe bekam ebenfalls neue Inhalte, die jedoch erneut keinen Bezug zu Schriftsprache und Mathematik hatten. Vorläufige Analysen zeigen, dass es für die Kinder von größerem Vorteil in beiden Kompetenzbereichen war, wenn sie zunächst mit den schriftsprachlichen Lerninhalten arbeiten konnten, als wenn sie zuerst mathematische Lernapps und erst danach die schriftsprachlichen Inhalte präsentiert bekamen.

7.4 Fazit

In diesem Kapitel wurden Interventionen und Familienbildungsprogramme im Allgemeinen sowie ausgewählte einzelne Förderprogramme im Kontext der häuslichen Lernumwelt im Speziellen vorgestellt. Da die Qualität der familiären Lernumwelt einen wichtigen Prädiktor für die kindliche Entwicklung darstellt und grundsätzlich gut veränderbar ist, wird die Bedeutung solcher Interventionsmaßnahmen und Programme deutlich. Dabei unterscheiden sich verschiedene Programme hinsichtlich der Zielgruppen (z. B. allgemein Eltern oder vulnerable Familien), des Fokus (z. B. allgemeine Beratung, Unterstützung der Erziehung oder Förderung kognitiver kindlicher Kompetenzen) und der Interventionsmaßnahmen (z. B. Familienberatung, Elterntraining oder Eltern- und Kindtraining, analoge vs. digitale Förderung). Auch die hier aufgeführten Programme sollten nur als Beispiele verstanden werden, da es daneben noch viele weitere Fördermöglichkeiten gibt, die teilweise auch bereits erfolgreich umgesetzt werden.

8 Grenzen der häuslichen Lernumwelt

8.1 Einleitung

Die bisherigen Kapitel haben deutlich gemacht, welche Stellung die häusliche Lernumwelt für die kindliche Kompetenzentwicklung einnimmt und wie sich die Qualität der häuslichen Lernumwelt und die Leistungen der in diesen Lernumwelten lebenden Kindern über geeignete Förder- und Interventionsmaßnahmen erhöhen lässt. Dennoch ist der Einfluss der häuslichen Lernumwelt keineswegs unbeschränkt. Da auch eine qualitativ hochwertige Lernumwelt nicht garantiert, dass sich Kinder optimal entwickeln werden, widmet sich dieses Kapitel den Grenzen der häuslichen Lernumwelt.

So steht außer Frage, dass die kindliche Entwicklung immer ein Produkt aus genetischer Anlage und den vom Kind erfahrenen Umwelteinflüssen ist. Zudem stellt die Familie und damit die häusliche Lernumwelt nicht den einzigen Kontext dar, in dem Kinder lernen und sich entwickeln. Darüber hinaus kann kindliches Lernen nur dann funktionieren, wenn die fördernden Maßnahmen passend auf das Kind zugeschnitten sind und das Kind selbst motiviert ist, etwas zu lernen. Diese Auflistung verdeutlicht bereits, dass das Lernen im Kontext einer qualitativ hochwertigen häuslichen Lernumwelt nicht automatisch und selbstverständlich von statten geht, sondern dass es viele weitere innere und äußere Bedingungen gibt, die hier eine Rolle spielen. Im Folgenden sollen einige dieser Aspekte kurz und knapp angesprochen und vorgestellt werden.

8.2 Genetische Determination

Auch wenn heute nicht mehr im selben Maße davon ausgegangen wird, dass bestimmte Persönlichkeitsmerkmale einer Person äußerst stabil bis unveränderlich sind, deutet das »Trait«- vs. »State«-Konzept schon darauf hin, dass sich nicht alle Charakteristiken und Eigenschaften im selben Ausmaß verändern lassen (z. B. Merz & Roesch, 2012).

> **Trait vs. State**
>
> In der psychologischen Forschung spricht man von einem Trait bei einem relativ zeitstabilen Merkmal eines Menschen, das sich nur schwer, wenig oder langsam verändern lässt. Demgegenüber handelt es sich um ein State, wenn das Merkmal durch die aktuelle Situation im derzeitigen Moment zum Tragen kommt. Beispielsweise könnte ein Kind grundsätzlich und dauerhaft sehr an Natur und Technik interessiert und damit motiviert sein, sich damit zu beschäftigen (Trait). Wenn dieses Kind nun in der Bücherei ein entsprechendes Sachbuch in die Hand bekommt, könnte es akut motiviert werden, sofort darin lesen zu wollen (State).

Tatsächlich zeigen Längsschnittstudien, dass beispielsweise die Intelligenz bereits ab dem Kindesalter relativ stabil ist und auch langfristig die kognitiven Fähigkeiten sowie die Bildungslaufbahn gut vorhersagen kann (z. B. Schneider et al., 2014; Schneider & Niklas, 2017). Dies trifft dabei nicht nur auf kognitive Fähigkeiten, sondern beispielsweise auch für das Temperament oder die Motorik einer Person zu (Schneider, 2008).

Solche Befunde weisen bereits darauf hin, dass sich (Kompetenz-)Entwicklung auch ganz unabhängig von der häuslichen Lernumwelt vollzieht und diese nur zu einem gewissen Teil durch die Qualität der häuslichen Lernumwelt und entsprechende Interventionsmaßnahmen verändern lässt. Sämtliche Entwicklung ist immer ein Zusammenspiel von genetischer Veranlagung und von Umweltfaktoren und der jeweilige Einfluss variiert z. B. je nach Lebensalter, betrachteter Fähigkeit oder Eigenschaft und der Umwelt, in der man aufwächst (für mehr Informationen zur Anlage-Umwelt-Debatte siehe z. B. Asendorpf, 2006).

> **Anlage-Umwelt-Debatte**
>
> Unter Anlage-Umwelt-Debatte wird die Diskussion um die Frage verstanden, inwieweit die menschliche Entwicklung genetisch bereits determiniert ist und welche Rolle Umweltfaktoren und -einflüsse spielen. In den Extrempositionen wird dabei jeweils einem der beiden Faktoren jeglicher Einfluss abgesprochen. Allerdings zeigt die Forschung, dass immer sowohl genetische als auch Umweltfaktoren die menschliche Entwicklung beeinflussen, wobei die Stärke des genetischen bzw. des Umwelteinflusses je nach Merkmal variiert.

Aber auch unabhängig von der generellen Frage, inwieweit die menschliche Entwicklung durch die Genetik vorgebahnt ist, stellt sich im Speziellen konkret die Frage, ob die häusliche Lernumwelt überhaupt als unabhängiger Umweltfaktor gewertet werden kann. So zeigte sich in einer Studie von Puglisi et al. (2017), dass das Vorlesen kein signifikanter Prädiktor mehr für sprachliche und schriftsprachliche Fähigkeiten der Kinder mehr war, sobald die sprachlichen Fähigkeiten der Mütter berücksichtigt wurde. Damit schlussfolgerten die Autorinnen und Autoren, dass eventuell eher die genetische Vererbung sprachlicher Kompetenzen der Mütter auf ihre Kinder für den Zusammenhang zwischen häuslicher Lernumwelt und diesen Kompetenzen ist. Gleichzeitig blieb in dieser Studie jedoch das elterliche Lehren ein bedeutsamer Prädiktor und Interventionsstudien in der HLE weisen darauf hin, dass die Genetik sicher nicht allein für den Zusammenhang der häuslichen Lernumwelt mit kindlichen Kompetenzen verantwortlich sein kann (z. B. Mol et al., 2008; Nelson et al., 2023).

8.3 Der Einfluss anderer Lernumwelten und Kontexte

Auch wenn Kinder und hierbei insbesondere junge Kinder sehr viel Zeit im häuslichen Kontext verbringen und das Zuhause und die Familie damit die zentrale Lernumwelt darstellt, sollte nicht außer Acht gelassen werden, dass Kinder auch viel Zeit in anderen Kontexten und Umgebungen verbringen. Dazu gehören beispielsweise andere Verwandte wie die Großeltern, formelle Lernumwelten wie Kindertagesstätten und später Schulen (z. B. ▶ Kap. 5.4.3) oder auch die Nachbarschaft, Vereine und Freunde. Beispielsweise ist der Besuch einer Kindertagesstätte für die kindliche Kompetenzentwicklung nachgewiesenermaßen ein Vorteil (z. B. Niklas et al., 2011; Seyda, 2009; Sylva et al., 2008), wobei hier auch die Qualität der besuchten Einrichtung und die Zusammensetzung der Kindergruppe eine Rolle spielt (z. B. Niklas & Tayler, 2018).

Neben der formellen Bildung können aber auch kulturelle Unterschiede wichtige Bedingungen darstellen. So scheint die häusliche Lernumwelt zwar grundsätzlich für die Entwicklung von Kindern in allen Kulturen von Relevanz zu sein (z. B. Cheung et al., 2021; LeFevre et al., 2010; Niklas et al., 2015; Susperreguy et al., 2021), allerdings gibt es doch auch spezifische kulturelle Unterschiede (z. B. Cheung et al., 2021; vgl. auch Hornburg et al. 2021). Beispielsweise weisen Cheung und Kolleginnen (2021) darauf hin, dass viele Eltern aus asiatischen Kulturen einen wesentlich größeren Fokus auf das Lehren ihrer Kinder legen und sich selbst hier auch in der Rolle als wichtige Lehrer sehen, während spielerisches Lernen tendenziell als weniger wichtig eingeschätzt wird. Daneben sind in diesen Kontexten häufig neben den Eltern auch Großeltern, weitere Verwandte oder externe Betreuer der Kinder an deren Lernen im erweiterten Familienrahmen beteiligt. Zudem spielen Zweit- und Drittsprachen häufig eine wesentlich größere Rolle als in westlichen Ländern (Lau & Richards, 2021).

In Analysen von LeFevre und Kollegen (2010) fanden sich bei einem Vergleich zwischen griechischen und kanadischen Familien zwar in ähnlicher Art und Weise Zusammenhänge der Lernumwelt mit den mathematischen Kompetenzen von Kindern. Allerdings führten griechische gegenüber kanadischen Eltern seltener förderliche mathematische und literarische Aktivitäten gemeinsam mit ihren Kindern durch. Niklas et al. (2015) verglichen Daten zur Home Literacy Environment in Australien und Deutschland. Hierbei war die häusliche Lernumwelt ein wichtiger Prädiktor für die schriftsprachlichen und kognitiven Kompetenzen sowohl von australischen als auch deutschen Kindergartenkindern. Allerdings zeigte sich für die deutschen Daten ein wesentlich engerer Zusammenhang der Qualität der Home Literacy Environment mit dem sozioökonomischen Status und dem Migrationshintergrund der Familie.

Insgesamt liegen bislang noch deutlich zu wenige Daten zu internationalen Vergleichen, kulturellen Unterschieden und dem Zusammenhang der häuslichen Lernumwelt mit anderen Kontexten vor und es besteht weiterhin deutlicher Forschungsbedarf (vgl. auch Hornburg et al., 2021). Dennoch weisen die bisherigen Befunde daraufhin, dass die Rolle und Bedeutung der häuslichen Lernumwelt in verschiedenen Kulturen und Kontexten variieren kann, und dass die häusliche Lernumwelt immer auch im Kontext von weiteren beeinflussenden Faktoren und Umwelten wie anderen informellen und formalen Bildungsorten gesehen werden muss.

8.4 Kindliche Motivation und Autonomie

Selbst wenn eine häusliche Lernumwelt von ausgesprochen hoher Qualität ist und den in ihr lebenden Kindern beispielsweise häufig und mit hoher Qualität vorgelesen wird (▶ Kap 5) und sie durch ihre Erziehungsberechtigten vielfältige und gute Unterstützung erfahren, kann die positive kindliche Entwicklung ausbleiben, wenn Kinder nicht auch selbst motiviert sind (und entsprechend motiviert werden), die häuslichen Lernangebote wahrzunehmen und aktiv für sich zu nutzen. Beispielsweise können eine Überforderung oder fehlende Selbstbestimmung des Kindes zu mangelnder Motivation führen. Dabei hängen insbesondere Motivation und Selbstbestimmung sehr eng zusammen (vgl. auch Ryan & Deci, 2000).

Die Motivation eines Menschen lässt sich mit dem Motor eines Autos vergleichen wird. So bedeutet motiviert sein »to be moved to do something« (Ryan & Deci, 2000, S. 54), also dazu bewegt werden, etwas zu tun. Sinnvoll ist hierbei entsprechend dem Trait-und-Stait-Konzept (▶ Kap. 8.2) die Unterscheidung in »Motiv« vs. »Motivation« (vgl. z. B. Rheinberg, 2006; Rheinberg & Vollmeyer, 2008).

> **Motiv**
>
> Ein Motiv ist eine relativ zeitstabile Bevorzugung bestimmter Klassen von Anreizen wie z. B. »besonders gut zu sein« (Leistungsmotiv) oder beispielsweise »Vertrauen zu erzeugen« (Anschlussmotiv). Die einzelnen Motive sind von Person zu Person unterschiedlich stark ausgeprägt.

> **Motivation**
>
> Motivation ist gegenüber einem Motiv die aktivierende Ausrichtung des aktuellen Handelns auf einen positiv bewerteten Zielzustand. Sie ist damit hochgradig von der aktuellen Situation und den aktuell vorliegenden Bedingungen und nicht allein von den zugrunde liegenden Motiven abhängig.

Während Motive relativ stabil sind, ändert sich die Motivation häufig und ist stärker von der aktuellen Situation abhängig. Somit sind Motive auch eher schwerer beeinflussbar, während die aktuelle Motivation durchaus durch äußere Bedingungen verändert werden kann. Wenn nun ein Kind ein gering ausgeprägtes Lern- und Leistungsmotiv hat, wird es auch schwerer, dieses Kind für Lerninhalte zu begeistern als ein Kind, das hier ein stärker ausgeprägtes Motiv verinnerlicht hat. Dennoch besteht für beide Kinder die Möglichkeit, die aktuelle Motivation zu fördern und zu verstärken.

In verschiedenen Studien zur Motivationsförderung (Lund et al., 2001; Rheinberg & Fries, 2001; Rheinberg & Vollmeyer, 2008) hat sich dabei gezeigt, dass es hilfreich ist, wenn man Kindern in Lern- und Leistungssituationen eine grundsätzlich optimistische Sichtweise vermittelt, unterstützend-empathisch auf sie eingeht, gemeinsam mit ihnen realistische und adäquate Ziele vereinbart und die erbrachte Leistung im Nachhinein möglichst in einem positiven Sinne bewertet (d. h., bei Erfolgen die eigene Anstrengung und Begabung als Ursache ausmacht und bei Misserfolgen die nicht ausreichende Anstrengung und keinesfalls eine mangelnde Begabung in den Vordergrund stellt).

Was bedeutet dies nun für die häusliche Lernumwelt? Zunächst zeigt sich, dass nicht alle Kinder mit dem gleich großen Interesse am Vorlesen, an Würfelspielen oder an anderen förderlichen Aspekten der häuslichen Lernumwelt aufwachsen und damit auch ihre Motivation für entsprechende Tätigkeiten sehr unterschiedlich ausfallen kann. Allerdings sind Förderungen im Rahmen der häuslichen Lernumwelt nur zielführend, wenn die Kinder auch motiviert sind, sich aktiv daran zu beteiligen. Somit stellt sich die Frage, wie eine solche Motivation gefördert werden kann. Hierbei kann man sich z. B. an der Selbstbestimmungstheorie von Ryan und Deci (z. B. 2000; ▶ Abb. 8.1) orientieren. Nach dieser Theorie entsteht intrinsische Motivation, d. h. eine Motivation von innen heraus aus eigenem Antrieb und Interesse, insbesondere dann, wenn Personen bei Tätigkeiten

1. eine gewisse Eigenverantwortung und zumindest gefühlte Autonomie und Selbstbestimmung haben und erfahren,
2. wenn sie sich zudem als kompetent und selbstwirksam wahrnehmen und
3. wenn sie soziale Zugehörigkeit und Eingebundenheit erleben.

8.4 Kindliche Motivation und Autonomie

> **Intrinsische vs. extrinsische Motivation**
>
> Motivation wird dann als extrinsisch bezeichnet, wenn sie ausschließlich von anderen und/oder äußeren Bedingungen hervorgerufen wird. So liegt eine extrinsische Motivation beispielsweise dann vor, wenn ein Kind nur deshalb lernt, weil es andernfalls mit einer Strafe zu rechnen hat oder weil es sich eine Belohnung erhofft. Demgegenüber liegt intrinsische Motivation dann vor, wenn die Motivation von innen heraus durch das eigene Interesse entsteht, d. h. das Kind beispielsweise deshalb lernt, weil es die Inhalte interessant und spannend findet. Beide Formen der Motivation sind zwar die Endpunkte eines Kontinuums mit verschiedenen Zwischenformen, allerdings können sie auch gleichzeitig nebeneinander auftreten (vgl. Grassinger, Dickhäuser & Dresel, 2019).

Beispielsweise wurden in einer Schweizer Studie von Villiger et al. (2012) über 700 Viertklässler hinsichtlich ihrer Lesemotivation und Lesekompetenz untersucht. Ein Teil der beteiligten Eltern erhielt eine Intervention, die auf der Selbstbestimmungstheorie von Ryan und Deci (z. B. 2000) basierte und wurden darin trainiert, ihren Kindern in Lesesituationen möglichst große Autonomie zuzugestehen, ein Gefühl von Kompetenz durch die selbstständige Erledigung der Lesehausaufgaben bei den Kindern auszulösen, kein Kontrollverhalten zu zeigen und durch die Rücksprachen zwischen Eltern und Kind über den Text ein Gefühl der sozialen Eingebundenheit zu wecken. Tatsächlich zeigte sich, dass die Lesefreude und das Leseinteresse der Kinder durch diese Intervention auch längerfristig signifikant gesteigert werden konnten.

Abb. 8.1: Wichtige Komponenten der Selbstbestimmungstheorie (adaptiert nach Ryan & Deci, 2000)

Gleichzeitig gilt es auch, bei Kindern eine häufige und unangemessene Überforderung zu vermeiden, da diese nicht nur deren Motivation untergräbt, sondern sogar Leistungsängstlichkeit hervorrufen kann (Rost & Schermer, 2010). Dies gilt es beispielsweise sowohl bei der späteren Schulwahl in der Sekundarstufe zu beachten als auch schon bei Fördermaßnahmen im Kindergartenalter in der häuslichen Lernumwelt. Die hier dargestellten Ausführungen zeigen, dass eine geringe oder gar gänzlich fehlende Motivation eines Kindes die Bedeutsamkeit der häuslichen Lernumwelt für dessen Entwicklung deutlich einschränken kann. Auch wenn über die beschriebenen Maßnahmen versucht werden kann, die Motivation zu steigern, bleibt diese Einschränkung bestehen.

8.5 Die Bedeutung des Zeitpunkts von Fördermaßnahmen

Ein weiterer Aspekt, den es zu berücksichtigen gilt, ist der Zeitpunkt der durchgeführten Fördermaßnahmen. Dies hängt mit der bereits in Kapitel 2.2.3 vorgestellten »Zone der proximalen Entwicklung« nach Vygotski (1978) zusammen. So kann das qualitativ hochwertige und dialogische Vorlesen eines Kinderbuches, das auf Vorschulkinder ausgerichtet ist, für zu junge und weniger kompetente Kinder noch zu schwierig sein und zu viele nicht vorhandene Voraussetzungen erfordern und gleichzeitig für wesentlich kompetentere und ältere Schulkinder deutlich zu einfach, uninteressant und ohne Fördereffekte bleiben. Wichtig ist also die möglichst optimale Passung von Lernangebot bzw. Eltern-Kind-Interaktion und dem Vorwissensstand des Kindes, sodass es an neue Kompetenzen herangeführt werden kann.

Beispielsweise sind die positiven Zusammenhänge des regelmäßigen Vorlesens für Kleinkinder bis Anfang der Schulzeit bestens belegt (z. B. Mol et al., 2008; Niklas et al., 2016). Allerdings wandelt sich dieser Zusammenhang ins Negative, wenn sie für Kinder Ende der Grundschulzeit untersucht werden, wie sich in Analysen verschiedener Längsschnittprojekte wie beispielsweise den Projekten »Schulreifes Kind« oder auch »Learning4Kids« zeigte (Niklas & Schneider, 2017; Niklas et al., 2022). Hierbei wiesen ältere Grundschülerinnen und -schüler, mit denen häufiger Zählspiele durchgeführt werden, oder denen häufiger vorgelesen wird, schlechtere Leistungen auf als Kinder, deren Eltern nicht mehr so häufig vorlesen oder Rechen- und Zählspiele mit ihnen spielten.

Dieser Zusammenhang ist jedoch keineswegs kausal zu interpretieren. Beispielsweise untersuchten Suggate und Kollegen (2013), ob sich der Wortschatz von Zweit- und Viertklässlerinnen und -klässlern durch das Vorlesen erweitern lässt oder ob diese stärker profitieren, wenn sie allein lesen. Hierbei zeigte sich, dass neue Wörter in beiden Bedingungen und Klassenstufen ähnlich gut gelernt wurden. Somit werden Eltern-Kind-Interaktionen in der häuslichen Lernumwelt also nicht schädlich, wenn Kinder älter werden. Allerdings ist es so, dass gegen Ende der Grundschulzeit meist eher nur noch denjenigen Kindern vorgelesen oder grundlegende Rechenoperationen erklärt wird, die noch Probleme in der Schriftsprache und in Mathematik haben. Zudem weisen Metaanalysen darauf hin, dass insbesondere jüngere Kinder stärker von Interventionen in der häuslichen Lernumwelt profitieren (z. B. Mol et al., 2008). Es lässt sich also schlussfolgern, dass eine möglichst gute Passung zwischen den bereitgestellten Ressourcen und den gemeinsamen Aktivitäten in der häuslichen Lernumwelt wichtig ist.

8.6 Fazit

In diesem Kapitel wurden verschiedene Faktoren angesprochen, die neben der häuslichen Lernumwelt eine wichtige Rolle für die kindliche Entwicklung einnehmen können. Dabei ist die Auswahl der Themen keineswegs erschöpfend und neben den aufgeführten Grenzen der häuslichen Lernumwelt gibt es noch viele weitere wie beispielsweise gesellschaftliche und politische Einflüsse (z. B. Krisen, Katastrophen oder Kriege) oder auch die kognitive Grundfähigkeit der Kinder (z. B. Intelligenzminderung), die den Einfluss der häuslichen Lernumwelt begrenzen können. Berücksichtigt man all diese Faktoren, wird deutlich, dass die häusliche Lernumwelt keinen unbegrenzten Einfluss auf die kindliche Entwicklung ausübt und nur eine von vielen Stellschrauben darstellt. Aus diesem Grund ist es auch nicht verwunderlich, dass häufig in Studien nur ein schwacher bis mittlerer Zusammenhang zwischen der Qualität der häuslichen Lernumwelt und kindlichen Kompetenzen gefunden wird. Im abschließenden Kapitel wird dennoch und aus gutem Grund für die Berücksichtigung der häuslichen Lernumwelt in wissenschaftlichen Studien und für die Umsetzung entsprechender Interventionsansätze in der Praxis plädiert.

Fazit und Ausblick

Kinder sind ein wichtiger Lebensinhalt für Eltern und die Zukunft unserer Gesellschaft. Aus diesen und weiteren Gründen gilt es, schon junge Kinder in ihrer Entwicklung so gut wie möglich zu unterstützen und es ihnen zu ermöglichen, ihr maximales Potential zu entfalten. Kinder lernen viele schulisch und außerschulisch relevante Kompetenzen im Rahmen der häuslichen Lernumwelt, weshalb dieser Kontext eine sehr wichtige Rolle für die frühe und auch spätere Entwicklung von kindlichen Kompetenzen einnimmt.

Dieses Buch zur häuslichen Lernumwelt bietet einen umfassenden Überblick zu wichtigen und relevanten Aspekten im Kontext der Home Learning Environment. Beginnend mit einer Definition und thematischen Einordnung sowie einer Abgrenzung von verwandten Konzepten wurde die häusliche Lernumwelt und deren theoretische und methodische Grundlagen detailliert dargestellt sowie die Erfassung und Operationalisierung der Home Learning Environment vorgestellt und diskutiert. Davon ausgehend wurde die häusliche Lernumwelt in einen Gesamtzusammenhang mit weiteren familiären und kindlichen Hintergrundvariablen gestellt und die kindliche Entwicklung im Kontext der HLE von den ersten Lebensjahren bis in die Grundschulzeit hinein thematisiert und anhand empirischer Arbeiten besprochen. Neben der Unterscheidung in eine digitale vs. analoge häusliche Lernumwelt wurden auch Fördermaßnahmen und Familienprogramme vorgestellt. Abschließend wurden zudem Grenzen der häuslichen Lernumwelt beispielhaft herausgegriffen und thematisiert.

Somit wurden erstmalig in einem deutschsprachigen Fachbuch alle relevanten Informationen zur frühen häuslichen Lernumwelt in einem einzigen Werk zusammengetragen und aufbereitet. Es wird deutlich, dass trotz der immensen Bedeutung der häuslichen Lernumwelt nach wie vor keine einheitlichen Definitionen und Operationalisierungen und auch keine einheitliche theoretische Grundlage oder universelle Modelle vorliegen. Stattdessen arbeiten verschiedene Forschergruppen mit eigenen Begrifflichkeiten und Erhebungsinstrumenten, was einerseits der tatsächlich vielfältigen Facetten der HLE Rechnung trägt, andererseits aber auch zu vielen heterogenen Befunden und teils fehlender Vergleichbarkeit von Studienergebnissen führt.

Trotz dieser Heterogenität kann aufgrund der Ergebnisse zahlreicher korrelativer Querschnitts- und Längsschnittstudien, aber auch experimenteller Studien und mittlerweile sogar Reviews und Metaanalysen festgehalten werden, dass die häusliche Lernumwelt einen substantiellen Einfluss auf die schriftsprachliche und mathematische (und darüber hinaus vermutlich auch auf die allgemein kognitive und sozio-emotionale) Kompetenzentwicklung von Kindern ausübt. Es gibt Beispiele für zahlreiche erfolgreiche Familieninterventionsprogramme, die Eltern und ihre Kinder darin unterstützen, die Qualität der HLE zu erhöhen, besser miteinander zu interagieren und das kindliche Lernen zu erleichtern.

Dennoch bleiben auch noch viele Punkte und Fragen im Kontext der häuslichen Lernumwelt offen, die es gilt, in zukünftiger Forschung zu klären. So scheint die Bedeutsamkeit der HLE global und in vielen Kulturen gegeben. Gleichzeitig aber könnten und scheinen hier unterschiedliche Aspekte abhängig von den regionalen, lokalen und individuellen Bedingungen auch unterschiedlich wichtig für die kindliche Entwicklung zu sein. Hierzu ist noch weitere interkulturelle Vergleichsforschung notwendig sowie auch Forschung dazu nötig, welche individuellen Faktoren einen Einfluss darauf haben, ob Fördermaßnahmen mehr oder weniger Erfolg haben.

Auch der Aspekt der Digitalisierung spielt eine zunehmend wichtigere Rolle in unserer heutigen Gesellschaft – auch schon für (junge) Kinder. Die bisherige Forschung findet hierbei sowohl positive als auch negative Effekte für die Nutzung digitaler Medien, abhängig vom Alter der Kinder, der Art der Mediennutzung, der Inhalte und vieler weiterer wichtiger Aspekte wie z. B. ob Eltern die Mediennutzung aktiv begleiten, welche Qualität die Medieninhalte aufweisen und welche Zeitdauer die Mediennutzung einnimmt. Auch in diesem Bereich werden erst die nächsten Jahre und Jahrzehnte mehr Klarheit darüber bringen, wie eine sinnvolle, unterstützende Form der digitalen häuslichen Lernumwelt aussehen könnte und sollte bzw. welche Form der Mediennutzung eher vermieden werden müsste.

Ein weiterer zentraler Punkt, der hier noch beispielhaft erwähnt werden soll, ist die Selbstselektivität von Stichproben in Förderprogrammen und Interventionsstudien. Sehr häufig partizipieren nämlich Eltern und Familien mit einer ohnehin bereits qualitativ hochwertigen HLE in solchen Programmen und Studien, während diejenigen Familien, die am meisten von solchen Programmen profitieren könnten, nicht erreicht werden oder sich aktiv gegen eine Teilnahme entscheiden. Hierbei gilt es noch besser, mögliche Hürden und Hindernisse für eine Partizipation zu identifizieren und zu beseitigen. Diesen Anspruch müssen sowohl Forschung als auch Politik und Praxis haben, um gerade diejenigen Kinder in ihrer Entwicklung zu unterstützen, die diese Hilfe am notwendigsten haben.

Diese Beispielfragen zeigen das große Potential für zukünftige Studien und Forschung im Kontext der HLE und damit in einem Bereich, der eigentlich bereits sehr gut untersucht wurde. Daneben ist es aber auch genauso wichtig, die bereits vorhandenen Befunde und das Wissen aus der HLE-Forschung noch besser in die Praxis zu übertragen und zu vermitteln, damit langfristig möglichst viele Kinder optimal in ihrer Entwicklung unterstützt werden.

Literatur

Aikens, N. L., & Barbarin, O. (2008). Socioeconomic differences in reading trajectories: The contribution of family, neighborhood, and school contexts. *Journal of Educational Psychology*, *100*(2), 235–251. doi: https://doi.org/10.1037/0022-0663.100.2.235

Ainsworth, M. D. S., Bell, S. M., & Stayton, D. J. (1974). Infant–mother attachment and social development: »Socialization« as a product of reciprocal responsiveness signals. In M. P. M. Richards (Ed.), The integration of a child into a social world (pp. 99–135). London: Cambridge University Press.

Albright, L. K., Arail, M. (2005). Tapping the potential of teacher read-alouds in middle schools. *Journal of Adolescent & Adult Literacy*, *48*(7), 582–591. doi: https://doi.org/10.1598/JAAL.48.7.4

All, A., Nunez Castellar, E. P., & van Looy, J. (2016). Assessing the effectiveness of digital game-based learning: Best practices. *Computers & Education*, *92–93*, 90–103. doi: http://dx.doi.org/10.1016/j.compedu.2015.10.007

Anders, Y., Rossbach, H.-G., Weinert, S., Ebert, S., Kuger, S., Lehrl, S. & von Maurice, J. (2012). Home and preschool learning environments and their relations to the development of early numeracy skills. *Early Childhood Research Quarterly*, *27*, 231–244. doi: http://dx.doi.org/10.1016/j.ecresq.2011.08.003

Anderson, A. (1997). Families and mathematics: A study of parent–child interactions. *Journal for Research in Mathematics Education*, *28*(4), 484–511.

Anderson, A. & Anderson, J. (1995). Learning mathematics through children's literature: A case study. *Canadian Journal of Research in Early Childhood Education*, *4*(2), 1–9.

Asendorpf, J. (2006). Entwicklungsgenetik. In W. Schneider & F. Wilkening (Hrsg.), *Theorien, Modelle und Methoden der Entwicklungspsychologie* (S. 461–507). Göttingen: Hogrefe.

Attig, M., & Weinert, S. (2020). What impacts early language skills? Effects of social disparities and different process characteristics of the home learning environment in the first 2 years. *Frontiers in Psychology*, *11*, Article 557751. doi: https://doi.org/10.3389/fpsyg.2020.557751

Baacke, D. (1996). Medienkompetenz–Begrifflichkeit und sozialer Wandel. In A. von Rein (Hrsg.), *Medienkompetenz als Schlüsselbegriff* (S. 112–124). Bad Heilbrunn: Deutsches Institut für Entwicklungspolitik (DIE).

Bagger, J., Birchenall, J. A., Mansour, H., & Urzua, S. (2013). *Education, birth order, and family size* (No. w19111). National Bureau of Economic Research.

Baker, A. J., Piotrkowski, C. S., & Brooks-Gunn, J. (1998). The effects of the Home Instruction Program for Preschool Youngsters (HIPPY) on children's school performance at the end of the program and one year later. *Early Childhood Research Quarterly*, *13*(4), 571–588. doi: https://doi.org/10.1016/S0885-2006(99)80061-1

Baker, A. J., Piotrkowski, C. S., & Brooks-Gunn, J. (1999). The home instruction program for preschool youngsters (HIPPY). *The Future of Children*, *9*(1). 116–133. doi: https://doi.org/10.2307/1602724

Bandura, A. (1979). *Sozial-kognitive Lerntheorie*. Stuttgart: Klett-Cotta.

Barhava-Mònteith, G., Harré, N., & Field, J. (1999). A promising start: An evaluation of the HIPPY program in New Zealand. *Early Child Development and Care*, *159*(1), 145–157. doi: https://doi.org/10.1080/0300443991590112

Liddell, M., Barnett, T., Roost, F. D., & McEachran, J. (2011). Investing in our future: an evaluation of the national rollout of the Home Interaction Program for Parents and Youngsters

(HIPPY) final report. Australia: Department of Education, Employment and Workplace Relations.

Bäumer, T., Preis, N., Roßbach, H. G., Stecher, L., & Klieme, E. (2011). 6 Education processes in life-course-specific learning environments. *Zeitschrift für Erziehungswissenschaft, 2*(14), 87–101. doi: http://dx.doi.org/ 10.1007/s11618-011-0183-6

Baumert, J. & Maaz, K. (2006). Das theoretische und methodische Konzept von PISA zur Erfassung sozialer und kultureller Ressourcen der Herkunftsfamilie: Internationale und nationale Rahmenkonzeption. In J. Baumert, P. Stanat & R. Watermann (Hrsg.), *Herkunftsbedingte Disparitäten im Bildungswesen: Differenzielle Bildungsprozesse und Probleme der Verteilungsgerechtigkeit. Vertiefende Analysen im Rahmen von PISA 2000* (S. 11–29). Wiesbaden: VS Verlag.

Baumert, J., & Schümer, G. (2002). Familiäre Lebensverhältnisse, Bildungsbeteiligung und Kompetenzerwerb im Nationalen Vergleich. In J. Baumert, C. Artelt, E. Klieme, M. Neubrand, M. Prenzel, U. Schiefele, W. Schneider, K. J. Tillmann & M. Weiß (Hrsg.), *PISA 2000 —Die Länder der Bundesrepublik Deutschland im Vergleich* (S. 159–202). Wiesbaden: Springer.

Baumert, J., Stanat, P., & Watermann, R. (2006). Schulstruktur und die Entstehung differenzieller Lern-und Entwicklungsmilieus. In J. Baumert, P. Stanat & R. Watermann (Hrsg.), *Herkunftsbedingte Disparitäten im Bildungswesen: Differenzielle Bildungsprozesse und Probleme der Verteilungsgerechtigkeit: Vertiefende Analysen im Rahmen von PISA 2000* (S. 95–188). Wiesbaden: Springer.

Baumrind, D. (1991). Effective parenting during the early adolescent transition. *Family transitions, 2*(1), 1.

Baumrind, D. (1996). The discipline controversy revisited. *Family Relations, 45*(4), 405–414. doi: http://dx.doi.org/10.2307/585170

Berkowitz, T., Schaeffer, M.W., Maloney, E. A., Peterson, L., Gregor, C., Levine, S. C., & Beilock, S. L. (2015). Math at home adds up to achievement in school. *Science, 350*, 196–198. https://doi.org/10.1126/science.aac7427

Bernath, J., Waller, G., & Meidert, U. (2020). *ADELE+. Der Medienumgang von Kindern im Vorschulalter (4–6 Jahre). Chancen und Risiken für die Gesundheit.* Schweizerisches Gesundheitsobservatorium.

Berner, V., Lehrl, S., Seitz-Stein, K., Gasteiger, H., Niklas, F. (2025). Welche Bedeutung haben elterliche Überzeugungen und Aktivitäten für den Erwerb früher mathematischer Kompetenzen? *Psychologie in Erziehung und Unterricht, 72*(2), 118-132. doi: https://dx.doi.org/10.2378/peu2025.art10d

Best, E. (2020). *Audiobooks and Literacy.* London: National Literacy Trust.

Bierschock, K., Dürnberger, A., & Rupp, M. (2009). *Evaluation des HIPPY-Programms in Bayern [Evaluation of the HIPPY program in Bavaria].* Bamberg, Germany: ifb.

Bingham, G. E. (2007). Maternal literacy beliefs and the quality of mother-child book-reading interactions: Associations with children's early literacy development. *Early Education and Development, 18*, 23–49. doi: http://dx.doi.org/10.1080/10409280701274428

Birtwistle, E., Schoedel, R., Bemmann, F., Wirth, A., Sürig, C., Stachl, C., Bühner, M., & Niklas, F. (2022). Mobile sensing in psychological and educational research: Examples from two application fields. *International Journal of Testing, 22*(3–4), 264–288. doi: https://doi.org/10.1080/15305058.2022.2036160

Black, S. E., Devereux, P. J. & Salvanes, K. G. (2007). Older and wiser? Birth order and IQ of young men. IZA Discussion Paper Series No. 3007. Retrieved from https://www.iza.org/publications/dp/3007/older-and-wiser-birth-order-and-iq-of-young-men [22. 03. 2021]

Black, S. E., Paul, J. D. & Salvanes, K. G. (2005). The more the merrier? The effect of family size and birth order on children's education. Quarterly Journal of Economics, 120(2), 669–700. https://doi.org/10.1093/qje/120.2.669

Blake, J. (1989). *Family size and achievement.* University of California Press.

Blank, M., Rose, S. A. & Berlin, L. J. (1978). *The language of learning: The preschool years.* New York: Grune & Stratton.

Blaurock, S. & Lehrl, S. (2025). Qualität familialer Interaktionen im Grundschulalter – Dimensionen, Stabilität und familiale Einflussgrößen. *Psychologie in Erziehung und Unterricht, 72*(2), 148-166. doi: https://dx.doi.org/10.2378/peu2025.art12d

Blevins-Knabe, B., Austin, A. B., Musun, L., Eddy, A., & Jones, R. M. (2000). Family home care providers' and parents' beliefs and practices concerning mathematics with young children. *Early Child Development and Care, 165*, 41–58. doi: https://doi.org/10.1080/0300443001650104

Blevins-Knabe, B., & Musun-Miller, L. (1996). Number use at home by children and their parents and its relationship to early mathematical performance. *Early Development and Parenting: An International Journal of Research and Practice, 5*(1), 35–45. doi: https://doi.org/10.1002/(SICI)1099-0917(199603)5:1<35::AID-EDP113>3.0.CO;2-0

Bloom, B. S. (1964). *Taxonomy of educational objectives: The classification of educational objectives. Handbook I: The cognitive domain.* New York: McKay.

Blossfeld, H. P., Bos, W., Daniel, H. D., Hannover, B., Köller, O., Lenzen, D., McElvany, N., Roßbach, H.-G., Seidel, T., Tippelt, R. & Wößmann, L. (2018). *Digitale Souveränität und Bildung. Gutachten.* Münster: Waxmann.

Bonsen, M., Frey, K. A., Bos, W. (2008). Soziale Herkunft. In W. Bos, M. Bonsen, J. Baumert, M. Prenzel, C. Selter, G. Walther (Hrsg.), *TIMSS 2007. Mathematische und naturwissenschaftliche Kompetenzen von Grundschulkindern in Deutschland im internationalen Vergleich* (S. 141–156). Münster, New York, München, Berlin: Waxmann.

Bornstein M. H., Haynes M. O. & Painter K. M. (1998). Sources of child vocabulary competence: A multivariate model. *Journal of Child Language, 25*(2), 367–393.

Bos, W., Hornberg, S., Arnold, K.-H., Faust, G., Fried, L., Lankes, E.-M., Schwippert, K., & Valtin, R. (Hrsg.). (2007). *IGLU 2006. Lesekompetenzen von Grundschulkindern in Deutschland im internationalen Vergleich.* Münster: Waxmann.

Bos, W., Tarelli, I., Bremerich-Vos, A., & Schwippert, K. (2012). *IGLU 2011: Lesekompetenzen von Grundschulkindern in Deutschland im internationalen Vergleich.* Münster: Waxmann.

Bourdieu, P. (1983). Ökonomisches Kapital, kulturelles Kapital, soziales Kapital. In R. Kreckel (Hrsg.), *Soziale Ungleichheiten* (Soziale Welt Sonderband 2; S. 183–198). Göttingen: Schwartz.

Bowlby, J. (1980). *Attachment and loss.* New York: Basic Books.

Bradley, R. H. (2015). Constructing and adapting causal and formative measures of family settings: The HOME Inventory as illustration. *Journal of Family Theory & Review, 7*(4), 381–414. doi: http://dx.doi.org/10.1111/jftr.12108

Bradley, R. H., & Caldwell, B. M. (1984). The HOME Inventory and family demographics. *Developmental Psychology, 20*(2), 315–320. doi: https://doi.org/10.1037/0012-1649.20.2.315

Bradley, R. H., & Corwyn, R. F. (2002). Socioeconomic status and child development. *Annual Review of Psychology, 53*(1), 371–399. doi: https://doi.org/10.1146/annurev.psych.53.100901.135233

Brauns, H., Steinmann, S., & Haun, D. (2000). Die Konstruktion des Klassenschemas nach Erikson, Goldthorpe und Portocarero (EGP) am Beispiel nationaler Datenquellen aus Deutschland, Großbritannien und Frankreich. *ZUMA Nachrichten, 24*(46), 8–63.

Braveman, P. A., Cubbin, C., Egerter, S., Chideya, S., Marchi, K. S., Metzler, M., & Posner, S. (2005). Socioeconomic status in health research: one size does not fit all. *Jama, 294*(22), 2879–2888. doi: https://doi.org/10.1001/jama.294.22.2879

Britto, P. R. & Brooks–Gunn, J. (2001). Beyond shared book reading: Dimensions of home literacy and low–income African American preschoolers' skills. In P. R. Britto & J. Brooks–Gunn (Hrsg.), *The role of family literacy environments in promoting young children's emerging literacy skills: New directions for child and adolescent development* (Vol. 92, S. 73–89). San Francisco, CA: Jossey–Bass Inc.

Bronfenbrenner, U. (1979). Contexts of child rearing: Problems and prospects. *American Psychologist, 34*, 844–850.

Bronfenbrenner, U. (1981). *Die Ökologie der menschlichen Entwicklung.* Stuttgart: Klett-Cotta.

Bronfenbrenner, U. (1990). Ökologische Sozialisationsforschung. In L. Kruse, C. F. Graumann & E. D. Lantermann (Hrsg.), *Ökologische Psychologie.* München: Psychologie-Verl.-Union.

Bronfenbrenner, U., & Morris, P. A. (2006). The Bioecological Model of Human Development. In R. M. Lerner & W. Damon (Eds.), *Handbook of child psychology: Theoretical models of human development* (pp. 793–828). New York: John Wiley & Sons.

Brown, A. L., & Lee, J. (2017). Evaluating the efficacy of children participating in Home Instruction for Parents of Preschool Youngsters and Head Start. *Journal of Early Childhood Research*, 15(1), 61–72. doi: https://doi.org/10.1177/1476718X15577006

Brown, A., & Lee, J. (2014). School Performance in Elementary, Middle, and High School: A Comparison of Children Based on HIPPY Participation during the Preschool Years. *School Community Journal*, 24(2), 83–106.

Büchner, P., & Brake, A. (Eds.). (2006). *Bildungsort Familie: Transmission von Bildung und Kultur im Alltag von Mehrgenerationenfamilien*. Wiesbaden: VS Verlag für Sozialwissenschaften.

Bundesamt für Migration und Flüchtlinge (2022). Migrationsbericht 2021. Zentrale Ergebnisse. Heruntergeladen am 10.10.2023 https://www.bamf.de/SharedDocs/Anlagen/DE/Forschung/Migrationsberichte/migrationsbericht-2021-zentrale-ergebnisse.pdf?__blob=publicationFile&v=10

Bundesministerium für Familien, Frauen, Senioren und Jugend (2024). Familienreport 2024. Heruntergeladen am 05.02.2025. https://www.bmfsfj.de/bmfsfj/service/publikationen/familienreport-2024-239470

Burchinal, M., Lowe Vandell, D., & Belsky, J. (2014). Is the prediction of adolescentoutcomes from early child care moderated by later maternal sensitivity? Results from the NICHD study of early child care and youth development. *Developmental Psychology*, 50(2), 542–553. http://dx.doi.org/10.1037/a0033709

Burgess, S. R. (2002). The influence of speech perception, oral language ability, the home literacy environment, and pre-reading knowledge on the growth of phonological sensitivity: A one-year longitudinal investigation. *Reading and Writing*, 15, 709–737. doi: https://doi.org/10.1023/A:1020954606695

Burgess, S. R. (2011). Home literacy environments (HLEs) provided to very young children. *Early Child Development and Care*, 181(4), 445–462. doi: http://dx.doi.org/10.1080/03004430903450384

Burzan, N. (2007). *Soziale Ungleichheit: eine Einführung in die zentralen Theorien* (3 Aufl.). Wiesbaden: Springer.

Bus, A. G., Leseman, P. P., & Keultjes, P. (2000). Joint book reading across cultures: A comparison of Surinamese-Dutch, Turkish-Dutch, and Dutch parent-child dyads. *Journal of Literacy Research*, 32(1), 53–76. doi: https://doi.org/10.1080/10862960009548064

Bus, A. G., & van IJzendoorn, M. H. (1988). Mother-child interactions, attachment, and emergent literacy: A cross-sectional study. *Child Development*, 59(5), 1262–1272. https://doi.org/10.2307/1130489

Bus, A. G., van IJzendoorn, M. H., & Pellegrini, A. D. (1995). Joint book reading makes for success in learning to read: A meta-analysis on intergenerational transmission of literacy. *Review of Educational Research*, 65(1), 1–21. doi: https://doi.org/10.3102/00346543065001001

Buschner, A., & Bergold, P. (2020). Regenbogenfamilien. In J. Ecarius, A. Schierbaum (Hrsg.), *Handbuch Familie*. Wiesbaden: Springer.

Chaudron, S., Di Gioia, R. & Gemo, M (2018). *Young Children (0–8) and Digital Technology – A qualitative study across Europe*. Luxembourg: Publications Office of the European Union.

Cheung, S. K, Dulay, K.M., Yang, X., Mohseni, F. & McBride, C. (2021). Home Literacy and Numeracy Environments in Asia. *Frontiers in Psychology*, 12, 578764. doi: 10.3389/fpsyg.2021.578764

Claessens, A., Duncan, G. & Engel, M. (2009). Kindergarten skills and fifth-grade achievement: Evidence from the ECLS-K. *Economics of Education Review*, 28 (4), 415–427. doi: http://dx.doi.org/10.1016/j.econedurev.2008.09.003

Cohen, F., Schünke, J., Vogel, E. & Anders, Y. (2020). Longitudinal effects of the family support program Chancenreich on parental involvement and the language skills of preschool children. *Frontiers in Psychology*, 11, Article 1282. doi: https://doi.org/10.3389/fpsyg.2020.01282

Cohrssen, C., Niklas, F. & Tayler, C. (2016). ›Is that what we do?‹ Using a conversation analytic approach to highlight the contribution of dialogic reading strategies to educator-child interactions during storybook reading in two early childhood settings. *Journal of Early Childhood Literacy*, 16(3), 361–382. doi: http://dx.doi.org/10.1177/1468798415592008

Comenius, J. A. (1962). *Informatorium der Mutterschul*. Heidelberg: Heubach.

Conley, D. (2000). Sibship sex composition: Effects on educational attainment. *Social Science Research, 29*(3), 441–457. doi: https://doi.org/10.1006/ssre.2000.0678

Conrad Barnyak, N. & McNelly, T. A. (2015). Supporting young children's visual literacy through the use of e-books. In K. L. Heider & M. Renck Jalongo (Eds.), *Young children and families in the information age: Applications of technology in early childhood* (pp. 15–41). Dordrecht: Springer.

Crain-Thoreson, C., & Dale, P. S. (1999). Enhancing linguistic performance: Parents and teachers as book reading partners for children with language delays. *Topics in Early Childhood Special Education, 19*(1), 28–39. doi: https://doi.org/10.1177/027112149901900103

Cristia, A., & Seidl, A. (2015). Parental reports on touch screen use in early childhood. *PloS one, 10*(6), Article 0128338. doi: https://doi.org/10.1371/journal.pone.0128338

Crosnoe, R. (2001). Academic orientation and parental involvement in education during high school. *Sociology of education, 74*(3), 210–230. doi: https://doi.org/10.2307/2673275

Daucourt, M. C., Napoli, A. R., Quinn, J. M., Wood, S. G., & Hart, S. A. (2021). The home math environment and math achievement: A meta-analysis. *Psychological Bulletin, 147*(6), 565. doi: https://doi.org/10.1037/bul0000330

De Temple, J., & Snow, C. E. (2003). Learning words from books. In A. van Kleeck, S. A. Stahl & E. B. Bauer (Eds.), *On reading books to children: Parents and teachers* (pp. 16–36) Erlbaum: Routledge.

DeBaryshe, B. D. (1993). Joint picture-book reading correlates of early oral language skill. *Journal of Child Language, 20*, 455–461. doi: https://doi.org/10.1017/s0305000900008370

del Río, M. F., Susperreguy, M. I., Strasser, K., and Salinas, V. (2017). Distinct influences of mothers and fathers on kindergartners' numeracy performance: the role of math anxiety, home numeracy practices, and numeracy expectations. *Early Educational Development, 28*, 939–955. doi: https://doi.org/10.1080/10409289.2017.1331662

del Río, M. F., Susperreguy, M. I., Strasser, K., Cvencek, D., Iturra, C., Gallardo, I., et al. (2020). Early sources of children's math achievement in chile: the role of parental beliefs and feelings about math. *Early Educational Development, 32*, 637–652. doi: https://doi.org/10.1080/10409289.2020.1799617

DeLoache, J. S., & DeMendoza, O. A. (1987). Joint picturebook interactions of mothers and 1-year-old children. *British Journal of Developmental Psychology, 5*(2), 111–123. doi: https://doi.org/10.1111/j.2044-835X.1987.tb01047.x

Deutsches Jugendinstitut (DJI) (2012). *Aufwachsen in Deutschland: Alltagswelten (AID:A)*. München | – Bundesministerium für Familie, Senioren, Frauen und Jugend, Bonn, Berlin. doi: https://doi.org/10.4232/1.11358

Downey, D. B. (1995). When bigger is not better: Family size, parental resources, and children's educational performance. *American Sociological Review, 60*(5), 746–761. doi: https://doi.org/10.2307/2096320

Dubowy, M., Ebert, S., Von Maurice, J., & Weinert, S. (2008). Sprachlich-kognitive Kompetenzen beim Eintritt in den Kindergarten: Ein Vergleich von Kindern mit und ohne Migrationshintergrund. *Zeitschrift für Entwicklungspsychologie und Pädagogische Psychologie, 40*(3), 124–134.

Dumon, A. (1890). *Dépopulation et civilization. Étude démographique*. Paris: Lecrosnier et Babé.

Dumont, H., Neumann, M., Maaz, K., & Trautwein, U. (2013). Die Zusammensetzung der Schülerschaft als Einflussfaktor für Schulleistungen: Internationale und nationale Befunde. *Psychologie in Erziehung und Unterricht, 60*(3), 163–183. doi: https://doi.org/10.2378/peu2013.art14d

Dumont, H., Trautwein, U. & Lüdtke, O. (2012). Familiärer Hintergrund und die Qualität elterlicher Hausaufgabenhilfe. *Psychologie in Erziehung und Unterricht 2*, 109–121. doi: http://dx.doi.org/10.2378/peu2012.art08d.

Duncan, G. J., Dowsett, C. J., Claessens, A., Magnuson, K., Huston, A. C., Klebanov, P., et al. (2007). School readiness and later achievement. *Developmental Psychology, 43*(6), 1428–1446. doi: https://doi.org/10.1037/0012-1649.43.6.1428

Durkin, K., Shire, B., Riem, R., Crowther, R. D., & Rutter, D. R. (1986). The social and linguistic context of early number word use. *British Journal of Developmental Psychology, 4*(3), 269–288. https://doi.org/10.1111/j.2044-835X.1986.tb01018.x

Dziobek, I. (2012). Comment: Towards a more ecologically valid assessment of empathy. *Emotion Review, 4*(1), 18–19. doi: https://doi.org/10.1177/1754073911421390

Ebert, S., Lehrl, S., & Weinert, S. (2020). Differential effects of the home language and literacy environment on child language and theory of mind and their relation to socioeconomic background. *Frontiers in Psychology, 11*, Article 555654. doi: https://doi.org/10.3389/fpsyg.2020.555654

Ehmke, T. & Siegle, T. (2008). Einfluss elterlicher Mathematikkompetenz und familialer Prozesse auf den Kompetenzerwerb von Kindern in Mathematik. *Psychologie in Erziehung und Unterricht, 55*, 253–264.

Elardo, R., Bradley, R., & Caldwell, B. M. (1975). The relation of infants' home environments to mental test performance from six to thirty-six months: A longitudinal analysis. *Child Development, 46*(1), 71–76. doi: https://doi.org/10.2307/1128835

Elsner, & Pauen, S. (2018). Vorgeburtliche Entwicklung und früheste Kindheit. In W. Schneider & U. Lindenberger, *Entwicklungspsychologie* (S. 159–186). Beltz.

Englund, M. M., Luckner, A. E., Whaley, G. J., & Egeland, B. (2004). Children's achievement in early elementary school: Longitudinal effects of parental involvement, expectations, and quality of assistance. *Journal of educational psychology, 96*(4), 723–730. doi: https://doi.org/10.1037/0022-0663.96.4.723Engzell, P., Frey, A., & Verhagen, M. D. (2021). Learning loss due to school closures during the COVID-19 pandemic. *Proceedings of the National Academy of Sciences, 118*(17), Article 2022376118. doi: https://doi.org/10.1073/pnas.2022376118

Ennemoser, M., Schiffer, K., Reinsch, C., & Schneider, W. (2003). Fernsehkonsum und die Entwicklung von Sprach-und Lesekompetenzen im frühen Grundschulalter. Eine empirische Überprüfung der SÖS-Mainstreaming-Hypothese. *Zeitschrift für Entwicklungspsychologie und Pädagogische Psychologie, 35*(1), 12–26. doi: https://doi.org/10.1026//0049-8637.35.1.12

Epstein, J. L. (1992). School and family partnerships. In M. Alkin (Ed.), *Encyclopedia of educational research* (pp. 1139–1151). New York: MacMillan.

Erickson, M. F., Sroufe, L. A., & Egeland, B. (1985). The relationship between quality of attachment and behavior problems in preschool in a high-risk sample. *Monographs of the Society for Research in Child Development, 5*(1–2), 147–166. doi: https://doi.org/10.2307/3333831

Erikson, R., & Goldthorpe, J. H. (1992). Individual or family? Results from two approaches to class assignment. *Acta Sociologica, 35*(2), 95–105. doi: https://doi.org/10.1177/000169939203500202

Erning, G. (1997). »Früher war alles besser…?«: zur Geschichte von Familienformen. In H. Macha (Hrsg.), *Brennpunkte der Familienerziehung* (S. 31–54). Weinheim: Beltz.

Esser, H. (2006). *Migration, Sprache und Integration (AKI-Forschungsbilanz, 4)*. Berlin: Wissenschaftszentrum Berlin für Sozialforschung GmbH FSP Zivilgesellschaft, Konflikte und Demokratie Arbeitsstelle Interkulturelle Konflikte und gesellschaftliche Integration -AKI-.

Evans, G. W., Li, D., & Whipple, S. S. (2013). Cumulative risk and child development. *Psychological Bulletin, 139*(6), 1342–1396. doi: https://doi.org/10.1037/a0031808

Exeler, J., & Wild, E. (2003). Die Rolle des Elternhauses für die Förderung selbstbestimmten Lernens. *Unterrichtswissenschaft, 31*(1), 6–22. doi: https://doi.org/10.25656/01:6770

Fan, X. (2001). Parental involvement and students' academic achievement: A growth modeling analysis. *The Journal of Experimental Education, 70*(1), 27–61. doi: https://doi.org/10.1080/00220970109599497

Fan, X., & Chen, M. (2001). Parental involvement and students' academic achievement: A meta-analysis. *Educational Psychology Review, 13*, 1–22. doi: https://doi.org/10.1023/A:1009048817385

Fitton, L., McIlraith, A. L., & Wood, C. L. (2018). Shared book reading interventions with English learners: A meta-analysis. *Review of Educational Research, 88*(5), 712–751. doi: https://doi.org/10.3102/0034654318790909

Flood, J. E. (1977). Parental styles in reading episodes with young children. *The Reading Teacher, 30*(8), 864–867.

Frumkin, L. A. (2013). Young children's cognitive achievement: Home learning environment, language and ethnic background. *Journal of Early Childhood Research, 11*(3), 222–235. doi: https://doi.org/10.1177/1476718X13482272

Ganea, P. A., Allen, M. L., Butler, L., Carey, S., & DeLoache, J. S. (2009). Toddlers' referential understanding of pictures. *Journal of Experimental Child Psychology, 104*(3), 283–295. doi: https://doi.org/10.1016/j.jecp.2009.05.008

Ganzeboom, H.B.G. & Treiman, D.J. (2003). Three Internationally Standardised Measures for Comparative Research on Occupational Status. In J. H. P. Hoffmeyer-Zlotnik & C. Wolf (Eds.), *Advances in Cross-National Comparison. A European Working Book for Demographic and Socio-Economic Variables* (pp. 159–193). New York: Kluwer Academic Plenum Publishers.

Geißler, R. (2002). *Die Sozialstruktur Deutschlands. Die gesellschaftliche Entwicklung vor und nach der Vereinigung.* Wiesbaden: Westdeutscher Verlag.

Gerber, J., & Wild, E. (2009). Mit wem wird wie zuhause gelernt? Die Hausaufgabenpraxis im Fach Deutsch. *Unterrichtswissenschaft, 37*(3), 213–229.

Gestrich, A. (2013). *Geschichte der Familie im 19. und 20. Jahrhundert* (3. Aufl.). Oldenbourg: Wissenschaftsverlag.

Grassinger, R., Dickhäuser, O., & Dresel, M. (2019). Motivation. In D. Urhahne, M. Dresel, & F. Fischer (Hrsg.), *Psychologie für den Lehrberuf* (S. 207–227). Heidelberg: Springer.

Green, C. L., Walker, J. M., Hoover-Dempsey, K. V., & Sandler, H. M. (2007). Parents' motivations for involvement in children's education: An empirical test of a theoretical model of parental involvement. *Journal of Educational Psychology, 99*(3), 532–544. doi: https://doi.org/10.1037/0022-0663.99.3.532

Greenberg, M. T., Lengua, L. J., Coie, J. D., Pinderhughes, E. E., Bierman, K., Dodge, K. A., Lochman, J. E., & McMahon, R. J. (1999). Predicting developmental outcomes at school entry using a multiple-risk model: Four American communities. *Developmental Psychology, 35*(2), 403–417. doi: https://doi.org/10.1037/0012-1649.35.2.403

Grolig, L., Cohrdes, C., & Schroeder, S. (2017). Der Titelrekognitionstest für das Vorschulalter (TRT-VS). Erfassung des Lesevolumens von präkonventionellen Leserinnen und Lesern und Zusammenhänge mit Vorläuferfertigkeiten des Lesens. *Diagnostica, 63*(4), 309–319.

Grolig, L., Tiffin-Richards, S. P., & Schroeder, S. (2020). Print exposure across the reading life span. Reading & Writing, 33, 1423–1441. doi: https://doi.org/10.1007/s11145-019-10014-3

Grolnick, W. S., & Slowiaczek, M. L. (1994). Parents' involvement in children's schooling: A multidimensional conceptualization and motivational model. *Child Development, 65*(1), 237–252. doi: https://doi.org/10.1111/j.1467-8624.1994.tb00747.x

Grossmann, K. & Grossmann, K.E. (2014). *Bindungen – das Gefüge psychischer Sicherheit.* Stuttgart: Klett-Cotta.

Grossmann, K. E., & Grossmann, K. (1995). Frühkindliche Bindung und Entwicklung individueller Psychodynamik über den Lebenslauf. *Familiendynamik, 20*(2), 171–192.

Guo, G., & VanWey, L. K. (1999). Sibship size and intellectual development: Is the relationship causal? *American Sociological Review, 64*(2), 169–187. https://doi.org/10.2307/2657524

Hachfeld, A. (2014). Frühkindliche Gesundheitsförderung im Elternprogramm Chancenreich: Vorstellung der wissenschaftlichen Begleitstudie AQuaFam. *Diskurs Kindheits- und Jugendforschung, 2*, 233–238.

Haden, C. A., Reese, E. & Fivush, R. (1996). Mothers' extratextual comments during storybook reading: Stylistic differences over time and across texts. *Discourse Processes, 21*(2), 135–169, doi: 10.1080/01638539609544953

Hammett, L. A., Van Kleeck, A., & Huberty, C. J. (2003). Patterns of parents' extratextual interactions during book sharing with preschool children: A cluster analysis study. *Reading Research Quarterly, 38*(4), 442–468. doi: https://doi.org/10.1598/RRQ.38.4.2

Hannscott, L. (2016). Individual and contextual socioeconomic status and community satisfaction. *Urban Studies, 53*(8), 1727–1744. https://doi.org/10.1177/0042098015574811

Hanushek, E. A. (1992). The trade-off between child quantity and quality. *Journal of Political Economy, 100*(1), 84–117 doi:. https://doi.org/10.1086/261808

Hargrave, A. C., & Sénéchal, M. (2000). A book reading intervention with preschool children who have limited vocabularies: The benefits of regular reading and dialogic reading. *Early Childhood Research Quarterly, 15*(1), 75–90. doi: https://doi.org/10.1016/S0885-2006(99)00038-1

Harkins, D. A., Koch, P. E., & Michel, G. F. (1994). Listening to maternal story telling affects narrative skill of 5-year-old children. *The Journal of Genetic Psychology, 155*(2), 247–257. doi: https://doi.org/10.1080/00221325.1994.9914775

Hart, B., & Risley, T. R. (1995). *Meaningful differences in the everyday experience of young American children*. Paul H Brookes Publishing.

Heiland, F. (2009). Does the birth order affect the cognitive development of a child?. *Applied Economics, 41*(14), 1799–1818. doi: https://doi.org/10.1080/00036840601083220

Helbig, M. (2013). Der positive und negative Einfluss von Geschwistern auf den Gymnasialübergang. *Kölner Zeitschrift für Soziologie und Sozialpsychologie, 65*(4), 623–644. doi: https://doi.org/10.1007/s11577-013-0237-2

Helmke, A., Hosenfeld, I., & Schrader, F. W. (2004). Vergleichsarbeiten als Instrument zur Verbesserung der Diagnosekompetenz von Lehrkräften. In R. Arnold & C. Griese, *Schulleitung und Schulentwicklung* (S. 119–144). Hohengehren: Schneider.

Helmke, A., Schrader, F. W., & Lehneis-Klepper, G. (1991). Zur Rolle des Elternverhaltens für die Schulleistungsentwicklung ihrer Kinder. *Zeitschrift für Entwicklungspsychologie und Pädagogische Psychologie, 23*(1), 1–22.

High, P. C., LaGasse, L., Becker, S., Ahlgren, I., & Gardner, A. (2000). Literacy promotion in primary care pediatrics: can we make a difference? *Pediatrics, 105*(3), 927–934. doi: https://doi.org/10.1542/peds.105.S3.927

Hildenbrand, W. (2015). *Core and equilibria of a large economy. (psme-5)*. Princeton University Press.

Hill, N. E., & Tyson, D. F. (2009). Parental involvement in middle school: a meta-analytic assessment of the strategies that promote achievement. *Developmental psychology, 45*(3), 740–763. doi: https://doi.org/10.1037/a0015362

Hindman, A. H., Connor, C. M., Jewkes, A. M., & Morrison, F. J. (2008). Untangling the effects of shared book reading: Multiple factors and their associations with preschool literacy outcomes. *Early Childhood Research Quarterly, 23*(3), 330–350. doi: https://doi.org/10.1016/j.ecresq.2008.01.005

Hindman, A. H., Skibbe, L. E., & Foster, T. D. (2014). Exploring the variety of parental talk during shared book reading and its contributions to preschool language and literacy: Evidence from the Early Childhood Longitudinal Study-Birth Cohort. *Reading and Writing, 27*, 287–313. doi: https://doi.org/10.1007/s11145-013-9445-4

Hirsh-Pasek, K., Zosh, J. M., Michnick Golinkoff, R., Gray, J. H., Robb, M. B., & Kaufman, J. (2015). Putting education in »educational« apps: Lessons from the science of learning. *Psychological Science in the Public Interest, 16*(1), 3–34. doi: http://dx.doi.org/10.1177/1529100615569721

Hobbs, R. (1998). The Seven Great Debates in the Media Literacy Movement. *Journal of Communication, 48*(1), 16–32. doi: https://doi.org/10.1111/j.1460-2466.1998.tb02734.x

Hofer, M. (2002). *Lehrbuch Familienbeziehungen: Eltern und Kinder in der Entwicklung* (2. Aufl.). Göttingen: Hogrefe.

Hoff, E. (2003). The Specificity of Environmental Influence: Socioeconomic Status Affects Early Vocabulary Development via Maternal Speech. *Child Development, 74*(5), 1368–1378. http://www.jstor.org/stable/3696183

Hoff-Ginsberg, E. (1991). Mother-child conversation in different social classes and communicative settings. *Child Development, 62*(4), 782–796. doi: https://doi.org/10.1111/j.1467-8624.1991.tb01569.x

Hollis, C., Falconer, C. J., Martin, J. L., Whittington, C., Stockton, S., Glazebrook, C., & Davies, E. B. (2017). Annual Research Review: Digital health interventions for children and young people with mental health problems – a systematic and meta-review. *Journal of Child Psychology and Psychiatry, and Allied Disciplines, 58*(4), 474–503. doi: https://doi.org/10.1111/jcpp.12663

Hood, M., Conlon, E., & Andrews, G. (2008). Preschool home literacy practices and children's literacy development: A longitudinal analysis. Journal of Educational Psychology, 100(2), 252–271. doi: https://doi.org/10.1037/0022-0663.100.2.252

Hoover-Dempsey, K. V., Battiato, A. C., Walker, J. M., Reed, R. P., DeJong, J. M., & Jones, K. P. (2001). Parental involvement in homework. *Educational Psychologist*, *36*(3), 195–209. doi: https://doi.org/10.1207/S15326985EP3603_5

Hornburg, C. B., Borriello, G. A., Kung, M., Lin, J., Litkowski, E., Cosso, J., et al. (2021). Next directions in measurement of the home mathematics environment: an international and interdisciplinary perspective. *Journal of Numerical Cognition*, *7*(2), 195–220. doi: https://doi.org/10.5964/jnc.6143

Horst, J. S., Parsons, K. L., & Bryan, N. M. (2011). Get the story straight: Contextual repetition promotes word learning from storybooks. *Frontiers in Psychology*, *2*. doi: https://doi.org/10.3389/fpsyg.2011.00017

Howard, S. J., Powell, T., Vasseleu, E., Johnstone, S., & Melhuish, E. (2017). Enhancing preschoolers' executive functions through embedding cognitive activities in shared book reading. *Educational Psychology Review*, *29*, 153–174. doi: https://doi.org/10.1007/s10648-016-9364-4

Hunt, J. M. (1961). *Intelligence and experience*. New York: Ronald.

Huntsinger, C. S., Jose, P. E., & Larson, S. L. (1998). Do parent practices to encourage academic competence influence the social adjustment of young European American and Chinese American children? *Developmental Psychology*, *34*(4), 747–756. doi: https://doi.org/10.1037/0012-1649.34.4.747

Huntsinger, C. S., Jose, P. E., Larson, S. L., Balsink Krieg, D., & Shaligram, C. (2000). Mathematics, vocabulary, and reading development in Chinese American and European American children over the primary school years. *Journal of Educational Psychology*, *92*(4), 745–760. doi: https://doi.org/10.1037/0022-0663.92.4.745

Iacovou, M. (2001). *Family composition and children's educational outcomes*. ISER Working Paper Series 2001–12. Institute for Social and Economic Research.

Ihmeideh, F. M. (2014). The effect of electronic books on enhancing emergent literacy skills of pre-school children. *Computers and Education*, *79*, 40–48. doi: http://dx.doi.org/10.1016/j.compedu.2014.07.008

Jeynes, W. H. (2003). A meta-analysis: The effects of parental involvement on minority children's academic achievement. *Education and Urban Society*, *35*(2), 202–218. doi: https://doi.org/10.1177/0013124502239392

Jeynes, W. H. (2005). A meta-analysis of the relation of parental involvement to urban elementary school student academic achievement. *Urban Education*, *40*(3), 237–269. https://doi.org/10.1177/0042085905274540

Jeynes, W. H. (2007). The relationship between parental involvement and urban secondary school student academic achievement: A meta-analysis. *Urban education*, *42*(1), 82–110. doi: https://doi.org/10.1177/0042085906293818

Johnson, U. Y., Martinez-Cantu, V., Jacobson, A. L., & Weir, C. M. (2012). The home instruction for parents of preschool youngsters program's relationship with mother and school outcomes. *Early Education & Development*, *23*(5), 713–727. doi: https://doi.org/10.1080/10409289.2011.596002

Judge, S., Floyd, K., & Jeffs, T. (2015). Using mobile media devices and apps to promote young children's learning. In K. L. Heider & M. Renck Jalongo (Eds.), *Young children and families in the information age: Applications of technology in early childhood* (pp. 117–131). Dordrecht: Springer.

Jungbauer, J. (2022). *Familienpsychologie kompakt* (3. Aufl.). Weinheim: Beltz.

Junge, K., Schmerse, D., Lankes, E. M., Carstensen, C. H., & Steffensky, M. (2021). How the home learning environment contributes to children's early science knowledge—Associations with parental characteristics and science-related activities. *Early Childhood Research Quarterly*, *56*, 294–305. doi: https://doi.org/10.1016/j.ecresq.2021.04.004

Justice, L. M., & Ezell, H. K. (2000). Enhancing children's print and word awareness through home-based parent intervention. *American Journal of Speech-Language Pathology*, *9*(3), 257–269. https://doi.org/10.1044/1058-0360.0903.257

Justice, L. M., & Ezell, H. K. (2002). Use of storybook reading to increase print awareness in at-risk children. *American Journal of Speech-Language Pathology*, *11*(1), 17–29. doi: https://doi.org/10.1044/1058-0360(2002/003)

Kankaanranta, M., Koivula, M., Laakso, M. L., & Mustola, M. (2017). Digital games in early childhood: Broadening definitions of learning, literacy, and play. *Serious* In M. Ma & A. Oikonomou (Eds.), *Games and Edutainment Applications* (pp. 349–367). Cham: Springer.

Karrass, J., & Braungart-Rieker, J. M. (2005). Effects of shared parent–infant book reading on early language acquisition. *Journal of Applied Developmental Psychology, 26*(2), 133–148. doi: https://doi.org/10.1016/j.appdev.2004.12.003

Karwarth, C. (2021). Von Geschwistern lernen? Der Einfluss von Geschwistern auf den Wortschatz im Primar- und Sekundarbereich. Inaugural-Dissertation Otto-Friedrich-Universität Bamberg. doi: https://doi.org/10.20378/irb-53796

Kieninger, J., Feierabend, S., Rathgeb, T., Kheredmand, H., & Glöckler, S. (2021). *miniKIM-Studie 2020. Kleinkinder und Medien. Basisuntersuchung zum Medienumgang von Kleinkindern in Deutschland.* Medienpädagogischer Forschungsverbund Südwest (mpfs).

Kindler, H., & Grossmann, K. (2004). Vater-Kind-Bindung und die Rollen von Vätern in den ersten Lebensjahren ihrer Kinder. In L. Ahnert (Hrsg.), *Frühe Bindung: Entstehung und Entwicklung* (S. 240–255). Ernst Reinhardt.

Kirst, S., Zoerner, D., Schütze, J., Lucke, U., & Dziobek, I. (2015). Zirkus Empathico: Eine mobile Applikation zum Training sozioemotionaler Kompetenzen bei Kindern im Autismus-Spektrum. In H. Pongratz, H. & R. Keil (Eds.), *Lecture Notes in Informatics* (pp. 107–118). Bonn: Gesellschaft für Informatik.

Van Kleeck, A., Gillam, R. B., Hamilton, L., & McGrath, C. (1997). The relationship between middle-class parents' book-sharing discussion and their preschoolers' abstract language development. *Journal of Speech, Language, and Hearing Research, 40*(6), 1261–1271. doi: https://doi.org/10.1044/jslhr.4006.1261

Kleemans, T., Peeters, M., Segers, E., & Verhoeven, L. (2012). Child and home predictors of early numeracy skills in kindergarten. *Early Childhood Research Quarterly, 27*(3), 471–477. doi: https://doi.org/10.1016/j.ecresq.2011.12.004

Klieme, E., Artelt, C., Hartig, J., Jude, N., Köller, O., Prenzel, M., Schneider, W., & Stanat, P. (Hrsg.) (2010). *PISA 2009. Bilanz nach einem Jahrzehnt.* Münster: Waxmann.

Kluczniok, K., Lehrl, S., Kuger, S., & Rossbach, H. G. (2013). Quality of the home learning environment during preschool age–Domains and contextual conditions. *European Early Childhood Education Research Journal, 21*(3), 420–438. doi: https://doi.org/10.1080/1350293X.2013.814356

Kluczniok, K., Schneider, M., Baužytė, K., & Faas, S. (2025). Familiale Aktivitäten und ihre Bedeutung für die kindlichen Kompetenzen im Krippenalter. *Psychologie in Erziehung und Unterricht, 72*(2), 89-101. doi: https://dx.doi.org/10.2378/peu2025.art08d

Korat, O., Klein, P., & Segal-Drori, O. (2007). Maternal mediation in book reading, home literacy environment, and children's emergent literacy: A comparison between two social groups. *Reading and Writing, 20*, 361–398. doi: https://doi.org/10.1007/s11145-006-9034-x

Kostyrka-Allchorne, K., Cooper, N. R., & Simpson, A. (2017). The relationship between television exposure and children's cognition and behaviour: A systematic review. *Developmental Review, 44*, 19–58. doi: https://doi.org/10.1016/j.dr.2016.12.002

Kotlov, M. (2020). *Is the rise of preschoolers' app usage a pandemic boom or a paradigm shift?* Abrufbar unter: https://hackernoon.com/is-the-rise-of-preschoolers-app-usage-a-pandemic-boom-or-aparadigm-shift-lh8l3eqx

Krajewski, K. & Schneider, W. (2009). Early development of quantity to number-word linkage as a precursor of mathematical school achievement and mathematical difficulties: Findings from a four-year longitudinal study. *Learning and Instruction, 19*, 513–526. doi: http://dx.doi.org/10.1016/j.learninstruc.2008.10.002

Krajewski, K., Nieding, G. & Schneider, W. (2007). *Mengen, zählen, Zahlen: Die Welt der Mathematik verstehen (MZZ).* Berlin: Cornelsen.

Krath, J., Schürmann, L., & Korflesch, H. F. von (2021). Revealing the theoretical basis of gamification: A systematic review and analysis of theory in research on gamification, serious games and game-based learning. *Computers in Human Behavior, 125*, Article 106963. doi: https://doi.org/10.1016/j.chb.2021.106963

Krohne, H. W., & Hock, M. (1994). *Elterliche Erziehung und Angstentwicklung des Kindes: Untersuchungen über die Entwicklungsbedingungen von Ängstlichkeit und Angstbewältigung.* Bern: Huber.

Kucirkova, N., Messer, D. & Whitelock, D. (2012). Parents reading with their toddlers: The role of personalization in book engagement. *Journal of Early Childhood Literacy, 13*(4), 445–470. doi: https://doi.org/10.1177/1468798412438068

Kuger S, Pflieger K, & Rossbach H-G. (2005). *Familieneinschätzskala (Forschungsversion).* Bamberg: DFGForschergruppe BiKS.

Kuger, S., & Lehrl, S. (2013). Wechselwirkungen vorschulischer Erfahrungen in Kindergarten und Familie und ihre Bedeutung für das Lesen im Grundschulalter. Diskurs Kindheits-und Jugendforschung/Discourse. *Journal of Childhood and Adolescence Research, 8*(4), 7–8.

Landvogt, J. & Lenhart, J. (2025), Medienkonsum und deutscher Wortschatz bei Kindergartenkindern mit Migrationshintergrund: Der Einfluss der Mediensprache, Nutzungsdauer und der familiären Sprachumgebung. *Psychologie in Erziehung und Unterricht, 72*(2), 102-117. doi: *https://dx.doi.org/10.2378/peu2025.art09d*

Lau, C. & Richards, B. (2021). Home literacy environment and children's English language and literacy skills in Hong Kong. *Frontiers in Psychology, 11,* 569581. doi: 10.3389/fpsyg.2020.569581

LeFevre, J.-A., Clarke, T., & Stringer, A. P. (2002). Influences of language and parental involvement on the development of counting skills: Comparisons of French- and English-speaking Canadian children. *Early Child Development and Care, 172*(3), 283–300. https://doi.org/10.1080/03004430212127

LeFevre, J.-A., Polyzoi, E., Skwarchuk, S.-L., Fast, L., & Sowinski, C. (2010). Do home numeracy and literacy practices of Greek and Canadian parents predict the numeracy skills of kindergarten children? *International Journal of Early Years Education, 18*(1), 55–70. doi: https://doi.org/10.1080/09669761003693926

LeFevre, J.-O., Skwarchuk, S.-L., Smith-Chant, B. L., Fast, L., Kamawar, D. & Bisanz, J. (2009). Home numeracy experiences and children's math performance in the early school years. *Canadian Journal of Behavioural Science, 41,* 55–66. doi: http://dx.doi.org/10.1037/a0014532

Lehrl, S., Kluczniok, K., & Rossbach, H. G. (2016). Longer-term associations of preschool education: The predictive role of preschool quality for the development of mathematical skills through elementary school. *Early Childhood Research Quarterly, 36,* 475–488.

Lehrl, S., Ebert, S., Blaurock, S., Rossbach, H. G., & Weinert, S. (2020). Long-term and domain-specific relations between the early years home learning environment and students' academic outcomes in secondary school. *School Effectiveness and School Improvement, 31*(1), 102–124.

Lehrl, S. (2013). Die häusliche Lernumwelt im Vorschulalter – wie Eltern die kindliche Kompetenzentwicklung unterstützen. In G. Faust (Hrsg.), *Einschulung: Ergebnisse aus der Studie »Bildungsprozesse, Kompetenzentwicklung und Selektionsentscheidungen im Vorschul- und Schulalter (BiKS)«* (S. 51–67). Münster: Waxmann.

Lehrl, S. (2018). *Qualität häuslicher Lernumwelten im Vorschulalter. Eine empirische Analyse zu Konzept, Bedingungen und Bedeutung.* Wiesbaden: Springer VS.

Lehrl, S., Ebert, S. & Roßbach, H.-G. (2013). Facets of Preschoolers' Home Literacy Environments: What Contributes to Reading Literacy in Primary School? In M. Pfost, C. Artelt & S. Weinert (Eds.), *The Development of Reading Literacy from Early Childhood to Adolescence. Empirical Findings from the Bamberg BiKS Longitudinal Studies* (S. 35–62). Bamberg: University of Bamberg Press.

Lehrl, S., Ebert, S., Roßbach, H.-G. & Weinert, S. (2012). Die Bedeutung der familiären Lernumwelt für Vorläufer schriftsprachlicher Kompetenzen im Vorschulalter. *Zeitschrift für Familienforschung, 24*(2), 115–133.

Lehrl, S., Linberg, A., Niklas, F., & Kuger, S. (2021). The Home Learning Environment in the digital age – associations between »analogue« and »digital« Home Learning Environment measures and children's socio-emotional and academic outcomes. *Frontiers in Psychology.* doi: https://doi.org/10.3389/fpsyg.2021.592513

Leseman, P. P., & de Jong, P. F. (1998). Home literacy: Opportunity, instruction, cooperation and social-emotional quality predicting early reading achievement. *Reading Research Quarterly, 33*(3), 294–318. https://doi.org/10.1598/RRQ.33.3.3

Lever, R., & Sénéchal, M. (2011). Discussing stories: On how a dialogic reading intervention improves kindergartners' oral narrative construction. *Journal of Experimental Child Psychology, 108*(1), 1–24. doi: https://doi.org/10.1016/j.jecp.2010.07.002

Levin, I., Levy-Shiff, R., Appelbaum-Peled, T., Katz, I., Komar, M., & Meiran, N. (1997). Antecedents and consequences of maternal involvement in children's homework: A longitudinal analysis. *Journal of Applied Developmental Psychology, 18*(2), 207–227. doi: https://doi.org/10.1016/S0193-3973(97)90036-8

Levine, S. C., Suriyakham, L. W., Rowe, M. L., Huttenlocher, J., & Gunderson, E. A. (2010). What counts in the development of young children's number knowledge?. *Developmental psychology, 46*(5), 1309–1319. doi: https://doi.org/10.1037/a0019671

Levine, S.C., Gunderson, E.A., & Huttenlocher, J. (2011). Number development in context: variations in home and school input during the preschool years. In N.L. Stein & S.W. Raudenbush (Eds.), *Developmental cognitive science goes to school* (pp. 189–202). New York: Taylor and Francis.

Levy, B. A., Gong, Z., Hessels, S., Evans, M. A., & Jared, D. (2006). Understanding print: Early reading development and the contributions of home literacy experiences. *Journal of Experimental Child Psychology, 93*(1), 63–93. https://doi.org/10.1016/j.jecp.2005.07.003

Lewalter, D., Diedrich, J., Goldhammer, F., Köller, O. & Reiss, K. (2023). *PISA 2022. Analyse der Bildungsergebnisse in Deutschland.* Münster: Waxman. doi: https://doi.org/10.31244/9783830998488

Linberg, A. (2018). *Interaktion zwischen Mutter und Kind. Dimensionen, Bedingungen und Effekte. Empirische Erziehungswissenschaft.* Münster: Waxmann

Linver, M. R., Brooks-Gunn, J., & Cabrera, N. (2004). The home observation for measurement of the environment (HOME) inventory: The derivation of conceptually designed subscales. *Parenting: Science and Practice, 4*(2/3), 99–114.

Lohaus, A. & Vierhaus, M. (2015). *Entwicklungspsychologie des Kindes- und Jugendalters ür Bachelor* (4. Aufl.). Berlin: Springer.

Lund, B., Rheinberg, F. & Gladasch, U. (2001). Ein Elterntraining zum motivationsförderlichen Erziehungsverhalten in Leistungskontexten. *Zeitschrift für Pädagogische Psychologie, 15*, 130–142.

Lund, K., & Erdwien, B. (2004). *Opstapje Schritt für Schritt. Teilbericht 5 der wissenschaftlichen Begleitung. Entwicklungspsychologische Untersuchungen: Entwicklung der Kinder.*

Maaz, K., Baumert, J. & Trautwein, U. (2009): Genese sozialer Ungleichheit im institutionellen Kontext der Schule: Wo entsteht und vergrößert sich soziale Ungleichheit? In K. Maaz, J., Baumert & U. Trautwein (Hrsg.), *Bildungsentscheidungen* (S. 11–46). Wiesbaden: Springer.

Maertens, B., De Smedt, B., Sasanguie, D., Elen, J., & Reynvoet, B. (2016). Enhancing arithmetic in pre-schoolers with comparison or number line estimation training: Does it matter? *Learning and Instruction, 46*, 1–11. doi: http://dx.doi.org/10.1016/j.learninstruc.2016.08.004

Maehler, D., Teltemann, J., Rauch, D., Hachfeld, A. (2016). Die Operationalisierung des Migrationshintergrunds. In: D. Maehler & H. Brinkmann (Eds.), *Methoden der Migrationsforschung* (S. 263–282). Springer VS. https://doi.org/10.1007/978-3-658-10394-1_9

Marjoribanks, K. (1974). Another view of the relation of environment to mental abilities: A reply. *Journal of Educational Psychology, 66*(4), 460–463. https://doi.org/10.1037/h0036759

Manolitsis, G., Georgiou, G. & Tziraki, N. (2013). Examining the effects of home literacy and numeracy environment on early reading and math acquisition. *Early Childhood Research Quarterly, 28*(4), 692–703. doi: 10.1016/j.ecresq.2013.05.004

Martens, H. (2010). Evaluating media literacy education: Concepts, theories and future directions. *Journal of Media Literacy Education, 2*(1), 1–22. doi: https://doi.org/10.23860/jmle-2-1-1

Martini, F., & Sénéchal, M. (2012). Learning literacy skills at home: Parent teaching, expectations, and child interest. *Canadian Journal of Behavioural Science, 44*(3), 210–221. doi: https://doi.org/10.1037/a0026758

Marx, P. (2007). *Lese- und Rechtschreiberwerb.* Paderborn: Ferdinand Schönigh.

Masonbrink, A. R., & Hurley, E. (2020). Advocating for children during the COVID-19 school closures. *Pediatrics, 146*(3). doi: https://doi.org/10.1542/peds.2020-1440

McElvany, N., Becker, M. & Lüdtke, O. (2009). Die Bedeutung familiärer Merkmale für Lesekompetenz, Wortschatz, Lesemotivation und Leseverhalten. *Zeitschrift für Entwicklungspsychologie und Pädagogische Psychologie, 41*, 121–131. doi: http://dx.doi.org/10.1026/0049-8637.41.3.121

McElvany, N., Lorenz, R., Frey, A., Goldhammer, F., Schilcher, A. & Stubbe, T. C. (Hrsg.). (2023). *IGLU 2021. Lesekompetenz von Grundschulkindern im internationalen Vergleich und im Trend über 20 Jahre.* Münster: Waxmann.

McNeill, J. H., & Fowler, S. A. (1999). Let's talk: Encouraging mother-child conversations during story reading. *Journal of Early Intervention, 22*(1), 51–69. doi: https://doi.org/10.1177/105381519902200106

Medienpädagogischer Forschungsverbund Südwest (mpfs) (Hrsg.) (2022). *KIM 2022. Kindheit, Internet, Medien. Basisuntersuchung zum Medienumgang 6- bis 13-Jähriger in Deutschland.* Stuttgart: mpfs.

Meindl, M., & Jungmann, T. (2019). *EuLe 4–5: Erzähl-und Lesekompetenzen erfassen bei 4-bis 5-jährigen Kindern: Manual.* Hogrefe.

Melhuish, E. C., Phan, M. B., Sylva, K., Sammons, P., Siraj-Blatchford, I., & Taggart, B. (2008). Effects of the home learning environment and preschool centre experience upon literacy and numeracy development in early primary school. *Journal of Social Issues, 64*, 95–114. doi: http://dx.doi.org/10.1111/j.1540-4560.2008.00550.x

Merz, E. L., & Roesch, S. C. (2012). Modeling trait and state variation using multilevel factor analysis with PANAS daily diary data. *Journal of Research in Personality, 45*(1), 2–9. doi: https://doi.org/10.1016/j.jrp.2010.11.003

Miller, E. B., Farkas, G., & Duncan, G. J. (2016). Does Head Start differentially benefit children with risks targeted by the program's service model? *Early Childhood Research Quarterly, 34*, 1–12. doi: https://doi.org/10.1016/j.ecresq.2015.08.001

Miller, E. B., Farkas, G., Vandell, D. L., & Duncan, G. J. (2014). Do the effects of head start vary by parental preacademic stimulation? *Child Development, 85*, 1385–1400. doi: http://dx.doi.org/10.1111/cdev.12233

Minsel, B. (2007). Stichwort: Familie und Bildung. *Zeitschrift für Erziehungswissenschaft, 10*(3), 299–316. doi: https://doi.org/10.1007/s11618-007-0038-3

Mitterauer, M. (1989). Entwicklungstrends der Familie in der europäischen Neuzeit. *Handbuch der Familien-und Jugendforschung, 1*, 179–194.

Moffett, J. (1968). *Teaching the Universe of Discourse.* Boston, MA: Houghton Mifflin.

Mol, S. E., & Bus, A. G. (2011). To read or not to read: a meta-analysis of print exposure from infancy to early adulthood. *Psychological Bulletin, 137*(2), 267. doi: https://doi.org/10.1037/a0021890

Mol, S. E., & Neuman, S. B. (2014). Sharing information books with kindergartners: The role of parents' extra-textual talk and socioeconomic status. *Early Childhood Research Quarterly, 29*(4), 399–410. doi: https://doi.org/10.1016/j.ecresq.2014.04.001

Mol, S. E., Bus, A. G., de Jong, M. T., & Smeets, D. J. H. (2008). Added value of dialogic parent–child book readings: A meta-analysis. *Early Education and Development, 19*(1), 7–26. doi: https://doi.org/10.1080/10409280701838603

Montag, J. L., Jones, M. N., & Smith, L. B. (2015). The words children hear: Picture books and the statistics for language learning. *Psychological Science, 26*(9), 1489–1496. doi: https://doi.org/10.1177/0956797615594361

Moon, C., Cooper, R. P., & Fifer, W. P. (1993). Two-day-olds prefer their native language. *Infant behavior and development, 16*(4), 495–500.

Moroni, S., Dumont, H. & Trautwein, U. (2016a). Typen elterlicher Hausaufgabenhilfe und ihr Zusammenhang mit der familialen Sozialisation. *Zeitschrift für Entwicklungspsychologie und Pädagogische Psychologie, 48*(3), 111–128. doi: https://doi.org/10.1026/0049–8637/a000153

Moroni, S., Dumont, H. & Trautwein, U. (2016b). Keine Hausaufgaben ohne Streit? Eine empirische Untersuchung zu Prädiktoren von Streit wegen Hausaufgaben. *Psychologie in Erziehung und Unterricht, 63*(2), 107–121. doi: https://doi.org/10.2378/peu2016.art12d

Moroni, S., Dumont, H., Trautwein, U., Niggli, A. & Baeriswyl, F. (2015). The need to distinguish between quantity and quality in parental involvement research. *The Journal of Educational Research, 108*(5), 417–431. doi: https://doi.org/10.1080/00220671.2014.901283

Morrissey, T. W., & Vinopal, K. (2018). Center-based early care and education and children's school readiness: Do impacts vary by neighborhood poverty? *Developmental Psychology, 54*(4), 757.

Mues, A., Birtwistle, E., Wirth, A., & Niklas, F. (2021). Parental (STEM) occupations, the home numeracy environment, and kindergarten children's numerical competencies. *Education Sciences, 11*, 819. doi: https://doi.org/10.3390/educsci11120819

Mues, A., Wirth, A., Birtwistle, E., & Niklas, F. (2022). Associations between children's numeracy competencies, mothers' and fathers' mathematical beliefs, and numeracy activities at home. *Frontiers in Psychology, 3*, Article 835433. doi: https://doi.org/10.3389/fpsyg.2022.835433

Napoli, A. R., Korucu, I., Lin, J., Schmitt, S. A., & Purpura, D. J. (2021). Characteristics related to parent-child literacy and numeracy practices in preschool. *Frontiers in Education, 6*, Article 535832. doi: https://doi.org/10.3389/feduc.2021.535832

Nelson, G., Carter, H., Boedeker, P., Knowles, E., Buckmiller, C., & Eames, J. (2023). A Meta-Analysis and Quality Review of Mathematics Interventions Conducted in Informal Learning Environments with Caregivers and Children. *Review of Educational Research*. doi: https://doi.org/10.3102/00346543231156182

Neuenschwander, M., Balmer, T., Gasser-Dutoit, A., Goltz, S., Hirt, U., Ryser, U. & Wartenweiler, H. (2005). *Schule und Familie – was sie zum Schulerfolg beitragen*. Bern: Haupt.

Neumann, M. M. (2016). Young children's use of touch screen tablets for writing and reading at home: Relationships with emergent literacy. *Computers and Education, 97*, 61–68. doi: http://dx.doi.org/10.1016/j.compedu.2016.02.013

Newman, R. S., Rowe, M. L., & Ratner, N. B. (2016). Input and uptake at 7 months predicts toddler vocabulary: The role of child-direct speech and infant processing skills in language development. *Journal of Child Language, 43*(5), 1158–1173. doi: https://doi.org/10.1017/S0305000915000446

Nguyen, N. (2014). *Family structure and outcomes in adolescence, young adulthood, and adulthood*. Doctoral dissertation, The State University of New Jersey. Abgerufen: https://rucore.libraries.rutgers.edu/rutgers-lib/45380/ [10.10.2023]

NICHD Early Child Care Research Network. (1998). Early child care and self-control, compliance, and problem behavior at twenty-four and thirty-six months. *Child Development, 69*(4), 1145–1170. doi: https://doi.org/10.2307/1132367

Nievar, M. A., Jacobson, A., Chen, Q., Johnson, U., & Dier, S. (2011). Impact of HIPPY on home learning environments of Latino families. *Early Childhood Research Quarterly, 26*(3), 268–277. doi: https://doi.org/10.1016/j.ecresq.2011.01.002

Niggli, A., Trautwein, U., Schynder, I., Lüdtke, O. & Neumann, M. (2007). Elterliche Unterstützung kann hilfreich sein, aber Einmischung schadet: Familiärer Hintergrund, elterliches Hausaufgabenengagement und Leistungsentwicklung. *Psychologie in Erziehung und Unterricht, 54*(1), 1–14.

Niklas, F. (2011). *Vorläuferfertigkeiten im Vorschulalter zur Vorhersage der Schulfähigkeit, späterer Rechenschwäche und Lese- und Rechtschreibschwäche. Diagnostik, Zusammenhänge und Entwicklung in Anbetracht der bevorstehenden Einschulung*. Hamburg: Dr. Kovač.

Niklas, F. (2015). Die familiäre Lernumwelt und ihre Bedeutung für die kindliche Kompetenzentwicklung. *Psychologie in Erziehung und Unterricht, 62*, 106–120.

Niklas, F., Annac, E. & Wirth, A. (2020). App-based learning for kindergarten children at home (Learning4Kids): Study protocol for cohort 1 and the kindergarten assessments. *BMC Pediatrics, 20*, 554. doi: https://doi.org/10.1186/s12887-020-02432-y

Niklas, F., Birtwistle, E., Mues, A., & Wirth, A. (2025). Learning apps at home prepare children for school. *Child Development, 96*, 577–590. https://doi.org/10.1111/cdev.14184

Niklas, F., Birtwistle, E., Wirth, A., Schiele, T. & Mues, A. (2022). App-based learning for kindergarten children at home (Learning4Kids): Study protocol for cohort 2 and the school assessments. *BMC Pediatrics, 22*, 705. doi: https://doi.org/10.1186/s12887-022-03737-w

Niklas, F., Cohrssen, C. & Tayler, C. (2016a). Parents supporting learning: A non-intensive intervention supporting literacy and numeracy in the home learning environment. *International Journal of Early Years Education, 24*(2), 121–142. doi: http://dx.doi.org/10.1080/09669760.2016.1155147

Niklas, F., Cohrssen, C., & Tayler, C. (2016b). Home learning environment and concept formation: A family intervention study with kindergarten children. *Early Childhood Education Journal, 44*(5), 419–427. doi: http://dx.doi.org/10.1007/s10643-015-0726-1

Niklas, F., Cohrssen, C. & Tayler, C. (2016c). The sooner, the better: Early reading to children. *Sage Open, 6*(4), 1–11. doi: http://dx.doi.org/10.1177/2158244016672715

Niklas, F., Cohrssen, C., & Tayler, C. (2018). Making a difference to children's reasoning skills before school-entry: The contribution of the home learning environment. *Contemporary Educational Psychology, 54*, 79–88. doi: https://doi.org/10.1016/j.cedpsych.2018.06.001

Niklas, F., Cohrssen, C., Tayler, C. & Schneider, W. (2016). Erstes Vorlesen: Der frühe Vogel fängt den Wurm. *Zeitschrift für Pädagogische Psychologie, 30*(1), 35–44. doi: http://dx.doi.org/10.1024/1010-0652/a000166

Niklas, F., Möllers, K. & Schneider, W. (2013). Die frühe familiäre Lernumwelt als Mediator zwischen strukturellen Herkunftsmerkmalen und der basalen Lesefähigkeit am Ende der ersten Klasse. *Psychologie in Erziehung und Unterricht, 60*, 94–111. doi: http://dx.doi.org/10.2378/peu2013.art08d

Niklas, F., Mues, A. Valcárcel Jiménez, M., Schiele, T., Birtwistle, E. & Wirth, A. (2025). Die familiäre Lernumwelt als Mediator zwischen Elterneinstellungen und schriftsprachlichen und mathematischen Kompetenzen im Vorschulalter. *Psychologie in Erziehung und Unterricht, 72*(2), 133-147 doi: http://dx.doi.org/10.2378/peu2025.art11d

Niklas, F., Nguyen, C., Cloney, D., Tayler, C., & Adams, R. (2016). Self-report measures of the home learning environment in large scale research: Measurement properties and associations with key developmental outcomes. *Learning Environments Research, 19*(2), 181–202. doi: http://dx.doi.org/10.1007/s10984-016-9206-9

Niklas, F., Ogrissek, L., Lehrl, S., Grolig, L. & Berner, V.-D. (2023). Mathematikspiele in der Familie: Erfassung des Anregungsgehalts mathematischer Lernumwelten mit dem mathematischen Titelrekognitionstest für das Kindergartenalter (TRT-Mathe-K). *Diagnostica, 69*(3), 133–143. doi: https://doi.org/10.1026/0012-1924/a000310

Niklas, F., Schmiedeler, S., Pröstler, N., & Schneider, W. (2011). Die Bedeutung des Migrationshintergrunds, des Kindergartenbesuchs sowie der Zusammensetzung der Kindergartengruppe für sprachliche Leistungen von Vorschulkindern. *Zeitschrift für Pädagogische Psychologie, 25*, 115–130. doi: https://doi.org/10.1024/1010-0652/a000032

Niklas, F. & Schneider, W. (2012). Einfluss von »Home Numeracy Environment« auf die mathematische Kompetenzentwicklung vom Vorschulalter bis Ende des 1. Schuljahres. *Zeitschrift für Familienforschung, 24*(2), 134–147. doi: https://doi.org/10.2378/peu2015.art11d

Niklas, F. & Schneider, W. (2013). Home literacy environment and the beginning of reading and spelling. *Contemporary Educational Psychology, 38*, 40–50. doi: http://dx.doi.org/10.1016/j.cedpsych.2012.10.001

Niklas, F. & Schneider, W. (2014). Casting the die before the die is cast: The importance of the home numeracy environment for preschool children. *European Journal of Psychology of Education, 29*(3), 327–345. doi: http://dx.doi.org/10.1007/s10212-013-0201-6

Niklas, F. & Schneider, W. (2017). Home learning environment and development of child competencies from kindergarten until the end of elementary school. *Contemporary Educational Psychology, 49*, 263–274. doi: http://dx.doi.org/10.1016/j.cedpsych.2017.03.006

Niklas, F., Segerer, R., Schmiedeler, S. & Schneider, W. (2012). Findet sich ein »Matthäus-Effekt« in der Kompetenzentwicklung von jungen Kindern mit oder ohne Migrationshintergrund? *Frühe Bildung, 1*(1), 26–33. doi: http://dx.doi.org/10.1026/2191-9186/a000022

Niklas, F. & Tayler, C. (2018). Room quality and composition matters: Children's verbal and numeracy abilities in Australian early childhood settings. *Learning and Instruction, 54*, 114–124. doi: http://dx.doi.org/10.1016/j.learninstruc.2017.08.006

Niklas, F., Tayler, C. & Gilley, T. (2017). Vulnerable children in Australia: Multiple risk factor analyses to predict cognitive abilities and problem behaviour. *Australian Journal of Education, 61*(2), 105–123. doi: http://dx.doi.org/10.1177/0004944117710954

Niklas, F., Tayler, C., & Schneider, W. (2015). Home-based literacy activities and children's cognitive outcomes: A comparison between Australia and Germany. *International Journal of Educational Research, 71*, 75–85. doi: https://doi.org/10.1016/j.ijer.2015.04.001

Niklas, F., Wirth, A., Guffler, S., Drescher, N. & Ehmig, S. C. (2020). The home literacy environment as a mediator between parental attitudes towards shared reading and children's linguistic competencies. *Frontiers in Psychology.* doi: https://doi.org/10.3389/fpsyg.2020.01628

Nikolov, F., & Dumont, H. (2020). Das Ganze ist mehr als die Summe seiner Teile. Schulkomposition, Schulzufriedenheit und normverletzendes Verhalten. *Journal for Educational Research Online, 12*(1), 26–46. doi: https://doi.org/10.25656/01:19117

Ninio, A. (1983). Joint book reading as a multiple vocabulary acquisition device. *Developmental Psychology, 19*(3), 445. doi: https://doi.org/10.1037/0012-1649.19.3.445

OECD (2010). PISA 2009 results: Overcoming social background – Equity in learning opportunities and outcomes (Volume II). Paris: OECD Publishing. doi: http://dx.doi.org/10.1787/9789264091504-en

OECD (2016). *PISA 2015. Ergebnisse im Fokus* [PISA 2015. Findings in Focus]. Paris: OECD Publishing.

OECD (2019). PISA 2018 Results (Volume II): Where all students can succeed. OECD Publishing. doi: https://doi.org/10.1787/b5fd1b8f-en

Ormrod, J. E. (2006). *Educational Psychology. Developing Learners* (5th ed.). Upper Saddle River, NJ: Pearson Education.

Palaiologou, I. (2016). Children under five and digital technologies: implications for early years pedagogy. *European Early Childhood Education Research Journal, 24*(1), 5–24. doi: https://doi.org/10.1080/1350293X.2014.929876

Pan, B. A., Rowe, M. L., Singer, J. & Snow, C. E. (2005). Maternal Correlates of Growth in Toddler Vocabulary Production in Low-Income Families. *Child Development, 76*(4), 763–82. doi: https://doi.org/10.1111/j.1467-8624.2005.00876.x

Papastefanou, C. (2013). *Krisen und Krisenintervention bei Kindern und Jugendlichen.* W. Kohlhammer

Park, H. (2008). Home literacy environments and children's reading performance: A comparative study of 25 countries. *Educational Research and Evaluation, 14*(6), 489–505. doi: https://doi.org/10.1080/13803610802576734

Patall, E. A., Cooper, H., & Robinson, J. C. (2008). Parent involvement in homework: A research synthesis. *Review of Educational Research, 78*(4), 1039–1101.

Peisner-Feinberg, E. S., Burchinal, M. R., Clifford, R. M., Culkin, M. L., Howes, C., Kagan, S. L., & Yazejian, N. (2001). The relation of preschool child-care quality to children's cognitive and social developmental trajectories through second grade. *Child Development, 72*(5), 1534–1553. doi: https://doi.org/10.1111/1467-8624.00364

Pekrun, R. (2002). Familie, Schule und Entwicklung. In S. Walper & R. Pekrun (Hrsg.), *Familie und Entwicklung* (S. 84–104). Göttingen: Hogrefe.

Pellegrini, A. D., Brody, G. H., & Sigel, I. E. (1985). Parents' teaching strategies with their children: The effects of parental and child status variables. *Journal of Psycholinguistic Research, 14*(6), 509–521. https://doi.org/10.1007/BF01067382

Peters, S. (1998). Playing games and learning mathematics: The results of two intervention studies. *International Journal of Early Years Education, 6*(1), 49–58. doi: https://doi.org/10.1080/0966976980060105

Peuckert, M. (2019). *Familienformen im sozialen Wandel.* 09. Auflage. Wiesbaden: Springer VS.

Phillips, G., & McNaughton, S. (1990). The practice of storybook reading to preschool children in mainstream New Zealand families. *Reading Research Quarterly, 25*(3), 196–212. doi: https://doi.org/10.2307/748002

Piekny, J., Mähler, C. & Grube, D. (2012). Die Vorhersage des kindlichen Verständnisses für Experimente aus vorschulischen kognitiven Kompetenzen und häuslichen Einflussfaktoren. In K. Fröhlich-Gildhoff & I. Nentwig-Gesemann (Hrsg.), *Forschung in der Frühpädagogik V* (S. 135–154). Freiburg: Forschung Entwicklung Lehre.

Pinto, A. I., Pessanha, M., & Aguiar, C. (2013). Effects of home environment and center-based child care quality on children's language, communication, and literacy outcomes. *Early Childhood Research Quarterly, 28*(1), 94–101.

Plewis, I., Mooney, A., & Creeser, R. (1990). Time on educational activities at home and educational progress in infant school. *British Journal of Educational Psychology, 60*(3), 330–337. doi: https://doi.org/10.1111/j.2044-8279.1990.tb00949.x

Pomerantz, E. M., Wang, Q., & Ng, F. F. Y. (2005). Mothers' affect in the homework context: the importance of staying positive. *Developmental Psychology, 41*(2), 414–427. doi: https://doi.org/10.1037/0012-1649.41.2.414

Potter, W. J. (1998). *Media Literacy*. Sage.

Potter, W. J. (2013). Review of literature on media literacy. *Sociology Compass, 7*(6), 417–435. doi: https://doi.org/10.1111/soc4.12041

Powell, B. & Steelman, L. C. (1990). Beyond sibship size: Sibling density, sex composition, and educational outcomes. *Social Forces, 69*(1), 181–206. https://doi.org/10.2307/2579613

Powell, B. & Steelman, L. C. (1995). Feeling the pinch: Child spacing and constraints on parental economic investments in children. *Social Forces, 73*(4), 1465–1486. https://doi.org/10.1093/sf/73.4.1465

Puglisi, M. L., Hulme, C., Hamilton, L. G., & Snowling, M. J. (2017) The Home Literacy Environment is a correlate, but perhaps not a cause, of variations in children's language and literacy development. *Scientific Studies of Reading, 21*(6), 498–514, doi: 10.1080/10888438.2017.1346660

Pungello, E. P., Kainz, K., Burchinal, M., Wasik, B. H., Sparling, J. J., Ramey, C. T., & Campbell, F. A. (2010). Early educational intervention, early cumulative risk, and the early home environment as predictors of young adult outcomes within a high-risk sample. *Child Development, 81*(1), 410–426. doi: https://doi.org/10.1111/j.1467-8624.2009.01403.x

Ramani, G. B., & Siegler, R. S. (2008). Promoting broad and stable improvements in low-income children's numerical knowledge through playing number board games. *Child Development, 79*(2), 375–394. doi: https://doi.org/10.1111/j.1467-8624.2007.01131.x

Ramani, G. B. & Siegler, R. S. (2009). Playing linear number board games – but not circular ones – improves low–income preschoolers' numerical understanding. *Journal of Educational Psychology, 101*(3), 545–560.

Ramani, G. B., Siegler, R. S., & Hitti, A. (2012). Taking it to the classroom: Number board games as a small group learning activity. *Journal of educational psychology, 104*(3), 661–672. doi: https://doi.org/10.1037/a0028995

Ramani, G. B., Rowe, M., L., Eason, S. H. & Leech, K. A. (2015). Math talk during informal learning activities in Head Start families. *Cognitive Development, 35*, 15–33.

Ramdass, D., & Zimmerman, B. J. (2011). Developing Self-Regulation Skills: The Important Role of Homework. *Journal of Advanced Academics, 22*(2), 194–218. doi: https://doi.org/10.1177/1932202X1102200202

Rauschenbach, T. (2009). *Zukunftschance Bildung. Familie, Jugendhilfe und Schule in neuer Allianz*. Weinheim, München: Juventa.

Reese, E., & Cox, A. (1999). Quality of adult book reading affects children's emergent literacy. *Developmental Psychology, 35*(1), 20–28. doi: https://doi.org/10.1037/0012-1649.35.1.20

Reese, E., Cox, A., Harte, D., & McAnally, H. (2003). Diversity in adults' styles of reading books to children. In A. van Kleeck, S. A. Stahl & E. B. Bauer (Eds.), *On reading books to children: Parents and teachers* (pp. 37–57). Erlbaum: Routledge.

Retelsdorf, J. & Möller, J. (2008). Familiäre Bedingungen und individuelle Prädiktoren der Lesekompetenz von Schülerinnen und Schülern. *Psychologie in Erziehung und Unterricht, 55*, 227–237.

Reyer, J. (2004): Familie. In D. Benner & J. Oelkers, *Historisches Wörterbuch der Pädagogik* (S. 383–392). Beltz.

Reynolds, A. J. (1992). Comparing measures of parental involvement and their effects on academic achievement. *Early Childhood Research Quarterly, 7*(3), 441–462. doi: https://doi.org/10.1016/0885-2006(92)90031-S

Rheinberg, F. (2006). Intrinsische Motivation und Flow-Erleben. In J. Heckhausen & H. Heckhausen, *Motivation und Handeln* (S. 331–354). Springer.

Rheinberg, F., & Fries, S. (2001). Motivationstraining. In K. J. Klauer, *Handbuch Kognitives Training* (S. 349–371). Göttingen: Hogrefe.

Rheinberg, F., & Vollmeyer, R. (2008). *Motivation* (7. Aufl.). Stuttgart: Kohlhammer.

Rideout, V., & Robb, M. B. (2020). *The Common Sense census: Media use by kids age zero to eight.* Common Sense Media.

Roberts, J., Jurgens, J., & Burchinal, M. (2005). The role of Home Literacy Practices in preschool children's language and emergent literacy skills. *Journal of Speech, Language, and Hearing Research, 48,* 345–359.

Rodgers, J. L., Cleveland, H. H., Van Den Oord, E., & Rowe, D. C. (2000). Resolving the debate over birth order, family size, and intelligence. *American Psychologist, 55*(6), 599–612. doi: https://doi.org/10.1037/0003-066X.55.6.599

Rodriguez, E. T., & Tamis-LeMonda, C. S. (2011). Trajectories of the home learning environment across the first 5 years: Associations with children's vocabulary and literacy skills at prekindergarten. *Child Development, 82*(4), 1058–1075. doi: https://doi.org/10.1111/j.1467-8624.2011.01614.x

Rogoff, B. (1986). Adult assistance of children's learning. In T. E. Raphael (Ed.), *The contexts of school based literacy.* New York: Random

Rogoff, B. (1990). *Apprenticeship in thinking: Cognitive development in social context.* New York: Oxford University Press.

Rogoff, B. (1998). Cognition as a collaborative process. In D. Kuhn & R.S. Siegler (Eds.), W. Damon (Series Ed.), *Handbook of child psychology. Vol. 2: Cognition, language, and perception* (5th ed., pp. 679–744). New York: Wiley.

Rose, E., Lehrl, S., Ebert, S., & Weinert, S. (2018). Long-term relations between children's language, the home literacy environment, and socioemotional development from ages 3 to 8. *Early Education and Development, 29*(3), 342–356. doi: https://doi.org/10.1080/10409289.2017.1409096

Rosenblau, G., O'Connell, G., Heekeren, H. R., & Dziobek, I. (2020). Neurobiological mechanisms of social cognition treatment in high-functioning adults with autism spectrum disorder. *Psychological Medicine, 50*(14), 2374–2384. doi: https://doi.org/10.1017/S0033291719002472

Roser, M., Ritchie, H., & Ortiz-Ospina, E. (2015). Internet. OurWorldInData.org. Available at https://ourworldindata.org/internet.

Rost, D. H. & Schermer, F. J. (2010). Leistungsängstlichkeit. In D. H. Rost (Hrsg.), *Handwörterbuch Pädagogische Psychologie* (4. Aufl., S. 451–456). Weinheim: Beltz.

Ryan, R. M. & Deci, E. L. (2000). Intrinsic and extrinsic motivations: Classic definitions and new directions. *Contemporary Educational Psychology, 25,* 54–67.

Sameroff, A. J., Seifer, R., Baldwin, A., & Baldwin, C. (1993). Stability of intelligence from preschool to adolescence: The influence of social and family risk factors. *Child Development, 64*(1), 80–97. doi: https://doi.org/10.1111/j.1467-8624.1993.tb02896.x

Sann, A., & Thrum, K. (2005). Opstapje–Schritt für Schritt. *Abschlussbericht des Modellprojekts.* München: DJI.

Saracho, O. N., & Spodek, B. (2008). Fathers: The ›invisible'parents. *Early Child Development and Care, 178*(7–8), 821–836.

Saxe, G. B., Guberman, S. R., Gearhart, M., Gelman, R., Massey, C. M., & Rogoff, B. (1987). Social processes in early number development. *Monographs of the Society for Research in Child Development, 52*(2), i-162. doi: https://doi.org/10.2307/1166071

Scarborough, H. S., & Dobrich, W. (1994). On the efficacy of reading to preschoolers. *Developmental Review, 14*(3), 245–302. doi: http://dx.doi.org/10.1006/drev.1994.1010

Schermer, F. J. (2006). Soziales Lernen. In D. H. Rost (Hrsg.), *Handwörterbuch Pädagogische Psychologie* (S. 724–729). Weinheim: Beltz.

Schiele, T., Edelsbrunner, P., Mues, A., Birtwistle, E., Wirth, A., & Niklas, F. (2025). The effectiveness of game-based app literacy learning in preschool children from diverse backgrounds. *Learning and Individual Differences, 117,* 102579. doi: https://doi.org/10.1016/j.lindif.2024.102579

Schierbaum, A. (2020). Zur Geschichte von Familie und Gesellschaft. In J. Ecarius & A. Schierbaum (Hrsg.), *Handbuch Familie*. Wiesbaden: Springer. doi: https://doi.org/10.1007/978-3-658-19416-1_6-1

Schiffer, K., Ennemoser, M., & Schneider, W. (2002). Die Beziehung zwischen dem Fernsehkonsum und der Entwicklung von Sprach-und Lesekompetenzen im Grundschulalter in Abhängigkeit von der Intelligenz. *Zeitschrift für Medienpsychologie, 14*(1), 2–13. doi: https://doi.org/10.1026//1617-6383.14.1.2

Schimpl-Neimanns, B. (2004). Zur Umsetzung des Internationalen Sozioökonomischen Index des beruflichen Status (ISEI) mit den Mikrozensen ab 1996. *ZUMA Nachrichten, 28*(54), 154–170.

Schmid, C. & Keller, M. (1998). Der Einfluß von Geschwistern auf die kognitive und soziomoralische Entwicklung während der mittleren Kindheit und frühen Adoleszenz. *Zeitschrift für Entwicklungspsychologie und Pädagogische Psychologie, 30*(3), 101–110.

Schmid, C., & Glaeser, A. (2017). Geschwisterkonstellationseffekte auf Mathematikleistungen und Hausaufgabenhilfe in TIMSS 2011. *Zeitschrift für Entwicklungspsychologie und pädagogische Psychologie, 49*(2), 73–85. doi: https://doi.org/10.1026/0049-8637/a000170

Schmidt, T. (2018). Förderung in bildungsbenachteiligten Familien. *Handbuch empirische Forschung in der Pädagogik der frühen Kindheit*, 351–373.

Schmidt-Denter, U. (2005). *Soziale Beziehungen im Lebenslauf: Lehrbuch der sozialen Entwicklung* (4. Aufl.). Weinheim: Beltz.

Schmiedeler, S., Niklas, F., & Schneider, W. (2014). Symptoms of attention-deficit hyperactivity disorder (ADHD) and home learning environment (HLE): findings from a longitudinal study. *European Journal of Psychology of Education, 29*, 467–482. doi: https://doi.org/10.1007/s10212-013-0208-z

Schneewind, K.A. (2010). *Familienpsychologie* (3. Aufl.). Stuttgart: Kohlhammer.

Schneewind, K.A. & Schmidt, M (o.J.). *Familie*. Abgerufen am 05.02.2025 https://www.spektrum.de/lexikon/psychologie/familie/4711

Schneider, W. (2017). *Lesen und Schreiben lernen: Wie erobern Kinder die Schriftsprache?* Springer.

Schneider, W. (2008). The development of metacognitive knowledge in children and adolescents: Major trends and implications for education. *Mind, Brain, and Education, 2*(3), 114–121. doi: https://doi.org/10.1111/j.1751-228X.2008.00041.x

Schneider, W., & Küspert, P. (2014). 10. Förderung von phonologischer Bewusstheit. In: G G. W. Lauth, M. Grünke & J. C. Brunstein (Hrsg.), *Interventionen bei Lernstörungen: Förderung, Training und Therapie in der Praxis* (S. 139–149). Hogrefe.

Schneider, W., & Niklas, F. (2017). Intelligence and verbal short-term memory/working memory: Their interrelationships from childhood to young adulthood and their impact on academic achievement. *Journal of Intelligence, 5*(2), 26. doi: https://doi.org/10.3390/jintelligence5020026

Schneider, W., Niklas, F., & Schmiedeler, S. (2014). Intellectual development from early childhood to early adulthood: The impact of early IQ differences on stability and change over time. *Learning and Individual Differences, 32*, 156–162. doi: https://doi.org/10.1016/j.lindif.2014.02.001

Schneider, W., Roth, E., & Ennemoser, M. (2000). Training phonological skills and letter knowledge in children at risk for dyslexia: A comparison of three kindergarten intervention programs. *Journal of Educational Psychology, 92*(2), 284–295. doi: https://doi.org/10.1037/0022-0663.92.2.284

Schroeder, S., Segbers, J., & Schröter, P. (2014). Der Kinder-Titelrekognitionstest (K-TRT): Ein Instrument zur Erfassung des Lesevolumens von Kindern im Deutschen. *Diagnostica, 62*(1), 16–30.

Schulze, A., & Preisendörfer, P. (2013). Bildungserfolg von Kindern in Abhängigkeit von der Stellung in der Geschwisterreihe. *Kölner Zeitschrift für Soziologie & Sozialpsychologie, 65*(2), 339–356. doi: https://doi.org/10.1007/s11577-013-0205-x

Schumann, M. & Willenbring, M. (2010): Opstapje – Schritt für Schritt. Zu sammenfassung der Ergeb nisse der wissenschaftlichen Begleitung und Evaluation des Opstapjeprojektes in Berlin-Lichtenberg. In: *Investitionen in frühe Bildung sichern die Zukunftschancen unserer Kinder*. Jahresbericht 2009/2010 der Programme HIPPY Deutschland e.V. und Opstapje

Deutschland e.V. http://www.opstapje.de/aktuelles/2010/Jahresbericht_2010_Web.pdf (Download am 10.10.23)

Schwarz, B. & Silbereisen, R. K. (1996). Anteil und Bedeutung autoritativer Erziehung in verschiedenen Lebenslagen. In J. Zinnecker & R. K. Silbereisen (Hrsg.), *Kindheit in Deutschland. Aktueller Survey über Kinder und ihre Eltern* (S. 229–242). Weinheim: Juventa.

Schwarz, N., & Bohner, G. (2001). *The construction of attitudes. Blackwell handbook of social psychology: Intraindividual processes.* Blackwell.

Schwippert, K., Kasper, D., Eickelmann, B., Goldhammer, F., Köller, O., Selter, C., & Steffensky, M. (2024). *TIMSS 2023: Mathematische und naturwissenschaftliche Kompetenzen von Grundschulkindern in Deutschland im internationalen Vergleich.* Münster: Waxmann

Schwippert, K., Kasper, D., Köller, O., McElvany, N., Selter, C., Steffensky, M., & Wendt, H. (2020). *TIMSS 2019: Mathematische und naturwissenschaftliche Kompetenzen von Grundschulkindern in Deutschland im internationalen Vergleich.* Münster: Waxmann.

Segers, E., & Kleemans, T. (2020). The impact of the digital home environment on kindergartners' language and early literacy. *Frontiers in Psychology, 11*, Article 538584. doi: https://doi.org/10.3389/fpsyg.2020.538584

Senechal, M., & LeFevre, J.-A. (2001). Storybook reading and parent teaching: Links to language and literacy development. In P. R. Britto & J. Brooks-Gunn (Eds.), *The role of family literacy environments in promoting young children's emerging literacy skills* (pp. 39–52). San Francisco, CA: Jossey-Bass.

Sénéchal, M. & LeFevre, J.-A. (2002). Parental involvement in the development of children's reading skill: A five-year longitudinal study. *Child Development, 73*(2), 445–460. doi: https://doi.org/10.1111/1467-8624.00417

Sénéchal, M. & LeFevre, J.-A. (2014). Continuity and Change in the Home Literacy Environment as Predictors of Growth in Vocabulary and Reading. Child Development, 85, 1552–1568. doi: http://dx.doi.org/10.1111/cdev.12222

Sénéchal, M. & Young, L. (2008). The effect of family literacy interventions on children's acquisition of reading from kindergarten to grade 3: A meta-analytic review. *Review of Educational Research, 78*, 880–907. doi: http://dx.doi.org/10.3102/0034654308320319

Sénéchal, M., LeFevre, J., Hudson, E. & Lawson, P. (1996). Knowledge of storybooks as a predictor of young children's vocabulary. *Journal of Educational Psychology, 88*, 520–536. doi: https://doi.org/10.1037/0022-0663.88.3.520

Sénéchal, M., Pagan, S., Lever, R., & Ouellette, G. P. (2008). Relations among the frequency of shared reading and 4-year-old children's vocabulary, morphological and syntax comprehension, and narrative skills. *Early Education and Development, 19*(1), 27–44. https://doi.org/10.1080/10409280701838710

Seyda, S. & Lampert, T. (2009). Familienstruktur und Gesundheit von Kindern und Jugendlichen. *Zeitschrift für Familienforschung, 21*(2), 168–192.

Seyda, S. (2009). Kindergartenbesuch und späterer Bildungserfolg. *Zeitschrift für Erziehungswissenschaft, 2*(12), 233–251. doi: https://doi.org/ 10.1007/s11618-009-0073-3

Shamir, A., Korat, O., & Fellah, R. (2012). Promoting vocabulary, phonological awareness and concept about print among children at risk for learning disability: Can e-books help? *Reading and Writing, 25*, 45–69. doi: http://dx.doi.org/10.1007/s11145-010-9247-x

Shanahan, T., & Lonigan, C. J. (2010). The National Early Literacy Panel: A summary of the process and the report. *Educational Researcher, 39*(4), 279–285. doi: https://doi.org/10.3102/0013189X10369172

Shapiro, J., Anderson, J., & Anderson, A. (1997). Diversity in parental storybook reading. *Early Child Development and Care, 127*(1), 47–58. doi: https://doi.org/10.1080/0300443971270105

Siegler, R., Saffran, J. R., Gershoff, E. T., Eisenberg, N. (2022). *Entwicklungspsychologie im Kindes- und Jugendalter* (5. Aufl.). Wiesbaden: Springer.

Sigel, I. (1994). Elterliche Überzeugungen und deren Rolle bei der kognitiven Entwicklung von Kindern. *Unterrichtswissenschaft, 22*(2), 160–181.

Sigel, I. E. (1982). The relationship between parental distancing strategies and the child's cognitive behavior. In L. M. Laosa & I. E. Sigel, *Families as learning environments for children* (pp. 47–86). Boston: Springer.

Sigel, I., & McGillicuddy-De Lisi, A. V. (2003). Rod Cocking's legacy: The development of psychological distancing. *Journal of Applied Developmental Psychology, 24*(6), 697–711. doi: https://doi.org/10.1016/j.appdev.2003.09.004

Sigel, I., Stinson, E. T., & Flaugher, J. (1991). Socialization of representational competence in the family: The distancing paradigm. In L. Okagaki & R. J. Sternberg (Eds.), *Directors of development: Influences on the development of children's thinking* (pp. 121–144). Lawrence Erlbaum Associates.

Silinskas, G., Sénéchal, M., Torppa, M., & Lerkkanen, M. K. (2020). Home literacy activities and children's reading skills, independent reading, and interest in literacy activities from kindergarten to grade 2. *Frontiers in Psychology, 11*, 1508.

Singh, K., Bickley, P. G., Keith, T. Z., Keith, P. B., Trivette, P., & Anderson, E. (1995). The effects of four components of parental involvement on eighth-grade student achievement: Structural analysis of NELS-88 data. *School Psychology Review, 24*(2), 299–317. doi: https://doi.org/10.1080/02796015.1995.12085769

Siraj-Blatchford, I., Sylva, K., Taggart, B., Sammons, P. & Melhuish, E. (2003). *Technical Paper 10 – Case Studies of Practice in the Foundation Stage.* London: Institute of Education.

Skibbe, L. E., Justice, L. M., Zucker, T. A., & McGinty, A. S. (2008). Relations among maternal literacy beliefs, home literacy practices, and the emergent literacy skills of preschoolers with specific language impairment. *Early education and development, 19*(1), 68–88.

Skwarchuk, S. L. (2009). How do parents support preschoolers' numeracy learning experiences at home?. *Early Childhood Education Journal, 37*, 189–197. doi: https://doi.org/10.1007/s10643-009-0340-1

Skwarchuk, S. L., Sowinski, C., & LeFevre, J.-A. (2014). Formal and informal home learning activities in relation to children's early numeracy and literacy skills: The development of a home numeracy model. *Journal of Experimental Child Psychology, 121*, 63–84. doi: http://dx.doi.org/10.1016/j.jecp.2013.11.006

Snow, C. (1983). Literacy and language: Relationships during the preschool years. *Harvard Educational Review, 53*(2), 165–189. doi: https://doi.org/10.17763/haer.53.2.t6177w39817w2861

Snow, C. E., Tabors, P.O., Dickinson, D. (2001). Homes and schools together: Supporting language and literacy development. In D. K. Dickinson & P. O. Tabors (Hrsg.), *Beginning literacy with language. Young children learning at home and school* (S. 313–334). Baltimore, London, Toronto, Sydney: Paul H. Brookes.

Söchtig, I., & Niklas, F. (2020). Zusammenhang von Home Numeracy Environment und Home Literacy Environment mit kindlichen Vorläuferfertigkeiten. *Bildungsforschung*, (2), 1–17. doi: https://doi.org/10.25656/01:23900

Son, S.-H. C., & Morrison, F. J. (2010). The Nature and Impact of Changes in Home Learning Environment on Development of Language and Academic Skills in Preschool Children. *Developmental Psychology 46*(5), 1103–1118. doi: https://doi.org/10.1037/a0020065

Sonnenschein, S., Galindo, C., Metzger, S. R., Thompson, J. A., Huang, H. C., & Lewis, H. (2012). Parents' beliefs about children's math development and children's participation in math activities. *Child Development Research Journal Online*, 851657. doi: https://doi.org/10.1155/2012/851657

Sonnenschein, S., & Munsterman, K. (2002). The influence of home-based reading interactions on 5-year-olds' reading motivations and early literacy development. *Early Childhood Research Quarterly, 17*(3), 318–337. doi: https://doi.org/10.1016/S0885-2006(02)00167-9

Stahl, S. A. (2003). What do we expect storybook reading to do? How storybook reading affects word recognition. In A. van Kleeck, S. A. Stahl & E. B. Bauer (Hrsg.), *On reading books to children: Parents and teachers* (S. 363–384). Mahwah, NJ: Lawrence Erlbaum Associates.

Statista (2020). *Worldwide mobile education app downloads from 1st quarter 2017 to 1st quarter 2020.* Abrufbar unter: https://www.statista.com/statistics/1128262/mobile-education-app-downloads-worldwideplatforms-millions/

Statistisches Bundesamt und Wissenschaftszentrum Berlin für Sozialforschung. (2018). Datenreport 2018. Ein Sozialbericht für die Bundesrepublik Deutschland.

Statistisches Bundesamt. (2018). *Bevölkerung mit Migrationshintergrund. Ergebnisse des Mikrozensus 2018.* Fachserie 1 Reihe 2.2–2018. Wiesbaden: Statistisches Bundesamt.

Statistisches Bundesamt. (2022). Tabelle 12211-0422: Familien in Hauptwohnsitzhaushalten: Deutschland, Jahre, Familienformen, Alter des jüngsten Kindes. Verfügbar unter https://www-genesis.destatis.de/ (10. 10. 2023).

Steelman, L. C., & Mercy, J. A. (1980). Unconfounding the confluence model: A test of sibship size and birth-order effects on intelligence. *American Sociological Review, 45*(4), 571–582. doi: https://doi.org/10.2307/2095009

Steelman, L. C., Powell, B., Werum, R. & Carter, S. (2002). Reconsidering the effects of sibling configuration: Recent advances and challenges. *Annual Review of Sociology, 28*, 243–269. https://doi.org/10.1146/annurev.soc.28.111301.093304

Steinberg, L., Darling, N. E., & Fletcher, A. C. (1995). Authoritative parenting and adolescent adjustment: An ecological journey. In P. Moen, G. H. Elder, Jr., & K. Lüscher (Eds.), Examining lives in context: Perspectives on the ecology of human development (pp. 423–466). American Psychological Association https://doi.org/10.1037/10176-012

Steinberg, L. (2001). We know some things: Parent–adolescent relationships in retrospect and prospect. *Journal of Research on Adolescence, 11*(1), 1–19. doi: http://dx.doi.org/10.1111/1532-7795.00001

Sterzing, D. (2011). *Präventive Programme für sozial benachteiligte Familien mit Kindern von 0–6 Jahren. Überblick über die Angebote in Deutschland.* München: DJI.

Strommen, L. T., & Mates, B. F. (2004). Learning to love reading: Interviews with older children and teens. *Journal of Adolescent and Adult Literacy, 48*(3), 188–200.

Suggate, S. P., Lenhard, W., Neudecker, E., & Schneider, W. (2013). Incidental vocabulary acquisition from stories: Second and fourth graders learn more from listening than reading. *First Language,* S. 551–571. doi:10.1177/0142723713503144

Susperreguy, M. I., Jimenez Lira, C., Xu, C., LeFevre, J. A., Blanco Vega, H., Benavides Pando, E. V., & Ornelas Contreras, M. (2021). Home learning environments of children in Mexico in relation to socioeconomic status. *Frontiers in Psychology, 12*, Article 626159. doi: https://doi.org/10.3389/fpsyg.2021.626159

Sylva, K., Melhuish, E., Sammons, P., Siraj-Blatchford, I., & Taggart, B. (2004). The effective provision of pre-school education (EPPE) project: Findings from pre-school to end of key stage 1. Nottingham.

Szagun, G. (2006). Die Rolle der Inputsprache. In G. Szagun (Hrsg.), *Sprachentwicklung beim Kind* (S. 171–205). Weinheim, Basel: Beltz

Tabors, P. O., Roach, K. A., & Snow, C. E. (2001). Home language and literacy environment: Final results. In D. K. Dickinson & P. O. Tabors (Eds.), *Beginning literacy with language: Young children learning at home and school* (pp. 111–138). Paul H. Brookes.

Tambyraja, S. R., Schmitt, M. B., Farquharson, K., & Justice, L. M. (2017). Home literacy environment profiles of children with language impairment: associations with caregiver- and child-specific factors. *International Journal of Language & Communication Disorders, 52*(2), 238–249

Tietze, W., Meischner, T., Gänsfuß, R., Grenner, K., Schuster, K. M., Völkel, P., & Roßbach, H. G. (1998). *Wie gut sind unsere Kindergärten. Eine Untersuchung zur pädagogischen Qualität in deutschen Kindergärten.* Neuwied: Luchterhand.

Torppa, M., Poikkeus, A.-M., Laakso, M.-L., Eklund, K., & Lyytinen, H. (2006). Predicting delayed letter knowledge development and its relation to grade 1 reading achievement among children with and without familial risk for dyslexia. *Developmental Psychology, 42*(6), 1128–1142.

Totsika, V., & Sylva, K. (2004). The home observation for measurement of the environment revisited. *Child and Adolescent Mental Health, 9*(1), 25–35. doi: https://doi.org/10.1046/j.1475-357X.2003.00073.x

Trautwein, U., & Lüdtke, O. (2007). Students' self-reported effort and time on homework in six school subjects: Between-students differences and within-student variation. *Journal of Educational Psychology, 99*(2), 432–444. doi: https://doi.org/10.1037/0022-0663.99.2.432

Trudewind, C., & Wegge, J. (1989). Anregung–Instruktion–Kontrolle: Die verschiedenen Rollen der Eltern als Lehrer. *Unterrichtswissenschaft, 17*(2), 133–155.

Tudge, J. R., & Doucet, F. (2004). Early mathematical experiences: Observing young Black and White children's everyday activities. *Early Childhood Research Quarterly, 19*(1), 21–39. doi: https://doi.org/10.1016/j.ecresq.2004.01.007

Tusmagambet, B. (2020). Effects of audiobooks on EFL learners' reading development: Focus on fluency and motivation. *English Teaching, 75*(2), 41–67. doi: https://doi.org/10.15858/engtea.75.2.202006.41

Valcárcel Jiménez, M., Wirth, A., Birtwistle, E., & Niklas, F. (2024). The Home Literacy Environment and television exposure as mediators between migration background and preschool children's linguistic abilities. *Reading & Writing, 37*, 2323–2347. doi: https://doi.org/10.1007/s11145-023-10458-8

Valcárcel Jiménez, M. Yumus, M., Schiele, T., Mues, A. & Niklas, F. (2024). Preschool Emergent Literacy Skills as Predictors of Reading and Spelling in Grade 2 and the Role of Migration Background in Germany. *Journal of Experimental Child Psychology, 244*, 105927. DOI: https://doi.org/10.1016/j.jecp.2024.105927

Van Kleeck, A. (1998). Preliteracy domains and stages: Laying the foundations for beginning reading. *Journal of Children's Communication Development, 20*(1), 33–51. doi: https://doi.org/10.1177/152574019802000105

Van Kleeck, A. (2003). Research on book sharing: Another critical look. In A. van Kleeck, S. A. Stahl & E. B. Bauer (Eds.), *On reading books to children* (pp. 273–320). Erlbaum: Routledge.

Van Kleeck, A., Gillam, R. B., Hamilton, L., & McGrath, C. (1997). The relationship between middle-class parents' book-sharing discussion and their preschoolers' abstract language development. *Journal of Speech, Language, and Hearing Research, 40*(6), 1261–1271. doi: https://doi.org/10.1044/jslhr.4006.1261

Van Steensel, R., McElvany, N., Kurvers, J. & Herppich, S. (2011). How effective are family literacy programs? Results of a meta-analysis. *Review of Educational Research, 81*, 69–96. doi: http://dx.doi.org/10.3102/0034654310388819

Villiger, C., Niggli, A., Wandeler, C., & Kutzelmann, S. (2012). Does family make a difference? Mid-term effects of a school/home-based intervention program to enhance reading motivation. *Learning and Instruction, 22*(2), 79–91.

Votruba-Drzal, E., Levine Coley, R. Chase-Lansdale, P. L. (2004). Child Care and Low-Income Children's Development: Direct and Moderated Effects. *Child Development, 75*(1), 296–312. doi: https://doi.org/10.1111/j.1467-8624.2004.00670.x

Vygotski, L. S. (1978). *Mind in Society: The Development of Higher Psychological Processes*. Cambridge, MA: Harvard University.

Wagner, P., Schober, B., & Spiel, C. (2005). Wer hilft beim Lernen für die Schule? *Zeitschrift für Entwicklungspsychologie und Pädagogische Psychologie, 37*(2), 101–109. doi: https://doi.org/10.1026/0049-8637.37.2.101

Wänström, L. (2007). *Sibship size and cognitive ability: Are cognitive abilities in children affected by the birth of a sibling*. Stockholm: Department of Statistics, Stockholm University.

Watamura, S. E., Phillips, D. A., Morrissey, T. W., McCartney, K., & Bub, K. (2011). Double jeopardy: Poorer social-emotional outcomes for children in the NICHD SECCYD experiencing home and child-care environments that confer risk. *Child Development, 82*(1), 48–65. doi: https://doi.org/10.1111/j.1467-8624.2010.01540.x

Watermann, R., & Baumert, J. (2006). Entwicklung eines Strukturmodells zum Zusammenhang zwischen sozialer Herkunft und fachlichen und überfachlichen Kompetenzen: Befunde national und international vergleichender Analysen. In J. Baumert, P. Stanat & R. Watermann (Hrsg.), *Herkunftsbedingte Disparitäten im Bildungswesen: Differenzielle Bildungsprozesse und Probleme der Verteilungsgerechtigkeit: Vertiefende Analysen im Rahmen von PISA 2000* (S. 61–94). Wiesbaden: Springer.

Weigel, D. J., Martin, S. S., & Bennett, K. K. (2006). Contributions of the home literacy environment to preschool-aged children's emerging literacy and language skills. *Early Child Development and Care, 176*(3–4), 357–378. doi: https://doi.org/10.1080/03004430500063747

Weiss, M, Schmucker, M & Lösel, F. (2015). Meta-Analyse zur Wirkung familienbezogener Präventionsmaßnahmen in Deutschland. *Zeitschrift für Klinische Psychologie und Psychotherapie, 44* (1), 27–44. doi: http://dx.doi.org/10.1026/1616-3443/a000298

Weizman, Z. O., & Snow, C. E. (2001). Lexical output as related to children's vocabulary acquisition: Effects of sophisticated exposure and support for meaning. *Developmental Psychology*, *37*(2), 265–279. doi: https://doi.org/10.1037/0012-1649.37.2.265

Wellman, H. M. & Gelman, S. A. (1998). Knowledge acquisition in foundational domains. In D. Kuhn & R. S. Siegler (Eds.), *Handbook of child psychology: Cognition, perception, and language* (5th ed., pp. 523–573). New York, NY: Wiley & Sons.

Whitehurst, G. J., & Lonigan, C. J. (1998). Child development and emergent literacy. *Child Development*, *69*(3), 848–872. doi: https://doi.org/10.1111/j.1467-8624.1998.tb06247.x

Whitehurst, G. J., Falco, F. L., Lonigan, C. J., Fischel, J. E., DeBaryshe, B. D., Valdez-Menchaca, M. C., & Caulfield, M. (1988). Accelerating language development through picture book reading. *Developmental Psychology*, *24*(4), 552–559. doi: https://doi.org/10.1037/0012-1649.24.4.552

Whyte, E. M., Smyth, J. M., & Scherf, K. S. (2015). Designing serious game interventions for individuals with autism. *Journal of Autism and Developmental Disorders*, *45*(12), 3820–3831. doi: https://doi.org/10.1007/s10803-014-2333-1

Whyte, J. C., & Bull, R. (2008). Number games, magnitude representation, and basic number skills in preschoolers. *Developmental psychology*, *44*(2), 588–596. doi: https://doi.org/10.1037/0012-1649.44.2.588

Wild, E. & Remy, K. (2002). Quantität und Qualität der elterlichen Hausaufgabenbetreuung von Drittklässlern in Mathematik. In M. Prenzel & J. Doll [Hrsg.], *Bildungsqualität von Schule: Schulische und außerschulische Bedingungen mathematischer, naturwissenschaftlicher und überfachlicher Kompetenzen* (S. 276–290). Weinheim

Wilke, F., Hachfeld, A., Höhl, H. U., & Anders, Y. (2014). Welche Familien erreichen Angebote zur Familienbildung? Eine Analyse der Teilnehmerstruktur am Beispiel des modularen Projekts Chancenreich. *Empirische Sonderpädagogik*, *6*(3), 195–210.

Wingard, L., & Forsberg, L. (2009). Parent involvement in children's homework in American and Swedish dual-earner families. *Journal of Pragmatics*, *41*(8), 1576–1595. doi: https://doi.org/10.1016/j.pragma.2007.09.010

Winkworth, G., McArthur, M., Layton, M., Thomson, L., & Wilson, F. (2010). Opportunities lost – Why some parents of young children are not well-connected to the service systems designed to assist them. *Australian Social Work*, *63*(4), 431–444. doi: http://dx.doi.org/10.1080/0312407X.2010.508170

Wirth, A., Birtwistle, E., Mues, A., & Niklas, F. (2022). *Kinder spielerisch auf die Schule vorbereiten. Fähigkeitsentwicklung und Förderung im Vorschulalter*. Göttingen: Hogrefe.

Wirth, A., Ehmig, S. C., & Niklas, F. (2022). The role of the Home Literacy Environment for children's linguistic and socioemotional competencies development in the early years. *Social Development*, *31*(2), 372–387. Doi: https://doi.org/10.1111/sode.12550

Wirth, A., Ehmig, S. C., Drescher, N., Guffler, S., & Niklas, F. (2020). Facets of the early home literacy environment and children's linguistic and socioemotional competencies. *Early Education and Development*, *31*(6), 892–909. doi: https://doi.org/10.1080/10409289.2019.1706826

Wirth, A., Lohr, A., Sailer, M., & Niklas, F. (2023). Digitales Niemandsland? Eine Bestandsaufnahme der digitalen Bildung an deutschen Kindertageseinrichtungen. In K. Scheiter & I. Gogolin (Hrsg.), *Bildung für eine digitale Zukunft* (Edition ZfE, S. 27–55). Wiesbaden: Springer VS.

Wirth, A., Stadler, M., Birtwistle, E., & Niklas, F. (2023). New Directions in the Conceptualization and Operationalization of the Home Learning Environment. *Journal of Educational Psychology*, *115*(1), 160–172. doi: https://doi.org/10.1037/edu0000749

Wise, S., da Silva, L., Webster, E., & Sanson, A. (2005). *The efficacy of early childhood interventions*. Australian Institute of Family Studies.

Wolf, B. (1980). Zum Einfluß der häuslichen Lernumwelt: Der Chicagoer Ansatz. In D. H. Rost (Hrsg.), *Psychologie für die Grundschule: Vol. 1. Entwicklungspsychologie fuer die Grundschule* (S. 172–186). Bad Heilbrunn, Obb.: Klinkhardt.

Wolff, M. S., & Ijzendoorn, M. H. (1997). Sensitivity and attachment: A meta-analysis on parental antecedents of infant attachment. *Child Development*, *68*(4), 571–591. doi: https://doi.org/10.1111/j.1467-8624.1997.tb04218.x

Wong, S. S.-H. (2015). Mobile digital devices and preschoolers' home multiliteracy practices. *Language and Literacy*, *17*(2), 75–90.

Wood, D., & Middleton, D. (1975). A study of assisted problem-solving. *British Journal of Psychology*, *66*(2), 181–191. doi: http://dx.doi.org/10.1111/j.2044-8295.1975.tb01454.x

Wood, D., Bruner, J. S., & Ross, G. (1976). The Role of Tutoring in Problem Solving. *Journal of Child Psychology and* Psychiatry, *17*(2), 89–100. doi: http://dx.doi.org/10.1111/j.1469-7610.1976.tb00381

Xu, M., Kushner Benson, S. N., Mudrey-Camino, R., & Steiner, R. P. (2010). The relationship between parental involvement, self-regulated learning, and reading achievement of fifth graders: A path analysis using the ECLS-K database. *Social Psychology of Education*, *13*, 237–269. doi: https://doi.org/10.1007/s11218-009-9104-4

Yaden Jr, D. B., Smolkin, L. B., & MacGillivray, L. (1993). A psychogenetic perspective on children's understanding about letter associations during alphabet book readings. *Journal of Reading Behavior*, *25*(1), 43–68. doi: https://doi.org/10.1080/10862969309547801

Yelland, N. J. (2018). A pedagogy of multiliteracies: Young children and multimodal learning with tablets. *British Journal of Educational Technology*, *49*(5), 847–858. doi: https://doi.org/10.1111/bjet.12635

You, S., & Nguyen, J. T. (2011). Parents' involvement in adolescents' schooling: A multidimensional conceptualisation and mediational model. *Educational Psychology*, *31*(5), 547–558. doi: https://doi.org/10.1080/01443410.2011.577734

Young-Loveridge, J. M. (2004). Effects on early numeracy of a program using number books and games. *Early Childhood Research Quarterly*, *19*(1), 82–98. doi: https://doi.org/10.1016/j.ecresq.2004.01.001

Zajonc, R. B., & Markus, G. B. (1975). Birth order and intellectual development. *Psychological Review*, *82*(1), 74. doi: https://doi.org/10.1037/h0076229

Zevenbergen, A. A., & Whitehurst, G. J. (2003). Dialogic reading: A shared picture book reading intervention for preschoolers. In A. van Kleeck, S. A. Stahl & E. B. Bauer (Eds.), *On reading books to children: Parents and teachers* (pp. 177–200). Erlbaum: Routledge.

Stichwortverzeichnis

A

Abstraktionsgrad 71–74, 79
Accumulated advantage 95
Aktivierung 63
Anlage-Umwelt-Debatte 117
AQuaFam 111

B

Beobachtung 44
Beobachtungslernen 26
Beobachtungsverfahren 43
Bilderbuch 64
Bildschirmzeit 106
Bildungsaspiration 91, 92, 96
Bindungstheorie 61, 62

C

Chancenreich 111
Checkliste 41–44, 46
Child-directed speech 64
Code-bezogene Äußerungen 77–79

D

Dekontextualisierte Sprache 68–70, 72, 74, 112
Dialogisches Vorlesen 38, 67, 70, 75, 111, 112, 122
Digitale häusliche Lernumwelt 101–103, 106
Digitale Medien 98–100, 102, 104, 105
Distale Faktoren 20, 35

E

E-Book 103
Einstellung 15, 27, 31, 34, 35, 38, 40, 56–59, 66, 80, 88
Elterliche Orientierung 56
Elterliches Lehren 76

Emergent Literacy 76
Erziehungsstil 16
Exekutive Funktionen 89
Experience Sample Method 45
Extratextuale Äußerung 68, 71, 74, 75, 79

F

Familiäre Lernumwelt 11
Familie 11, 12, 55
Familienbildung 107, 108
Familienbildungsprogramme 109, 110, 114
Family Literacy Program 112
Fernsehkonsum 40
Formelle Dimension mathematischer Anregung 85
Formelle HNE 88
Formelle/informelle Aspekte 97
Formelle/informelle HLE 78–80
Formelle/informelle HNE 87
Formelle/informelle Lernaktivitäten 30–32, 34, 76
Formelle/informelle Lernumwelt 35
Formelle Lernaktivitäten 76
Formelle mathematische Aktivitäten 82, 83, 85
Formelles/informelles Lernen 34, 65
Formelles Lehren 76
Fragebogen 36–38, 44
Frühkindliche Bildung, Betreuung, Erziehung 94–96

G

Game-based learning 104
Genetische Veranlagung 117
Geschwister 53, 55
Goldilocks-Hypothese 95
Grundlegende mathematische Äußerungen 86
Guided Participation (gelenkte Partizipation) 22, 23

H

Habituations-Dishabituationsparadigma 60, 61
Hausaufgabenunterstützung 91–94
Häusliche Lernumwelt 11, 14–16, 27, 29, 31, 34, 35, 40, 50, 53, 56, 59, 60, 65–67, 90, 117, 123, 124
HIPPY 109, 110
Home Learning Environment 14, 34, 79, 89, 95, 96, 124
Home Literacy Environment 14, 15, 29, 32, 34, 35, 38, 78, 88, 90, 97
Home Literacy Model 30–32, 78, 79
Home Mathematics Environment 29, 81, 87
Home Numeracy Environment 14, 15, 29, 32, 34, 35, 81, 87, 97
Home Numeracy Model 30–32, 82, 87, 88
Home Observation for Measurement of the Environment (HOME) 13, 43, 44

I

IGLU 47, 48
Informelle/formelle HNE 88
Informelle HLE 78
Informelle HNE 83, 88
Informelle Lerngelegenheiten 67
Informelle mathematische Aktivitäten 83–85
Intelligenz 89
Interaktionsqualität 68–70
Internalisierung von Sprache 25
Intersubjektivität 23

K

Kardinalität 86, 87
Kognitive Aktivierung 96
Kompensation 94
Komplexe mathematische Äußerungen 86
Komplexe Sprache 68
Kompositionseffekte 50, 51
Konfluenzmodell 53, 54
Kooperationsmaßnahmen 96
Kulturelle Praxis 22, 34, 35
Kulturelle Unterschiede 118, 119
Kulturelles Kapital 21, 22, 34, 35, 38

L

Learning4Kids 44, 112, 114, 122
Lernapp 103–105
Lesestil 69, 74, 75

M

Math Talk 85–87, 97
Mathematische Aktivitäten 82
Matthäus-Effekt 95
Media Literacy 100, 101
Mediation 38, 39, 57, 66, 80, 88
Medienkompetenz 100, 101, 105
Mediennutzung 40, 98–100, 102
Migrationshintergrund 33, 35, 52, 53, 58, 88
Mobile Sensing 45
Modelllernen 26, 35
Motiv 119
Motivation 119–122

N

Niedrigschwelligkeit 108, 109

O

Ökologische Theorie 19–21, 35
Operationalisierung 36, 45, 46
Opstapje 110, 111
Orientierungsmerkmale 28

P

Parental Involvement 91, 92, 96
Phonologische Bewusstheit 67, 68, 76, 80
PISA 47–50
Präferenzmethode 60, 61
Process-Person-Context-Time-Modell (PPCT-Modell) 21
Proximale Faktoren 20, 35
Prozess-Struktur-Modell 47
Prozessmerkmale 28, 34, 35

R

Regenbogenfamilie 55, 56
Reichhaltigkeit der Sprache 73, 74, 79
Ressourcenverdünnungshypothese 53, 54

S

Scaffolding 22, 23
Schulfähigkeit 65
Selbstbestimmungstheorie 120, 121
Selbstwirksamkeit 58, 63
Sensibilität 96
Sensitivität 61–63
Sozial-kognitive Lerntheorie 26, 35
Soziale Erwünschtheit 37, 41, 42, 46
Soziale Klasse 49
Soziale Schicht 49, 50
Soziale Unterstützung 24
Soziales Referenzieren 24
Sozio-emotionale Kompetenzen 90, 95
Soziokulturelle Theorie 22, 23, 35
Soziologischer Ansatz 21
Sozioökonomischer Status (SÖS) 33, 35, 38, 49–51, 53, 58, 88
Struktur-Prozess-Modell 32
Struktur-Prozess-Orientierungs-Modell 27, 51
Strukturelle Herkunftsmerkmale 32, 87
Strukturmerkmale 27, 34, 35, 47, 66
Sustained Shared Thinking 22, 23

T

Tagebuchaufzeichnung 45
TIMMS 47
TIMSS 48
Titelrekognitionstest 42
Trait vs. State 117

U

Umwelt 13, 117

V

Verbal Distancing 72, 73
Vorläuferkompetenzen 33, 34, 66, 67, 80
Vorlesen 37

Z

Zone der nächsten Entwicklung 24, 25, 35, 73, 122